W0375768

L'ÉGLISE BRÛLE

Du même auteur
aux Éditions du Cerf

Les politiques de l'Église, 1999.
Périphéries. Crises et nouveautés dans l'Église, 2016.
La force désarmée de la paix, 2018.
Tout peut changer, 2018.
Le professeur et le patriarche, 2020.

ANDREA RICCARDI

L'ÉGLISE BRÛLE

Crise et avenir du christianisme

Traduction de l'italien par
AGNÈS FALLER

LES ÉDITIONS DU CERF

La Chiesa brucia
© 2021, Gius. Laterza & Figli
Édition originale publiée par Gius. Laterza & Figli

© *Les Éditions du Cerf*, 2022
www.editionsducerf.fr
24, rue des Tanneries
75013 Paris

ISBN : 978-2-204-14910-5

I

Une église qui brûle

L'incendie de l'église mère

Dans la nuit du 15 au 16 avril 2019, la cathédrale Notre-Dame de Paris prend feu. L'incendie s'est déclaré vers 18 heures. Il n'a été maîtrisé qu'à 19 heures 50… le lendemain. Le monde entier a pu assister en direct à la propagation des flammes qui ont enveloppé l'antique édifice. En l'espace de quelques minutes, et malgré les différences de fuseaux horaires, une assemblée virtuelle de millions de personnes s'est réunie pour prendre part à un événement inconcevable.

Forte de sa structure massive, presque trapue, Notre-Dame inspirait un sentiment de sécurité et de pérennité. Dans un Paris dont le paysage urbain a changé à de nombreuses reprises au cours des siècles, la cathédrale représentait une permanence solidement ancrée au cœur de la ville.

Notre-Dame brûle. La foule regarde, le cœur meurtri. Il n'est pas encore 20 heures quand la *flèche**[1] de la cathédrale, haute aiguille visible de loin, s'effondre. On tremble alors pour les deux tours massives. Le pire est à portée de main. Les observateurs, proches et lointains, ressentent leur

1. Les mots marqués d'une * sont en français dans le texte original.

impuissance face à la tragédie. Sur place, certains prient ; il s'est trouvé des commentateurs pour les qualifier de traditionalistes, pour la raison peut-être que la prière relèverait d'une coutume qu'ils seraient les seuls à pratiquer.

Notre-Dame est l'un des monuments les plus connus d'Europe. Près de douze millions de touristes venant de toutes les régions du monde la visitent chaque année. La peur de voir la cathédrale réduite en cendres révèle le fait que nombreux sont ceux qui reconnaissent qu'elle leur est chère ; on a la sensation qu'une présence familière va disparaître. Ces sentiments viennent sans doute d'un lointain souvenir, tout comme ceux que feront naître les événements dramatiques qui surviendront quelques mois plus tard, sous l'effet de la pandémie. Toutefois, le choc provoqué par l'incendie de Notre-Dame s'est déposé comme un sédiment dans la mémoire.

Les Français, citoyens d'un pays laïque, se sont découverts liés à un symbole religieux. Le président Emmanuel Macron, accouru en personne, a exprimé le lien civil et culturel qui unit la République au plus connu des monuments de France. Même le cadre laïque et républicain ne peut faire abstraction du religieux. Depuis 1905, à la suite de la loi de séparation de l'Église et de l'État, la cathédrale est propriété de l'État qui la laisse à la disposition de l'archevêché de Paris. Emmanuel Macron a tout de suite lancé le défi de reconstruire l'édifice en cinq ans. A ses côtés l'archevêque de Paris, Mgr Michel Aupetit, a rappelé à plusieurs reprises la vocation religieuse du monument. L'évêque s'est rendu quelques jours plus tard à l'intérieur du bâtiment pour y célébrer la messe, coiffé d'un casque de sécurité.

La relation que les personnes entretiennent avec l'édifice, qui menaçait de partir en fumée, est de nature diverse : religieuse, historique, émotionnelle, culturelle... avec des alchimies nuancées et entremêlées dans la conscience. Pourtant, c'est un fait : face à la menace de son effondrement, on découvre que Notre-Dame est importante. Sans doute est-ce normal. Notre-Dame a une signification considérable dans l'histoire de la France du second millénaire. Un grand livre de pierre, accessible aussi aux analphabètes (en matière de religion).

La « nouvelle » cathédrale, qui a succédé à une autre église, et dont les travaux ont commencé en l'an 1160, a grandi avec Paris. Elle a été le théâtre de nombreux événements historiques et symboliques, tant religieux que politiques, le cœur de la capitale. C'est l'église des rois de France, même si, de la fin du premier millénaire à 1825, la liturgie du sacre était célébrée dans la cathédrale de Reims ; Victor Hugo nous a d'ailleurs laissé une description évocatrice du *sacre* du dernier Bourbon. En 1804, pour rompre avec la tradition des souverains sacrés à Reims, Napoléon voulut être couronné à Notre-Dame en présence de Pie VII.

On ne saurait énumérer les événements qui se sont joués dans les murs de cette cathédrale, allant du procès de réhabilitation de Jeanne d'Arc à la messe en mémoire du général de Gaulle, qui tint toutefois à des funérailles privées. On se souvient aussi qu'en août 1944 le Général remonta seul la nef, au mépris des tireurs embusqués, pour assister au *Te Deum* célébré pour la libération de la capitale. Et les cloches de l'église, muettes depuis 1940, début de l'Occupation, sonnèrent pour annoncer Paris libérée.

Cette visite du chef de la *France Libre* effaça la honte de la visite de Hitler, s'avançant d'un air sombre dans la nef de la cathédrale en tant que nouveau maître de la France.

La continuité historique et religieuse, rendue vivante par la présence de nombreux signes à l'intérieur de l'édifice, a pourtant connu une brutale parenthèse avec la Révolution française. Statues, façades, rosaces, bas-reliefs, sculptures, cloches, autels, bronzes ont subi la furie dévastatrice des révolutionnaires, qui a particulièrement visé les symboles catholiques et monarchiques. Les statues de rois de Judée et d'Israël ont été perdues, les archives dispersées, les ors et les bronzes confisqués. En 1793, Notre-Dame devenait le temple de la déesse Raison, qui sera symbolisée, lors d'une « fête de la liberté » organisée dans l'église par une chanteuse lyrique – le nouveau culte républicain s'appropriait ainsi l'église après les dévastations iconoclastes – puis, le temple de l'Être suprême, la nouvelle religion théiste[2]. En Europe, même si cela a été tenté à plusieurs reprises, il n'est pas aisé pour l'État de construire une religion nationale.

Après les dommages des révolutionnaires, Notre-Dame retourne, en mauvais état, au culte catholique. En 1802, le cardinal Caprara y célèbre une messe en présence du Premier consul Napoléon, conscient malgré tout du rôle politique du catholicisme. Commence alors l'histoire « contemporaine » de la cathédrale, ce monument imprégné d'histoire, civile et religieuse, de mémoires et de dévotion.

2. On notera avec intérêt que Claude-Henri de Saint-Simon, philosophe et théoricien d'une vision renouvelée de l'avenir du monde, avait projeté d'acheter le terrain de l'église, essentiellement à des fins économiques. Voir F. CARDINI, *Notre-Dame. Il cuore di luce dell'Europa*, Milan, Solferino, 2020, p. 27.

Le tout résumé dans l'identité chrétienne et catholique de l'édifice.

Les laborieux travaux de reconstruction entrepris après les dommages révolutionnaires font de Notre-Dame le symbole de la renaissance du catholicisme français. C'est au milieu du XIXe siècle qu'est réalisée la *flèche** qui la surmonte. Elle brûlera en avril 2019. En 1831, le tout jeune Victor Hugo publie son roman : *Notre-Dame de Paris. 1482*. Le livre, immédiatement réédité, est un succès ; il consacre la légende de la cathédrale et créé un élan de participation et de ferveur autour de sa restauration. Le chantier de Notre-Dame s'inscrit dans le cadre de la restauration catholique en France, après les persécutions révolutionnaires contre l'Église et la tentative d'éradication de la vie religieuse. Si cette restauration ne réussit qu'en partie – la sécularisation imposée par la Révolution ne s'efface pas complètement – cette période reste néanmoins celle du retour au catholicisme après un violent étouffement.

L'incendie de Notre-Dame a mis en lumière les nombreux fils qui lient les Européens à ce symbole architectural. Et pas seulement eux. Car l'événement a pris l'aspect symbolique de la disparition non pas d'une église mais de l'Église. Notre-Dame brûle et le christianisme, cette Mère qu'est l'Église, située aux racines mêmes de la longue histoire et de la culture européenne, s'éteint. Le destin de Notre-Dame semble brusquement matérialiser ce qui arrive au catholicisme en France, mais aussi dans différentes régions d'Europe voire dans le monde.

Certes ce sentiment se manifeste en premier lieu chez les catholiques, préoccupés par les scandales du clergé, la fermeture des édifices religieux, les regroupements de paroisses, les difficultés de l'Église. Mais, fait révélateur non seulement d'un christianisme diffus mais aussi de la présence d'une culture laïque sensible à l'existence du christianisme, cette préoccupation dépasse les cercles catholiques. Les sentiments suscités par l'événement ne peuvent plus se polariser autour de deux positions : celle des catholiques et celle des laïcs. Si cette bipartition s'est imposé à l'époque des chocs frontaux entre catholiques et laïcs, ou entre catholicisme et communisme, des superpositions, des parentés et des liens souterrains ont toujours existé. Aujourd'hui, le mur est tombé et si l'on est moins chrétien, on est sans doute aussi moins antichrétien.

Beaucoup se sont demandé, ne serait-ce qu'un instant : que serait le monde sans l'Église ? Puis d'autres faits sont survenus et l'attention s'est déplacée vers l'immense crise du Covid-19. Mais la question d'un monde sans Église demeure. C'est aussi l'une des questions que pose la reconstruction après la crise : que serait un monde sans Église ?

Sur le moment, tandis que la cathédrale brûlait, le sentiment qui prévalait était celui de la fin du christianisme. Non que cet incendie fût l'unique symptôme de la crise. Il y en a eu beaucoup d'autres : d'un côté les scandales liés à la pédophilie du clergé et des religieux, qui ont fait perdre leur prestige aux clercs, de l'autre la courbe statistique qui marque le recul de la pratique religieuse des fidèles en Europe, mais aussi la baisse des vocations qui a conduit à la réduction significative des effectifs du clergé, des religieux et des religieuses. L'incendie d'un monument aussi solide, compagnon des siècles et pilier dressé face à l'horizon, a évoqué la fin ou la grave crise du catholicisme.

La cathédrale brûle
la crise du christianisme

Que sera Paris sans Notre-Dame ? Que seront la France et l'Europe sans l'Église ? La question ne pourrait-elle pas s'élargir au-delà des frontières du Vieux Continent où, bien que de façon différente, les signes de la crise ne manquent pas ?

On a craint, un moment, que Notre-Dame se réduise à un monument national et que sa dimension religieuse soit occultée. Le spécialiste des religions Olivier Roy a fait part de sa préoccupation devant la « patrimonialisation culturelle de la cathédrale au détriment de sa fonction cultuelle ». Et d'ajouter : « L'État et la société valorisent ce qui est purement culturel du christianisme, au détriment de la foi et des valeurs, ce qui équivaut à séculariser ce qui reste du christianisme de notre société[3]. » Voir en Notre-Dame un monument de la civilisation française, plutôt que l'église mère des catholiques et le lieu mémorial de la foi de générations entières, serait un symptôme supplémentaire de la crise religieuse.

Il semble néanmoins difficile de dépouiller la cathédrale de la signification religieuse qui l'a imprégnée et fait d'elle le protagoniste du baptême d'une immense partie de la France. D'ailleurs, si on veut décrypter les stratifications historiques et artistiques de l'édifice, il faut se référer à la Bible et au vocabulaire du catholicisme.

---

3. G. Meotti, « Il futuro inquieto dei cattolici », *Il Foglio*, 20 janvier 2020. Voir aussi G. Gressani, « Cosa significa l'incendio di Notre-Dame ? Conversazione con Olivier Roy », *Tempi*, 20 avril 2019.

Le politologue Jérôme Fourquet n'est pas du tout d'accord avec le risque de monumentalisation et de sécularisation de Notre-Dame. Face à l'incendie, il a observé, quant à lui, l'apparition d'un large sentiment d'affection : « Une sorte d'inconscient spirituel et théologique qui peine certes à renouer avec le fil de sa propre histoire, mais qui existe[4]. » Je suis aussi convaincu pour ma part que, face à l'incendie, s'est exprimé un « inconscient spirituel et théologique », au-delà du circuit des catholiques pratiquants. Certes, il n'est pas facile pour l'Église d'entrer en contact avec cet « inconscient », que l'on ne retrouve pas au-delà de l'émotion d'un moment. Mais si elle entend construire l'avenir – en particulier le sien –, elle doit tenter de renouer les fils du dialogue avec lui. Elle le doit aussi parce que – et cela a été un grand tournant à la fin du siècle dernier – les murs du préjugé anticlérical, typique d'une grande partie du XXe siècle, sont tombés.

Interrogés par *Le Figaro* peu après l'incendie, divers commentateurs ont signalé le lien (symbolique et réel) entre cet événement et la crise catholique. Les opinions divergent : l'Église existe-t-elle encore ? Est-elle vouée à une disparition progressive ? Le catholicisme est revenu, du moins pour un moment, au centre des débats, mais presque toujours accompagné d'appréciations inquiètes sur son avenir.

La culture française, plus que la culture italienne, est marquée par une tradition séculaire de discussion sur la crise de l'Église. La crise sous-tend souvent une proposition

4. J. FOURQUET, « Cattolicesimo zombi », *Il Foglio*, 9 au 10 mars 2019. Voir aussi ID., *À la droite de Dieu. Le réveil identitaire des catholiques*, Paris, Éd. du Cerf, 2018.

de réforme ou de nouvelle action. Durant la Seconde Guerre mondiale, en 1943, deux prêtres, les abbés Godin et Daniel, publièrent *La France pays de mission ?*[5] L'ouvrage dénonçait une crise : la distance qui s'était creusée entre le monde prolétaire et la foi, et indiquait une nouvelle terre de mission au cœur de la ville qui, autrefois chrétienne, était devenue étrangère à l'Église.

Ce que ce livre proposait a fait l'objet de longues discussions avant d'être adopté, avec une promptitude surprenante, par l'archevêque de Paris de l'époque. Le cardinal Suhard était en effet convaincu par la gravité du problème. Il fallait envoyer des prêtres missionnaires dans les périphéries, chez les ouvriers, dans leur milieu et dans les usines, là où l'Église n'existait plus, pour témoigner de la proximité du christianisme avec le prolétariat et toucher ce dernier. C'est l'histoire des prêtres ouvriers, celle d'une poignée de prêtres qui n'a duré qu'une décennie mais qui a suscité bien des débats.

Pour Émile Poulat, historien et sociologue, qui a été l'un de ces prêtres, leur histoire est révélatrice d'un christianisme conscient de sa fin dans le nouveau monde. Il s'agissait en effet de faire passer le christianisme d'un monde connu, où s'ancrent de solides structures traditionnelles, je dirais tridentines, paroissiales et associatives, à un univers étranger, en l'espèce celui du prolétariat. Il fallait incarner le christianisme dans le monde ouvrier ; le prêtre devait se faire ouvrier et être intégré, parfois,

---

5. H. Godin, Y. Daniel, *La France pays de mission ?* Paris, Éd. du Cerf, 1943. Voir aussi R. Dumont (dir.), *La France, pays de mission ?* Suivi de *La religion est perdue à Paris. Textes et interrogations pour aujourd'hui*, Paris, Karthala, 2014.

dans des équipes de laïcs. Par crainte des changements provoqués dans la vie du prêtre devenu ouvrier, Pie XII décida, en 1954, de mettre fin à l'expérience : le modèle du prêtre catholique, tel qu'il est défini par la tradition et par le concile de Trente, ne pouvait être modifié de la sorte[6].

La crise du catholicisme a donné lieu à un nombre considérable d'études et d'essais, surtout après le concile Vatican II. Mais, ces vingt dernières années, le débat a tourné le dos aux passions d'autrefois et à l'optimisme qui animaient la volonté réformatrice. Car si l'optimisme et la passion ont marqué les années qui ont suivi le Concile, lorsqu'il a été question de penser, de travailler et de rêver pour mettre en œuvre les changements dans l'Église, aujourd'hui les propositions font défaut, et sans doute aussi l'enthousiasme, même s'il est difficile de prendre objectivement la température du débat.

Or la crise du catholicisme est violente, comparable à l'incendie de Notre-Dame. Ce n'est certes pas la première. Bien des crises ont éprouvé l'Église au cours de sa longue histoire. Certaines sont venues de l'extérieur, comme des vagues se fracassant sur l'institution – c'est tout au moins ainsi que l'autorité ecclésiastique les a interprétées, et qu'elles l'ont été en partie – songeons à la confrontation avec l'État laïc ou à la persécution communiste. Mais les crises ont aussi été internes, comme la crise moderniste. Aujourd'hui, la crise est surtout rendue visible par les

6. Sur l'histoire des prêtres ouvriers, voir M. Margotti, *Preti e operai. La Mission de Paris dal 1943 al 1954*, Turin, Paravia Scriptorium, 2000 ; É. Poulat, *Les prêtres-ouvriers. Naissance et fin*, Paris, Éd. du Cerf, 1999.

indicateurs mesurant la chute de la vitalité catholique. De l'intérieur donc et non de l'extérieur.

Bref, les paramètres vitaux du « corps ecclésial » donnent des signaux préoccupants. Il va de soi que la fin d'un corps social bimillénaire tel que l'Église n'est pas comparable à la disparition d'un homme, dans la mesure où ce corps laisse derrière lui, pour une très longue période, des traces, des héritages, des fidèles, des institutions et bien plus encore. Nous pouvons alors envisager que nous avons franchi le seuil de la phase finale et que nous n'agissons plus que sur les « restes ». Je comprends qu'il ne soit pas facile pour les croyants d'accepter cette hypothèse qui pourrait sembler entachée de pessimisme. Mais il est intellectuellement honnête et responsable de se mesurer à elle.

Jérôme Fourquet a des mots sévères sur le catholicisme en France :

> Il y a une déchristianisation croissante, qui mène à la « phase terminale » de la religion catholique. [...] Si cette tendance se confirme, on estime (clairement comme ligne tendancielle) que 2048 pourrait être l'année du dernier baptême, et 2031 celle du dernier mariage catholique. On pourrait même voir la disparition totale des prêtres français en 2044[7].

Nous pouvons difficilement évaluer la crédibilité de telles prévisions, mais il est évident que l'avenir qui se prépare pour l'Église n'est pas brillant. C'est un tournant civilisationnel :

---

7. J. Fourquet, *L'archipel français. Naissance d'une nation multiple et divisée*, Paris, Éd. du Seuil, 2019.

> Pendant une centaine d'années, c'est la religion catholique qui a profondément structuré l'inconscient collectif de la société française. Aujourd'hui cette société est l'ombre d'elle-même. Un grand changement civilisationnel est en cours[8].

L'adjectif « terminal », très dur, est également employé par deux autres chercheurs : Emmanuel Todd qui, par le passé, a prédit la fin du système soviétique puis la crise de l'hégémonie américaine, et le démographe Hervé Le Bras. Ce dernier est le fils de Gabriel Le Bras, l'un des pères de la sociologie religieuse française, à qui l'on doit une solide lecture du phénomène de la « déchristianisation » de la société à travers les flux de la pratique religieuse ; il avait vu dans ces flux un indicateur de grande importance, qui allait influencer la sociologie et même la pensée de l'Église, tout en prévenant que la déchristianisation n'était pas un processus simple, mais un « mot fallacieux ». Quoi qu'il en soit, en 2013, dans *Le mystère français*, les deux auteurs, Emmanuel Todd et Hervé Le Bras, ont parlé de « crise terminale » de l'Église en pensant là aussi à la France[9].

Le nombre de catholiques pratiquants est en chute. Dans certains quartiers urbains, tout comme dans les campagnes, le catholicisme n'est plus que l'ombre de lui-même si on considère la fréquentation des fidèles, l'esprit d'initiative de ses acteurs et son rôle social. Les deux chercheurs prévoient

8. Voir M. Zanon, « Si sta sgretolando il cattolicesimo di Francia. L'allarme di alcuni studiosi », *Il Foglio*, 27 décembre 2019 ; L. Vita, « Francia, la Chiesa in allarme : cattolicesimo "in fase terminale" », *Inside Over*, 14 mars 2019.

9. H. Le Bras, E. Todd, *Le mystère français*, Paris, Éd. du Seuil, 2013.

pour l'Église une fin analogue à celle du monde communiste qui, jusqu'en 1989, semblait fort mais dont la disparition a été rapide. L'Église partagerait-elle le même destin ? L'analogie est décidément saisissante. Concerne-t-elle uniquement la France ?

Le communisme était un système de contrôle politique dans lequel les appareils d'État pesaient de tout leur poids, même s'il existait des partis communistes bénéficiant du soutien populaire, comme en Italie et en France. Tout bien considéré, l'histoire du communisme est brève, presque entièrement située au XXe siècle, à l'exception des États asiatiques et de Cuba, qui entreront dans le XXIe siècle. Il en va autrement de l'Église, forte d'une présence bimillénaire, du fait d'une part de sa nature religieuse et de l'autre de l'absence de contrôle politique exercé sur les fidèles. Le christianisme est à l'intérieur de l'histoire, de la conscience et de la mentalité des Européens, bien plus que ne l'a été le communisme, qui a été largement imposé et n'a recueilli qu'une adhésion volontariste et politique d'une partie de la population.

Ma génération a été témoin du déclin du communisme, que la majorité des observateurs n'avait pas prévu. La stratégie de l'Église de Rome, jusqu'à l'élection du pape Wojtyła, misait d'ailleurs sur la cohabitation et la négociation avec les gouvernements communistes, parce qu'elle croyait que ce phénomène s'inscrirait dans la durée, même si elle tentait, par ailleurs, de revitaliser la société civile et de poser les prémisses de l'opposition.

Si la comparaison entre Église et communisme n'est pas bonne, elle met en avant, pour beaucoup, la gravité de la crise. Reste que la « crise terminale » de l'Église – si l'on peut employer une telle expression – ne passera pas par un effondrement rapide, comme pour les régimes communistes. Elle se produira éventuellement, et cela est sans doute déjà le cas, par un amenuisement constant que nous ne percevons pas toujours. Une érosion qui, en dépit de sa gravité, continue de charrier avec elle, depuis des décennies, un essaim de permanences et de traditions. On pourrait comparer cette situation à la fin de Démocratie chrétienne (DC) en Italie, un parti fondé en 1943 et dissout en 1994 après avoir constamment gouverné le pays[10]. En ces premières décennies du XXIe siècle, on trouve encore du personnel issu de ce parti dans les institutions italiennes. À la tête de la République italienne siège, depuis 2015, le démocrate-chrétien, Sergio Mattarella, qui a milité à DC et qui se réfère toujours à son patrimoine de valeurs. Tout ne finit pas en une journée.

Je suis convaincu que la lente extinction de l'Église et son basculement vers l'insignifiance ne seront pas sans conséquences, tout au moins pour les pays européens. Ni même pour le christianisme dans le monde. Par elle-même, l'Europe change déjà et glisse vers l'insignifiance politique, dans un monde global qui assiste à l'émergence de l'homme extra-européen, ainsi que l'avait prévu Mircea Eliade pour le XXe siècle[11]. L'émergence de l'homme extra-européen a progressivement signifié, au XXIe siècle, l'affirmation de puissances et de civilisations de loin plus fortes démographiquement et plus riches que les petits pays européens. Le

10. Voir A. GIOVAGNOLI, *Il partito italiano. La Democrazia cristiana dal 1942 al 1994*, Rome-Bari, Laterza, 1996.

11. Voir M. ELIADE, *Giornale*, Turin, Boringhieri, 1976, p. 134 [Trad. fse de Luc Badesco *Fragments d'un journal I (1945-1969)*, Paris, Gallimard, « Du monde entier », 1973 ; rééd. 1986].

contexte géopolitique a profondément changé. Il suffit de regarder la Méditerranée, où la Turquie et la Russie jouent un rôle de premier plan tandis que les États-Unis se retirent, que l'Italie est réduite à un rôle dérisoire, que la France manque de souffle et que l'Allemagne se tient à l'écart.

La question qui se pose est fondamentalement celle de l'Europe et de sa position face au monde. Le déclin de l'Europe ou de l'Occident a suscité bien des discussions. Les pays membres, à commencer par l'Allemagne, la France et l'Italie, peinent – nous le voyons bien dans les situations de crise – à trouver l'unité qui seule donnerait du poids à leur action. Les difficultés du christianisme sont liées à celles de l'environnement européen. Du reste, la gravité de la crise qui affecte le catholicisme, acteur de l'histoire européenne et mondiale, constitue en soi un thème qui concerne le Vieux Continent. Et je ne puis cacher qu'en tant que chrétien cette histoire me concerne et me passionne.

L'Église peut tomber malade et mourir

La crise du christianisme interpelle les catholiques et les dirigeants de l'Église. Dans la gestion immédiate des difficultés, souvent liées à la pénurie de personnel ecclésiastique, les évêques prennent des mesures telles que le regroupement des paroisses ou leur suppression. De nombreux responsables, comme des fidèles, sont confrontés à l'écart qui se creuse entre une réalité pénible et la conviction des promesses « divines » faites à l'Église et illustrées par le *Non praevalebunt*, ces mots que Jésus adresse à Pierre : « Tu es Pierre, et sur cette pierre je bâtirai mon

Église ; et la puissance de la Mort *ne l'emportera pas* sur elle » (Mt 16, 18). Comment interpréter ces paroles ?

En 1972, sept ans après la fin du concile Vatican II, Paul VI déclara :

> On croyait qu'après le Concile, il y aurait une journée ensoleillée dans l'histoire de l'Église. Il est venu à la place une journée de nuages, de tempête, de ténèbres, de recherche, et d'incertitude[12].

Le pape Montini avait rêvé, dans le sillage du Concile, une grande renaissance de l'Église guidée par lui mais il s'était heurté à une opinion catholique effervescente et critique après 1968, encadrée par les mouvements contestataires d'un côté et la résistance conservatrice de l'autre. Au milieu des années 1970, à la fin de son pontificat, Paul VI avait la sensation d'une forte crise en actes. Or les paramètres que nous avons qualifiés de vitaux pour l'institution étaient alors meilleurs qu'aujourd'hui, bien qu'on déplorât déjà la baisse du nombre de prêtres et de religieux et la diminution des fidèles. Benoît XVI, quelques années plus tard, a rappelé les grandes attentes de sa génération à l'égard du Concile et la déception qui s'ensuivit. Il a eu ainsi, en 2012, des paroles amères qui résonnent avec gravité, car prononcées peu avant l'annonce de sa démission :

> Il y a cinquante ans [au début de Vatican II] [...] nous étions heureux, dirais-je, et pleins d'enthousiasme. Le grand Concile œcuménique avait été inauguré ; nous étions sûrs

12. Paul VI, « 9e anniversaire du couronnement de Sa Sainteté, homélie », 9 juin 1972, sur www.vatican.va.

qu'un nouveau printemps de l'Église allait arriver, avec une nouvelle présence forte de la grâce libératrice de l'Évangile.

Et faisant le parallèle avec le présent, il a affirmé :

> Au cours de ces cinquante dernières années, nous avons appris et fait l'expérience que le péché originel existe et se traduit toujours à nouveau en péchés personnels, qui peuvent également devenir des structures de péché. Nous avons vu que dans le champ du Seigneur, il y a toujours aussi l'ivraie. Nous avons vu que dans le filet de Pierre, il y a aussi de mauvais poissons. Nous avons vu que la fragilité humaine est présente également dans l'Église, que le navire de l'Église navigue aussi avec le vent contraire, avec des tempêtes qui menacent le navire et parfois, nous avons pensé : « Le Seigneur est endormi et il nous a oubliés »[13].

Où est passé l'enthousiasme ? Où sont passées les attentes ? Entendre un bilan semblable, sincère mais sévère, de la part d'un pape est bouleversant. Et cela a saisi les responsables de l'Église. Il ne s'agit évidemment pas de dirigeants d'entreprise car leur travail est soutenu par la foi et l'espérance. Pourtant, des problèmes concrets existent et ne sont pas conjoncturels.

L'histoire de ces cinquante dernières années a balayé les attentes et les enthousiasmes, même si le pontificat de Jean-Paul II mériterait un discours à lui seul. Ce dernier a lutté par son charisme contre un sentiment dépressif généralisé envers le catholicisme de la fin des années 1970. Pour le

13. Benoît XVI, *Bénédictions aux participants à la procession aux flambeaux organisée par l'action catholique italienne*, 11 octobre 2012, sur www.vatican.va.

pape, l'« esprit de crise » était générateur de crise. Mais, pour certains, le charisme de Wojtyła a « couvert », plutôt que résolu les problèmes. L'interprétation des années du pape Wojtyła reste à faire : parenthèse ou changement inachevé ?

Tout est très complexe. Les Églises peuvent aussi disparaître. L'histoire rappelle que, par le passé, certaines grandes Églises ont dramatiquement disparu, comme les Églises latines d'Afrique du Nord, celles d'Augustin d'Hippone et de Cyprien de Carthage, qui ont tant apporté au christianisme avec le développement de la pensée, des exemples de sainteté et de martyre. Ces Églises, si déterminantes pour la théologie et dans la vie des premiers siècles de l'Occident chrétien, subirent une réduction drastique sous l'effet de l'invasion arabe à partir du VIIe siècle. Il en demeura un petit reste, jusqu'à extinction complète au tout début du second millénaire. On s'interroge sur la fin du grand christianisme nord-africain, faut-il l'attribuer seulement à l'occupation arabe, ou également au fait que l'Église n'est pas parvenue à pénétrer la culture des populations non latines d'Afrique du Nord ?

Même un grand christianisme peut disparaître. Ces Églises, il est vrai, n'avaient derrière elles que quelques siècles d'existence tandis que le christianisme européen est quasi bimillénaire, tout au moins dans certaines régions. Sur d'autres continents, comme en Afrique, il est plus récent. L'historien américain Philip Jenkins a enquêté, dans *L'histoire perdue du christianisme*, sur le Moyen-Orient des origines, l'Afrique du Nord et la grande expansion missionnaire en Asie, jusqu'à l'Inde et à la Chine[14]. C'est une histoire qui m'a toujours fasciné ; ces Églises d'Orient, en

14. Ph. JENKINS, *The Lost History of Christianity*, Londres, Harper Collins, 2009.

particulier les Églises assyriennes et chaldéennes, dont les sièges patriarcaux se trouvent en Irak ; ce christianisme qui s'est établi en Chine et en Inde, et dont il ne reste à présent que des vestiges.

Jenkins soutient que le christianisme d'aujourd'hui a des leçons à retenir de ces histoires anciennes, mais pas dans la perspective des groupes souverainistes pour lesquels la disparition du christianisme au Moyen-Orient devrait alarmer en raison du danger symétrique qui en résulterait de la consolidation de l'islam[15]. En effet, les Églises orientales, au Moyen Orient, fruit de la prédication apostolique, ont résisté des siècles durant aux régimes musulmans, arabe et ottoman, trouvant – au prix de mille difficultés – un *modus vivendi*. Après-guerre, les chrétiens étaient majoritaires au Liban. Dans les années 1980, ils représentaient encore 10 % des Syriens. Aujourd'hui, entre l'émigration et la situation politico-militaire des pays, ces Églises se réduisent à de petites communautés.

Pensons à la « Grande Église du Christ », le patriarcat œcuménique de Constantinople, centre de rayonnement orthodoxe de première importance, qui a survécu avec dignité sous la domination ottomane pendant quatre siècles et demi. Aujourd'hui, à Istanbul, la communauté orthodoxe se réduit à une poignée de fidèles autour de la prestigieuse mais fragile institution du patriarcat. Ici, l'affrontement nationaliste gréco-turc a étranglé la présence gréco-orthodoxe. Le président turc Erdoğan a pris la décision significative de rétablir la prière musulmane à Sainte-Sophie, cathédrale orthodoxe, jusqu'à la fin de la conquête

15. Voir I. Scaramuzzi, *Dio ? In fondo a destra. Perché i populismi sfruttano il cristianesimo*, Vérone, EMI, 2020.

ottomane, changée en mosquée puis devenue en 1934 musée pour l'« humanité » sur décision du président laïque Atatürk. Le retour de Sainte-Sophie à l'islam, un an après l'incendie de Notre-Dame, revêt une valeur symbolique. Notre-Dame brûle et Sainte-Sophie redevient mosquée. Cela fait justement réfléchir sur la force de l'islam, mais devrait sans doute faire réfléchir davantage sur la force du nationalisme néo-ottoman de la nouvelle Turquie.

Rien n'est tenu pour acquis dans l'histoire. Même pour l'Église. Les fidèles croient en l'institution divine, mais vivent la fragilité et la précarité de l'histoire. Parler de « phase terminale » ou de forte crise n'est pas un signe d'incrédulité ou de pessimisme, cela revient à prendre en compte une hypothèse interprétative de la réalité car une analyse lucide ne s'oppose pas à une attitude de foi. Le cardinal Martini affirmait, en se souvenant des anciennes Églises chrétiennes aujourd'hui disparues :

> La pérennité est assurée à l'Église, non pas aux Églises ; les Églises individuelles sont coresponsables de leur avenir. Leur survie est liée à leur réponse. […] L'histoire est donc sérieuse et nous est confiée à nous[16].

Ce n'est pas le seul problème des chrétiens

La crise de l'Église inquiète aussi les laïcs soucieux du patrimoine culturel et humain du christianisme. Il existe,

16. C. M. Martini, *Geremia. Una voce profetica nella città*, Cinisello Balsamo, San Paolo, 2017, p. 37.

dans l'opinion publique européenne, une frange de personnes qui n'appartiennent pas à l'Église mais qui observent la crise du christianisme avec inquiétude. L'écrivain Corrado Augias, auteur d'ouvrages à grand succès sur le christianisme, tous non confessionnels, a déclaré que la crise de l'Église constituait une perte d'humanité pour tous : « Nous avons besoin du christianisme car, là, au-dehors, il n'y a plus rien d'autre[17]. »

De nombreuses personnes, ni militantes ni fidèles, ont le sentiment que le catholicisme est une référence existentielle, sociale ou un fait de leur existence. Elles comprennent le vide qui s'ouvre devant elles. Elles partageraient certainement l'expression de Benedetto Croce, *Pourquoi nous ne pouvons pas ne pas nous dire « chrétiens »*, titre d'un petit essai composé en 1942[18]. Il ne s'agit pas d'une profession de foi de la part du philosophe napolitain, laïque et libéral, mais bien de la constatation d'une histoire européenne pour laquelle, précisément, l'on ne peut pas ne pas se dire chrétien.

Aujourd'hui encore, il existe un grand nombre de personnes en Europe qui le pensent et qui, bien que n'intégrant pas les structures de l'Église et ne fréquentant pas les liturgies, comprennent la signification objective et subjective du christianisme. Elles se tournent parfois vers la figure du pape. À l'époque où Croce écrivait, à Naples, l'Église n'était absolument pas en crise ; elle imprégnait le peuple d'une dévotion intense, dont le miracle de la liquéfaction annuelle du sang de saint Janvier est l'exemple le

17. C. Augias, « Abbiamo bisogno del cristianesimo », *L'Osservatore Romano*, 8 novembre 2019.

18. B. Croce, « Perché non possiamo non dirci "cristiani" », *La Critica*, 20 novembre 1942, p. 289-297.

plus connu. Croce parle du christianisme en termes certes réducteurs pour le catholique, mais typiques d'une position que l'on retrouve encore de nos jours. Sa publication fut accueillie avec sévérité par l'Église, laquelle avait mis un certain nombre de ses livres à l'Index, considérant son essai comme peu respectueux de l'intégrité de la foi. Croce écrivait :

> Le christianisme a été la plus grande révolution que l'humanité ait jamais accomplie, si grande, si globale et profonde, si riche de conséquences, si inattendue et irrésistible dans sa mise en œuvre, qu'il n'est pas étonnant qu'elle soit apparue ou puisse encore apparaître comme un miracle, une révélation d'en-haut, une intervention directe de Dieu dans les affaires humaines, qui ont reçu de lui une loi et une orientation tout à fait nouvelles[19].

Le christianisme apparaissait comme le fondement d'un monde que Croce voyait ébranlé par la Seconde Guerre mondiale, qui menaçait de le précipiter dans l'abîme du mal. Le philosophe commençait, en effet, son essai en évoquant l'« Antéchrist qui est en nous », « opposé au Christ », le « destructeur du monde, jouissant de la destruction[20] ». Il observait, de manière originale, que « dans cette terrible guerre mondiale, ce qui est en conflit, c'est une conception encore chrétienne de la vie en butte à une autre conception que l'on pourrait faire remonter à l'ère préchrétienne, voire préhellénique et pré-orientale, et rattacher à celle antérieure à la civilisation, la violence barbare

---

19. *Ibid.*, p. 289.
20. A. Di Mauro, *Il problema religioso nel pensiero di Benedetto Croce*, Milan, Franco Angeli, 2001, p. 320.

de la horde[21] ». Renvoyer au christianisme, c'était aller à la source de la *pietas* et de l'*humanitas*. Ces observations du philosophe napolitain expriment le sentiment de ceux qui, dans la crise, se réfèrent au christianisme.

Une vision trop marquée par le sens de l'orthodoxie a fait perdre aux catholiques le souci de la *pietas* et de l'*humanitas*, sédimentées dans la culture et dans l'existence du christianisme. Une vision tridentine du contrôle de la pratique sacramentelle a trop souvent conduit à négliger le monde de ceux qui ne peuvent pas ne pas se dire chrétiens, mais qui ne sont ni pratiquants ni militants. Il ne s'agit pas, à l'heure où les lieux de culte se vident, de se consoler en créditant l'Église des sentiments humains répandus dans la société. Il s'agit de comprendre l'*humus* qui fait vivre encore en partie nos pays, les langages, le sens de la vie et de la personne, la culture et la mentalité. Il n'est pas question de nier la sécularisation, mais de comprendre la profondeur complexe de la réalité. Le théologien Christoph Theobald affirme que l'affaiblissement du catholicisme structuré « rend visibles de nouveaux courants religieux et spirituels[22] ». Pour l'Église, il s'agit de trouver un langage adapté à ces mondes, sachant que leurs frontières sont moins certaines que ne le laisse entendre le trait « néo-tridentin », simplificateur, avec lequel on voudrait les tracer[23].

21. B. Croce, M. Curtopassi, *Dialogo su Dio. Carteggio 1941-1952*, G. Russo (dir.), Milan, Archinto, 2007, p. 15, 55.

22. Ch. Theobald, *L'Europe terre de mission*, Paris, Éd. du Cerf, 2019, p. 95.

23. Pour reprendre l'expression de L. Perrin, dans *Paris à l'heure de Vatican II*, Paris, Éd. de l'Atelier, 1997. D'après l'auteur, Vatican II ne marque pas la fin de la Contre-Réforme mais l'avènement, presque

On a beaucoup écrit sur les origines chrétiennes de notre monde occidental[24]. Il existe toutefois une différence entre le développement, au cours des siècles, d'idées, de visions et d'institutions qui portent l'empreinte chrétienne originelle et la persistance d'un *humus*. L'expérience des rudes semaines du confinement, véritable traumatisme pour le monde, a montré que le comportement de certains peuples européens, en Italie, en France, en Allemagne, en Espagne, au Portugal et ailleurs, a été fortement marqué, en dépit de la sécularisation, par ce sens de la valeur de la personne qui a des caractéristiques chrétiennes. Il faudra revenir sur ce point. Sans doute l'Église devra-t-elle prendre plus au sérieux le « pourquoi nous ne pouvons pas ne pas nous dire "chrétiens" », non pour baptiser la société mais pour la comprendre.

La main tendue

L'attention inquiète portée à la crise de l'Église ne se vérifie pas seulement en Italie, pays pourtant qualifié jusqu'à récemment de catholique (en 1987, Démocratie chrétienne obtenait encore un peu moins de 35 % des voix aux élections). Cet intérêt s'exprime aussi en France, où le président de la République a coutume de parler des religions comme de « cultes ». Depuis les lois de séparation traumatisantes de 1905, expression d'une politique anticléricale, la législation française considère en effet davantage

un sursaut « néo-tridentin », quoiqu'entièrement renouvelé, avec la rechristianisation des catholiques et l'arrivée d'une nouvelle pastorale systématique des sacrements.

24. Voir entre autres G. Hermet, *Les sources chrétiennes de la démocratie*, Paris, Karthala, 2020.

l'aspect cultuel des religions que leur configuration sociale et communautaire. C'est précisément en raison de cette approche, que les présidents français avaient toujours observée, que l'avancée d'Emmanuel Macron en direction de l'Église catholique a provoqué la stupeur. En 2018, le président se rend au Collège des Bernardins, institution voulue par le cardinal Lustiger pour tisser des liens avec la culture au sens large et réaffirmer la dimension sociétale de l'Église. L'initiative représente une « main tendue » de la République laïque aux catholiques.

Laissant de côté la question des racines chrétiennes de l'Europe – dont, du temps de Jean-Paul II, le Saint-Siège avait demandé avec insistance l'inscription dans la Constitution européenne avant de se heurter au refus de la France – le président Macron a affirmé avec solennité dans son discours avoir la « plus haute idée des catholiques ». Ses déclarations pourraient être considérées comme une entorse à la laïcité à laquelle le chef de l'État est tenu :

> Et surtout, ce ne sont pas les racines qui nous intéressent, car celles-ci peuvent être mortes. Ce qui importe, c'est la lymphe. Et je suis convaincu que la lymphe catholique doit encore contribuer à faire vivre notre nation.

Avec gravité devant les évêques réunis aux Bernardins, il déclarait :

> Si les catholiques ont voulu servir et faire grandir la France, s'ils ont accepté de mourir, cela n'a pas été seulement au nom d'idéaux humanistes. Pas seulement au nom d'une morale judéo-chrétienne sécularisée. C'est aussi parce

qu'ils étaient porteurs de leur foi en Dieu et de leur pratique religieuse[25].

C'est une reconnaissance importante car les catholiques français ont été « patriotes », surtout au nom de leur foi vécue. Dans une attitude inédite, Macron dit à l'Église que la France a besoin d'elle, surmontant la méfiance séculaire à l'égard du « danger » d'une cléricalisation de la vie publique. Il ne s'agissait pas d'une rencontre à mi-parcours entre l'Église et l'État pour résoudre des problèmes communs. Le président est venu chercher l'Église en reconnaissant son rôle social et spirituel. L'événement, dont l'origine est probablement diverse, doit être compris à la mesure de sa portée inédite. Le président a voulu marquer un tournant dans les relations avec les religions. Aux prises avec la question musulmane dans la société française, il a été conduit à s'interroger sur le rôle des religions, auxquelles il reconnaissait une fonction de cohésion sociale et des ressources spirituelles.

Le président Macron était conscient que, face à la société française, l'État seul ne pouvait y arriver et que les ressources spirituelles étaient nécessaires pour maintenir l'unité d'un tissu social déchiré en nourrissant une vision de l'avenir. Mais la « main tendue » présidentielle ne faisait-elle pas courir à l'Église le risque d'être instrumentalisée par une présidence, par nature, transitoire ? L'Élysée attendait une réaction. J'ai eu connaissance, par certains cercles de la présidence, d'une légère déception quant à la réponse de l'Église. Il ne s'agissait pas d'une

25. « Discours du Président de la République Emmanuel Macron au Collège des Bernardins », 18 avril 2018.

réponse négative. L'Église ne voulait pas s'engager sur une voie incertaine, quelque peu éloignée de sa mission habituelle. Du reste, la présidence Macron comportait une part de fragilité et d'impopularité. Et puis, l'Église de France, avec ses 98 diocèses, était davantage soucieuse de la question de sa survie qu'attirée par un projet aux contours incertains.

La « main tendue » de Macron – l'expression a été utilisée par Maurice Thorez, secrétaire du Parti communiste français, en direction des catholiques en 1936 – est significative de notre époque. Un chef d'État a besoin de ressources spirituelles, à l'opposé du XXe siècle où le pouvoir civil percevait la présence catholique comme envahissante et menaçante. Il s'agissait alors de limiter l'influence de l'Église par les lois anticléricales et laïques, comme celles de 1905 en France, ou encore par les lois qui, en Italie, annexèrent le patrimoine immobilier de l'Église et réduisirent les congrégations religieuses de façon drastique ; et ce ne sont que des exemples.

L'Europe du XXe siècle craignait le « pouvoir » de l'Église sur les populations, sur les familles, sur les femmes, sur les jeunes. Aujourd'hui, au contraire, on redoute son absence. C'est quand s'ouvrent des béances que l'on comprend la valeur des présences perdues. Les inquiétudes concernent l'écologie humaine et spirituelle de l'Europe. Ce n'est pas le problème des seuls chrétiens mais un problème plus général. La cathédrale Notre-Dame qui brûle évoque non seulement la crise de l'Église mais aussi, à bien y regarder, celle de la société entière.

Une crise terminale en France ?

Il a été beaucoup question du catholicisme de la France. Et cela ne tient pas seulement au fait que la France est considérée comme la « fille aînée de l'Église ». Entre le XIXe et le XXe siècle, l'Église française a occupé une place importante dans l'histoire du catholicisme européen et mondial. Au cours de ces deux derniers siècles, Paris a été la ville où le catholicisme s'est confronté à la modernité révolutionnaire, libérale, scientifique, socialiste et communiste. Non qu'elle fût la seule ville où progressait la modernité, mais l'Église y constituait une présence forte et solidement enracinée. Cette confrontation a provoqué des affrontements et des rencontres. Des idées, des propositions, des expériences sont venues de France, où s'est développée une pensée pleine de vigueur sur l'avenir de l'Église, capable de se tourner vers la tradition tout en se projetant vers le futur.

Paris a été un véritable laboratoire de la rencontre entre l'Église et le monde moderne. Avec des moments de grande dureté. N'oublions pas qu'au XIXe siècle, deux archevêques de Paris ont perdu la vie de façon cruelle, Mgr Affre, en 1848, alors qu'il s'interposait entre les ouvriers en révolte et les troupes gouvernementales, et Mgr Darboy, fusillé en 1871 sous la Commune. Un autre encore, Mgr Sibour, a été poignardé par un ancien prêtre en 1857[26].

---

26. J'ai consacré quelques pages à cette atmosphère dans mon ouvrage *Neo-gallicanesimo e cattolicesimo borghese. Henri Maret e il Concilio Vaticano I*, Bologne, il Mulino, 1976.

Plus tard, à travers ses évêques et ses théologiens, l'Église française a été l'un des plus grands protagonistes des réformes de Vatican II. De Lubac, Chenu, Congar et Daniélou, pour n'en citer que quelques-uns, ont exercé une grande influence sur le Concile. Ils ont exprimé une pensée vigoureuse, orientée vers la réforme de l'Église et vers un nouveau rapport à la société, dont les travaux conciliaires portent l'empreinte. À quelques exceptions près, les évêques français se sont rangés à la majorité et se sont parfaitement accordés aux conclusions du Concile. L'Église française a assuré une réception efficace du message conciliaire, introduisant d'importantes innovations, et elle s'est positionnée, hors de l'Hexagone, comme un modèle de réception du Concile.

Le terrain était déjà prêt. Dès les années 1940-1950, l'esprit de recherche et d'innovation de l'Église de France inquiétait le Saint-Siège au point que Rome parlait de « furie française ». L'affaire des prêtres ouvriers en est un exemple. Le Concile ne se profilait pas encore à l'horizon et Angelo Roncalli, le futur Jean XXIII, qui était nonce à Paris, respirait déjà cette atmosphère.

La lettre pastorale *Essor ou déclin de l'Église ?* du cardinal Suhard, archevêque de Paris, datée de 1947 est bien connue. Elle eut un retentissement au-delà des limites de son diocèse. Toujours d'actualité, la question portait sur l'avenir, croissance ou déclin de l'Église ? À l'époque, après la guerre, la réponse la plus probable semblait être l'*essor**, la croissance, au prix de quelques changements, pour éviter le risque du *déclin**.

Suhard, qui n'avait rien d'un progressiste mais qui était solidement ancré dans la réalité, en anticipait déjà les difficultés[27]. Pour lui, il fallait s'interroger sur l'avenir du christianisme et sur les raisons qui faisaient qu'un grand nombre de personnes ne partageaient plus la foi. On reste impressionné par le fait que, dès l'après-guerre, un archevêque de Paris admette ouvertement le possible déclin de l'Église. Si déclin il y avait, on l'attribuait en général – du côté ecclésiastique – à la guerre ou à la persécution de la part de forces hostiles, telles que le libéralisme, le laïcisme, le socialisme ou le communisme. Pour Suhard, au contraire, la crise venait d'une part de l'Église et de l'autre du changement d'attitude des « masses » à son égard. Son constat semble n'avoir rien perdu de son actualité :

> Le genre humain s'accroît ; l'Église décroît. Toujours minoritaire, elle comptait, du moins jusqu'ici, des sociétés massives de fidèles. Aujourd'hui, ce qu'elle nomme elle-même l'« apostasie des masses » accuse sa faillite. Par mille fissures, elle s'effrite et voit l'un après l'autre des peuples entiers de détacher d'elle[28].

Il admettait, dès 1947, l'« échec » de l'Église, au moins en partie. Ce n'était pas habituel dans la pensée catholique, souvent encline à réprouver les erreurs des autres. Suhard comprenait que l'homme contemporain avait moins d'attentes vis-à-vis de l'Église, qu'il considérait d'ailleurs comme une réalité du passé. Mais son raisonnement ne

---

27. Sur la figure du cardinal, voir J.-P. Guérend, *Cardinal Emmanuel Suhard, archevêque de Paris (1940-1949)*, Paris, Éd. du Cerf, 2011. On notera l'importante préface d'Émile Poulat.

28. E. Suhard, *Essor ou déclin de l'Église ? Lettre pastorale*, Paris, Éd. du Vitrail, 1947, p. 6.

s'épuisait pas dans la logique du succès ou de l'échec. Le cardinal rappelait le « mystère » de l'Église et son histoire, qui a souvent été associée à la souffrance. Parfois « grandir c'est mourir partiellement », affirmait-il. Et d'ajouter qu'il convenait de changer les habitudes, les structures et les manières d'être.

L'archevêque observait la progression de la « déchristianisation du monde », le détachement des masses devenues semblables à des nations païennes. Le mot-clé « déchristianisation », déjà utilisé par la sociologie religieuse française, faisait ainsi son entrée dans un document officiel de l'Église. Dans les milieux romains, on ne voyait pas d'un bon œil la radiographie sévère du catholicisme telle qu'elle était faite à Paris. Il se dit que Pie XII, tout en estimant le cardinal, lui aurait discrètement reproché d'avoir écrit un texte quasiment dans la tonalité d'une encyclique papale. Or les problèmes y sont tous évoqués.

L'« honneur de notre génération », écrivait Suhard, est « d'avoir compris que la situation de l'humanité exige un renouveau missionnaire ». S'il recensait nombre de graves problèmes, le cardinal restait néanmoins pétri de cet optimisme propre à une Église riche en énergies humaines et intellectuelles car relever le défi de la crise est une incitation au changement. En 1949, il exposait le problème du « prêtre » dans la lettre pastorale, *Le prêtre dans la cité*[29]. C'est la grande question qui parcourt le monde catholique depuis Vatican II. Suhard concevait le rôle du prêtre, dans l'anonymat de la ville, comme celui d'un médiateur dans la prière et dans la liturgie, en plus de celui de pasteur et

29. E. Suhard, *Le prêtre dans la cité. Lettre pastorale*, Paris, Éd. A. Lahure, 1949

de compagnon des laïcs. En accord avec la vision pastorale classique, mais ouvert aux hardiesses favorables à l'*essor* de l'Église, le vieux cardinal plaçait le traitement du problème du prêtre au premier plan.

Pendant soixante-dix ans, il a été beaucoup question des prêtres dans l'Église. Un texte conciliaire leur a même été consacré. De nombreux éléments nouveaux ont été introduits et de grands changements apportés dans la relation entre les évêques et les prêtres, fondés davantage aujourd'hui sur la communion et la coopération. Vatican II a mis à jour le modèle du prêtre tridentin en insistant sur le caractère pastoral du ministère. Or le nombre de prêtres a diminué et le problème du ministère dans les communautés catholiques, où les prêtres sont de moins en moins nombreux, demeure.

À ne considérer que ces cinquante dernières années, du moins en France, on ne peut pas dire que la crise de l'Église ait été résorbée et que le nombre de fidèles se soit maintenu. Il faut se demander, à l'issue de nombreuses années d'évangélisation – ou tout au moins d'exhortation à évangéliser – comme devant la modestie des résultats, quelle en est la véritable raison. On l'a passée sous silence. On a accusé alternativement le manque d'engagement, le conservatisme des institutions, le clergé, l'apathie du laïcat, le caractère érosif de la culture contemporaine, les expérimentations trop hardies qui ont scandalisé, etc., mais ça, c'est le destin de toute réforme et de toute aventure. Il y a des résistances et des élans, des printemps et des automnes, c'est la dynamique normale.

Il convient de regarder en face la « modestie » des résultats. L'histoire, à partir des années 1960, est celle d'une décrue continue du nombre des fidèles, symptôme d'une crise que confirment d'autres indicateurs comme la diminution du nombre de prêtres et de séminaristes, de religieux et de religieuses. La pratique religieuse dominicale en France aujourd'hui est réellement modeste. Les statistiques les plus optimistes indiquent 5 %, mais les plus fiables la situent entre 3 et 4 %[30]. Il est vrai que l'on ne peut mesurer le christianisme – comme l'écrit le théologien Dominique Collin – sur la seule base d'une assemblée dominicale réunie, serait-ce même « sans conviction », autour d'un pasteur[31]. Le christianisme ne se résume pas à la pratique dominicale. Les taux ne révèlent pas tout mais ils nous mettent au contact d'une partie de la réalité que nous ne pouvons pas négliger.

Il y a peu de prêtres[32]. Entre 1965 et 2017, le nombre de prêtres diocésains français est passé de 49 100 à 11 350. Le clergé ne jouit plus de son prestige social traditionnel. Entre-temps, en 2021, le rapport de la Commission indépendante sur les abus sexuels dans l'Église (CIASE), mandatée par les évêques français pour faire la lumière sur la pédocriminalité, a été publié. L'enquête, qui couvre la période allant de 1950 à 2020, évalue – selon les estimations – à environ 330 000 le nombre de personnes victimes, dont 216 000 agressées par des membres du clergé,

30. Voir J.-L. Schlegel, « Pourquoi on ne va plus à la messe », *Études*, octobre 2019, p. 83-94.

31. Voir D. Collin, *Le christianisme n'existe pas encore*, Paris, Salvator, 2018.

32. Tout en admettant une crise des vocations, le cardinal Vingt-Trois observe la disparition de celles qui provenaient du monde rural, tandis que le recrutement en milieu urbain, d'environ 15 à 20 % autrefois, s'est maintenu à ces niveaux. Dans A. Vingt-Trois, *Une mission de liberté*, Paris, Denoël, 2010, p. 188.

religieux et religieuses. La commission indépendante évalue le taux d'agresseurs à environ 2,8 % du clergé. Elle présente diverses recommandations, dont certaines portent sur le célibat et l'ordination des hommes mariés. L'Église de France a pris la responsabilité d'indemniser les victimes, en demandant également des contributions aux fidèles. Le rapport a été critiqué pour sa méthodologie scientifique par huit savants de l'Académie catholique de France, mais ces objections ont été rejetés par le président de la Conférence des évêques, Mgr de Moulins-Beaufort, qui a démissionné de l'Académie. Mgr de Moulins-Beaufort voit dans ce rapport une opportunité pour le renouveau de l'Église, notamment parce qu'il dénonce des dysfonctionnements systémiques dans la vie de l'Église[33].

La situation n'est pas facile. On ferme les églises et on regroupe les paroisses. Quelle importance a un groupe réduit de fidèles, souvent plus très jeunes ? Comment trouver un nouvel élan quand les cadres s'amenuisent et vieillissent alors que l'âge moyen des fidèles augmente de plus en plus ?

Ces éléments tendent à confirmer la « phase terminale ». En France, la tendance au déclin des catholiques ne connaît pas d'inversion significative. Les innovations conciliaires, les changements d'itinéraires impulsés par Jean-Paul II, les initiatives de toutes sortes, n'ont pas provoqué l'inversion

33. Cf. *Les violences sexuelles dans l'Église catholique en France 1950-2020*. Rapport de la Commission indépendante sur les abus sexuels dans l'Église in www.ciase.fr. Jean-Marc Sauvé, haut fonctionnaire a présidé cette commission. Lire aussi : *Analyse du rapport de la Commission indépendante sur les abus sexuels dans l'Église* (CIASE) signée par huit membres de l'Académie catholique de France.

de la décroissance qui caractérise le catholicisme français depuis plus de soixante ans.

Il y a eu, certes, quelques signes positifs comme l'engagement fécond du cardinal Lustiger à Paris[34]. Puis, le clergé diocésain a vu arriver l'appui d'un clergé provenant des nouvelles communautés d'origine charismatique qui a comblé certains vides. Mais l'optimisme du cardinal Suhard, pourtant traversé de fortes questions, cède la place, dans les cercles de l'Église, à un sentiment d'inquiétude, si bien que, si l'on posait aujourd'hui la question de la lettre de 1947 *Essor ou déclin de l'Église ?* la réponse serait sans doute un triste *déclin !** C'est la sensation que l'on a devant l'incendie de Notre-Dame.

Pourquoi des résultats aussi modestes ?

Nous pourrions dire que l'engagement missionnaire n'a pas servi à endiguer l'hémorragie des fidèles. D'aucuns répondraient que, sans cet engagement, l'Église serait encore plus réduite. En France, si l'on considère le nombre de pratiquants, le peuple chrétien est aujourd'hui modeste. Mais pensons aussi au nombre des futurs prêtres. La baisse du nombre de séminaristes est importante. En 2018, deux tiers des diocèses français n'avaient pas de séminaristes. Il existe néanmoins un courant qui enregistre des chiffres en hausse, celui des traditionalistes qui représentent près de 20 % des séminaristes français.

34. Sur la figure du cardinal Lustiger, voir H. Tincq, *Jean-Marie Lustiger. Le cardinal prophète*, Paris, Grasset, 2012. Voir aussi J.-M. Lustiger, *Le choix de Dieu*, Paris, De Fallois, 1987.

En 2018, il y a eu 114 ordinations dans toute la France (133 en 2017). Un prêtre sur cinq, parmi les ordonnés, appartient aux communautés traditionalistes (reconnues par le Saint-Siège). Celles-ci célèbrent la liturgie selon le rite romain « extraordinaire », autrement dit celui qui précède Vatican II et dont les dernières modifications remontent à l'époque de Jean XXIII. Les traditionalistes, qu'ils soient fidèles au Saint-Siège, réintégrés dans l'Église ou schismatiques, ont souligné que ce sont les nouveautés apportées par Vatican II, à commencer par la réforme liturgique, qui ont été à l'origine de la grande crise. Mgr Lefebvre a soutenu que les résultats du Concile ont été négatifs et corrosifs. Ils l'ont incité à fonder la Fraternité sacerdotale Saint-Pie X où prêtres et séminaristes suivent la voie et les rites de l'Église préconciliaire, refusant donc Vatican II. L'évêque français, fortement enraciné dans le national-catholicisme de l'Action française, a été excommunié par Paul VI en 1976[35].

Le mouvement traditionaliste de Lefebvre est alors devenu une Église schismatique qui a ordonné des évêques sans mandat papal. Elle compte aujourd'hui environ 630 prêtres sur tous les continents. Ce n'est cependant pas une force religieuse qui s'impose par le nombre ou par son influence. Le Chemin néocatéchuménal, pleinement intégré dans l'Église catholique, comporte, lui, un nombre bien plus élevé de prêtres et compte 125 séminaristes. Il existe aussi dans l'Église des organisations traditionalistes reconnues qui rejettent le schisme lefebvriste, mais qui adoptent une

---

35. Voir Y. Montagne, *Il vescovo sospeso. Mons. Lefebvre*, Rome, Catholic Laymen's League, 1978. Voir aussi L. Sapienza, *La barca di Paolo*, Cinisello Balsamo, San Paolo, 2018, p. 151.

position circonspecte vis-à-vis du Concile. Leur proposition, plus ou moins implicite, est de revenir au passé préconciliaire dans la liturgie, la spiritualité et la vision du monde.

Dans la sphère traditionaliste, les vocations sont certes nombreuses mais il ne s'agit pas d'une reprise catholique de grande ampleur. Il existe en effet bien des contradictions et le système de pensée et de vie, qui fonctionnait il y a plusieurs décennies, s'est définitivement décomposé. Comment est-il possible, par exemple, d'être traditionaliste tout en étant opposé au pape, alors que l'ensemble du culte de la tradition, aux XVIIIe et XIXe siècles, s'est développé parallèlement au culte du pape ?

Du reste, j'ai été saisi à la lecture du procès-verbal d'un entretien entre Paul VI et Lefebvre. Ce dernier disait qu'il ne pouvait pas obéir au pape au nom de la « liberté de conscience » et demandait la conservation du rite liturgique préconciliaire au nom du pluralisme de Vatican II. La liberté de conscience et le pluralisme liturgique n'étaient-ils pas les bêtes noires des traditionalistes ?

Pourtant, c'est en invoquant ces notions que l'évêque traditionaliste justifiait sa position… La mère de l'écrivain François Mauriac, une vraie traditionaliste, répondait de façon très claire à son fils qui protestait contre la condamnation de l'Action française par Pie XI : « Contre l'Église, il n'y a pas de conscience. » Même les traditionalistes « progressent ».

La vitalité de ces mouvements n'est pas la réponse au déclin de l'Église. Il serait intéressant de voir si cette « Église traditionaliste » peut vraiment être considérée comme la continuation de celle de Pie XII, lequel avait posé des prémisses qui vont en partie dans le sens de Vatican II

– le Concile se réclamant d'ailleurs souvent de son magistère – et avait amorcé des réformes liturgiques comme l'admission de la messe anticipée au précepte dominical.

Autres explications et décroissance heureuse

Dans le camp opposé, surtout dans les années qui ont suivi le Concile, d'importants secteurs du catholicisme ont expliqué la crise par l'application timorée et partielle de Vatican II, conduite avec trop de centralisme par Paul VI. Les résultats de Vatican II auraient été modestes parce que Rome n'a pas eu le courage des réformes, n'a pas laissé d'autonomie aux Églises locales ni aux conférences épiscopales, et a compromis le débat théologique. D'importants théologiens conciliaires ont partagé ces positions. Le plus connu a été Hans Küng, véritable meneur d'une alternative qui n'a pour autant jamais pris des aspects schismatiques, même s'il y a eu, de sa part, de sévères critiques à l'égard des papes[36].

Le célèbre historien du christianisme Giuseppe Alberigo, collaborateur du cardinal Lercaro à Vatican II, a soutenu que la politique montinienne a imposé la réception conciliaire de manière centralisée, sans valoriser les Églises locales. La timidité et le centralisme montiniens auraient brisé dans l'œuf l'élan ecclésial du Concile, en contrôlant son application. Avec sa pastorale ouverte sur le monde et missionnaire, et surtout avec son ministère charismatique, Jean-Paul II aurait poursuivi cette centralisation.

---

36. Voir l'autobiographie de H. Küng, *Mon combat pour la liberté*, Paris, Éd. du Cerf, 2006.

L'après-Concile aurait donc freiné un processus lancé de manière heureuse par Jean XXIII.

Si le traditionalisme est bien établi dans l'Église, le prétendu « progressisme » catholique, pourtant si dynamique dans les années 1960 à 1980, l'est moins. Il a été soit absorbé par la vie ecclésiale, soit marginalisé. De plus, le catholicisme progressiste n'a jamais entrepris de se structurer, pour cette raison notamment que ses préoccupations n'étaient pas orientées – comme dans le cas des traditionalistes – vers l'idée de « sauver » le sacerdoce catholique. Le chercheur Guillaume Cuchet s'est demandé pourquoi le catholicisme progressiste s'est si peu transmis à la génération suivante, fait que j'ai moi-même constaté parfois[37]. Sa conclusion est qu'il y a eu une perte d'influence du catholicisme progressiste auprès des jeunes.

Au-delà des explications conservatrices et progressistes, résumées ici de façon sommaire, la crise du catholicisme a pu donner lieu à d'autres lectures qui ne sont pas toutes négatives. L'idée a fait son chemin que le catholicisme devait se résigner à un redimensionnement de ses effectifs et de sa présence dans la société. C'est l'idée du passage d'une Église de masse, fruit d'une appartenance sociologique et traditionnelle, à une Église qui valorise le chemin de foi et les choix personnels. C'est d'ailleurs ce qui a incité à développer une pastorale de préparation aux sacrements plus attentive et visant, comme on le disait, davantage la qualité que la quantité des chrétiens. C'est encore dans ce sillon que s'inscrit une partie de la pastorale des paroisses.

---

37. G. Cuchet, *Comment notre monde a cessé d'être chrétien*, Paris, Éd. du Seuil, 2018, p. 267-268.

Dans cette optique, le Chemin néocatéchuménal, fondé en 1964 par Kiko Argüello et Carmen Hernández, qui insiste sur la redécouverte du catéchuménat, et qui forme des prêtres missionnaires liés au Chemin, propose une « réforme » de la paroisse misant sur la communauté et sur son itinéraire catéchuménal. Le Chemin, reconnu par le Saint-Siège, ne peut être considéré comme un mouvement ; il rassemble des communautés néocatéchuménales, existant au sein de paroisses, tout en possédant une structure unitaire.

La diminution du nombre des fidèles a parfois été vue non comme un signe de déclin, mais comme une occasion de croissance pour une Église en minorité : une communauté plus vraie, consciente, évangélique, faisant presque écho au christianisme des premiers temps. Ratzinger a considéré la réalité d'un christianisme minoritaire comme une chance. La thèse est chère aux milieux désireux de se libérer des vieux appareils. En 1969, un Ratzinger âgé de 32 ans imaginait ainsi l'« Église de demain » :

> De la crise actuelle sortira l'Église de demain, une Église qui aura beaucoup perdu. Elle sera de taille réduite et devra repartir de zéro. Elle ne sera plus en mesure de remplir tous les édifices construits durant sa période de prospérité. Avec la réduction du nombre des fidèles, elle perdra de nombreux privilèges. Contrairement à la période antérieure, l'Église sera perçue comme une société de personnes volontaires, qui s'intègrent librement et par choix. En tant que petite société, elle sera amenée à faire beaucoup plus souvent appel à l'initiative de ses membres[38].

38. J. Ratzinger, *Fede e futuro*, Brescia, Queriniana, 1971, p. 114-115. Voir A. Soupa, *Consoler les catholiques*, Paris, Salvator, 2019.

C'est encore dans cette idée que Ratzinger a évolué dans les années qui ont suivi, abandonnant quelques aspects « excessivement » réformistes de sa pensée. Ces réflexions sont assez répandues dans l'Église postconciliaire, dès lors que l'on conçoit l'avenir en termes de communautés authentiques plutôt qu'en termes de catholicisme de masse. Dans cette conception, l'incontestable « déclin » devient non pas la prémisse de la fin, mais le début d'une nouvelle ère. L'érosion postconciliaire serait alors un moment de vérité pour une Église qui, au cours des siècles, a bénéficié d'un vaste soutien social et, dans certains pays, de l'appui d'institutions stables.

Le thème a été pensé à nouveaux frais par Ratzinger-Benoît XVI, qui a déclaré dans un entretien :

> L'Église catholique doit être comprise comme une minorité créative possédant un héritage de valeurs qui ne se réduit pas à des choses du passé, mais qui est une réalité bien vivante et actuelle.

Dans un certain sens, ce thème est aussi devenu un programme du pontificat qui, s'il visait d'une part à dialoguer avec la pensée des Lumières occidentale, favorisait d'autre part des communautés chrétiennes de minorité, des communautés nouvelles et des mouvements, en reléguant aux archives – en partie seulement – le sens des masses, très prégnant pendant les années Jean-Paul II.

Mais que veut dire « minorité créative » ? L'Église catholique néerlandaise, par exemple, est passée très vite, dans l'après-Concile, d'une communauté vaste, compacte et missionnaire, quoique minoritaire par rapport à celle des protestants, à une petite réalité, souvent occupée à fermer et à restructurer églises et paroisses. Dans les années 1970, après une période de forte contestation progressiste amorcée à partir du Concile, l'Église néerlandaise a tenté de se positionner comme un acteur autonome. Le cardinal Eijk, primat des Pays-Bas, a rappelé :

> Dans la seconde moitié des années 1960 du siècle dernier, époque de contestation, toute une génération de jeunes décida de ne plus fréquenter l'Église. Ceux-ci, devenus parents, grands-parents, n'ont pas transmis la foi ou ne l'ont que partiellement transmise à leurs enfants[39].

La sécularisation « a explosé » aux Pays-Bas « d'une façon et à un rythme qui ont stupéfié tout le monde », a affirmé le cardinal. L'Église réformée néerlandaise, principale confession chrétienne du pays, avait déjà commencé à se vider après la Première Guerre mondiale. Le catholicisme néerlandais qui, parmi les Églises européennes, envoyait le plus grand nombre de missionnaires, s'est délité. Le progressisme catholique, vigoureux entre les années 1960 et 1970, a disparu et l'Église s'est retrouvée à l'état de minorité insignifiante. Aujourd'hui, on ferme et on vend des églises et des édifices qui appartenaient autrefois à un nombre important de religieux et de religieuses, tandis que les laïcs sont de plus en plus impliqués dans la gestion de l'Église. En disant cela, il faut tenir compte du fait que 72 % des jeunes Néerlandais déclarent ne s'identifier à

39. W. J. Eijk, « La secolarizzazione nel nostro tempo. Ripartire dalle minoranze creative », *Tempi*, 29 mai 2019.

aucune confession religieuse[40]. Quoi qu'il en soit, pour le cardinal Eijk, ce n'est pas la fin mais la possibilité d'un nouveau commencement sur une base minoritaire :

> Le principal défi de notre foi, déclare-t-il, sera de rester solidement enracinés dans notre foi. Notre premier devoir, à présent, est de mettre les choses à leur place chez nous, en réglant les désaccords dévastateurs entre catholiques quant aux enseignements de l'Église. Puis de rétablir la célébration correcte de la liturgie [...]. C'est cela seul qui peut être significatif dans notre société individualiste[41].

Il s'agit de créer des minorités soudées et catholiques. Or, ce n'est pas parce que le nombre des fidèles se réduit que l'on devient automatiquement des « minorités créatives ». Il y a une différence entre une Église qui devient minoritaire, ou qui diminue en nombre, et une Église qui prend acte de sa condition de minorité, sans se fermer mais en devenant créative. Jean-Paul II et Benoît XVI considéraient les communautés nouvelles et les mouvements dans la perspective des « minorités créatives ». Dans un discours prononcé à Subiaco, à la veille de son élection au pontificat, Joseph Ratzinger s'exprimait non seulement en faveur d'un christianisme de minorité, mais aussi d'une reprise de l'ascendant charismatique :

---

40. S. C. Martino, R. F. Scalon, Cattolicesimi nell'Europa post-secolare. Uno sguardo comparato, Rome, Carocci, 2018, p. 165.

41. M. Matzuzzi, « Mai pessimisti, siamo cristiani. Viaggio nella periferia della fede europea, l'Olanda dove chiudono due chiese a settimana. Parla l'arcivescovo di Utrecht, il cardinale Wim Eijk », *Il Foglio*, 24-25 octobre 2020.

> Nous avons besoin d'hommes comme Benoît de Nursie qui, à une époque de dissipation et de décadence, s'abîma dans la solitude la plus extrême, réussissant, au prix de toutes les purifications qu'il eut à subir à remonter à la lumière, à revenir et à fonder au Mont-Cassin la ville sur la colline [...]. Ainsi, Benoît, comme Abraham, devient-il le père de peuples nombreux[42].

En réalité, le christianisme de minorité a le plus souvent été une occasion de restructuration et de regroupement, en somme de redimensionnement, plutôt que le nouvel élan d'une minorité créative. La gestion de cette situation de déclin ou de réduction n'inspire pas toujours un sentiment d'optimisme positif et une passion pour l'avenir, elle diffuse plutôt des impressions automnales.

L'historien anglais Arnold J. Toynbee remarquait qu'une civilisation ou qu'un nouvel ordre se réalisait souvent autour de propositions venues des minorités ; c'est ce qu'aurait fait l'Église de Rome dans la situation fluide et conflictuelle de l'Europe, en accueillant des peuples différents et en conflit. La réflexion de l'historien britannique sur la valeur des minorités était une réaction à l'ouvrage d'Oswald Spengler, *Le Déclin de l'Occident*, publié en deux volumes en 1918 et en 1923, dans le climat d'après-guerre. Spengler, philosophe et historien allemand, avait identifié un cycle de vie dans toutes les civilisations et les cultures : de la naissance et de la croissance, en passant par les différentes saisons de la vie, jusqu'au vieillissement et à la mort. Cette histoire des cultures permettait de prévoir

---

42. J. Ratzinger/Benoît XVI, *Parole di Benedetto. La visione della Chiesa e del mondo negli interventi di Joseph Ratzinger (aprile 2005)*, Milan, Ancora, 2005, p. 17.

l'avenir de l'Europe qui, avec l'Occident, touchait à sa phase finale[43].

Toynbee réfute le déterminisme historique, quasi biologique, de Spengler, en insistant sur le fait que l'avenir dépend des choix des personnes et des minorités créatives[44]. Ratzinger reprend cette leçon en l'appliquant au catholicisme : il voit dans les minorités créatives une voie d'avenir pour l'Église. La perspective d'une Église minoritaire, composée de communautés plus petites et soudées, est une option qui rassemble une grande diversité d'options et de parcours dans le catholicisme de ces cinquante dernières années. Mais ce que l'on voit ne ressemble pas toujours – même s'il y a des exceptions – à ces minorités créatives qui, à d'autres moments de l'histoire, ont laissé une empreinte dans la société de leur époque.

Dans le monde asiatique, à l'exception des Philippines, les Églises catholiques sont des minorités qui vivent dans des sociétés dominées par des religions majoritaires, comme l'islam, l'hindouisme et le bouddhisme. Leurs liens multiples avec l'histoire du pays – parfois avec l'État – les rendent capables d'influencer la législation. Les Églises asiatiques sont-elles pour autant des minorités créatives ? Il ne semble pas que le christianisme asiatique présente cette caractéristique, même si – en particulier dans les pays

---

43. O. Spengler, *Le déclin de l'Occident I et II. Esquisse d'une morphologie de l'histoire universelle*, Paris, Gallimard, 1948. Voir aussi G. Merlio, *Le début de la fin ? Penser la décadence avec Oswald Spengler*, Paris, PUF, 2019.

44. Voir A. J. Toynbee, *Guerre et civilisation*, Paris, Gallimard, 1962 ; ID., *L'histoire*, Paris, Payot, 1996. Voir aussi *Les minorités créatives. Le ferment du christianisme*, E. Michelin (dir.), Paris, Parole et Silence, 2014.

musulmans, comme au Moyen-Orient ou au Pakistan – il représente une garantie, quoique minimale, de pluralisme face au monopole religieux.

Maintenant, quand bien même le modèle des minorités créatives n'est pas d'une application simple et ordinaire, il ne mérite pas d'être négligé. Il est vrai que l'on a pu en arriver à des réponses extrêmes et paradoxales. Ainsi, selon la *Benedict Option* de Rod Dreher, proposée aux États-Unis, les chrétiens devraient, en tant que petites communautés composées notamment de familles, se retirer du monde – suivant l'enseignement de saint Benoît –, un monde qui risque de les absorber dans la sécularisation[45]. C'est l'ancienne idée bénédictine de la *fuga mundi.* Or le contexte historique de l'établissement des communautés monastiques selon la Règle de saint Benoît était complètement différent. Avec Dreher, nous sommes aux antipodes de l'approche conciliaire donnée par l'*incipit* de la constitution *Gaudium et Spes*, selon lequel les joies et les peines du monde sont aussi celles des chrétiens. Il pense à un « village chrétien » hors de la cité séculaire, capable de créer une contre-culture, d'éduquer les enfants en famille et de braver la majorité.

Pour Dreher, le séisme dévastateur qui a gravement endommagé Nursie en 2016 « a symbolisé l'émiettement de la culture chrétienne de l'Occident ». L'espérance serait incarnée par la statue de saint Benoît qui, malgré les secousses, n'est pas tombée à terre. C'est ici que commence pour lui la régénération du christianisme. Or ceux qui connaissent Nursie, localité ombrienne blottie au creux de

45. R. Dreher, *Comment être chrétien dans un monde qui ne l'est plus: Le pari bénédictin*, Paris, Artège, 2017.

douces montagnes dans une région marquée par des tremblements de terre, ceux-là n'ont pas le sentiment que sur ce plan ce lieu est aussi symbolique que Dreher le pense.

La majorité des chrétiens vit dans une situation bien différente de celle que connaissent des communautés créatives ou des communautés refuges. On ne peut nier qu'il existe aujourd'hui des parties du monde catholique de provenances très diverses qui, portant un regard sympathique sur le monde à l'opposé de la *Benedict Option*, justifient néanmoins le discours sur les communautés créatives. Reste qu'en Europe, dans l'ensemble, les paroisses catholiques et le clergé sont plutôt plongés dans une culture du déclin ou, au mieux, dans une gestion responsable de ce dernier. Cela ne signifie pas qu'ils soient paralysés ou voués à une simple œuvre de conservation, mais l'atmosphère que l'on respire dans un grand nombre d'Églises européennes est celle d'une inquiétude pour l'avenir.

II

L'église européenne en difficulté

Si la France pleure, l'Italie n'a pas de quoi rire

Les catholicismes italien et français n'ont pas la même histoire. En Italie, il a gardé une connotation populaire, même après être passé par des périodes complexes comme, au XVIIIe siècle, la fin du pouvoir temporel des papes et les lois laïques. Dans l'Italie libérale, le catholicisme avec ces mille visages, ceux du sud différant de ceux du nord, était soudé derrière le pape en conflit avec l'État.

Les accords du Latran, conclus par Mussolini en 1929, n'ont pas seulement reconnu au cœur de Rome l'existence et la souveraineté de l'État de la Cité du Vatican (État symbolique ; un « demi-État », disait l'un des négociateurs du Vatican[1]), ils ont aussi réaffirmé le principe du statut du Royaume, selon lequel « la religion catholique, apostolique et romaine est la seule religion de l'État ». L'article 7 de la Constitution républicaine de 1948 – voté aussi par le Parti communiste soucieux de ne pas déclencher de guerres religieuses – offrait une importante reconnaissance à l'Église :

1. D. Tardini, *Diario di un cardinale 1936-1944. La Chiesa negli anni delle ideologie nazifascista e comunista*, S. Pagano (dir.), Cinisello Balsamo, San Paolo, 2020, p. 84.

> L'État et l'Église catholique sont, chacun dans leur propre domaine, indépendants et souverains. Leurs relations sont définies par les accords du Latran.

Le principe du catholicisme comme religion d'État – affirmé par les accords mais en opposition avec la liberté religieuse – a été réformé en 1984 par les accords entre le Saint-Siège et la République, lesquels mettaient notamment en œuvre un système de financement de l'Église sur la base de la contribution volontaire des citoyens au moment du paiement des impôts.

En Italie, le pape, l'Église et son clergé ont bénéficié d'un large soutien populaire. Pendant la Seconde Guerre mondiale, tandis que Mussolini choisissait la guerre aux côtés de Hitler, Pie XII représentait un point de repère pacifique. À la suite du bombardement de San Lorenzo – un quartier populaire de Rome – qui provoqua 3 000 morts, le 19 juillet 1943, Pie XII vint se mêler à la population pour la consoler, établissant ainsi une relation d'identification entre le pape et la ville qui s'ancra durablement dans la sensibilité des Romains[2]. Durant les neuf mois d'occupation allemande, le pape devint le point de repère civil dans la ville éternelle, le *defensor civitatis*, tandis que les églises servirent de lieux d'asile pour les persécutés[3]. Une fois la guerre terminée, le pape fut auréolé d'une grande reconnaissance populaire, même si l'Italie reste le pays occidental où le

2. U. Gentiloni Silveri, *M. Carli, Bombardare Roma. Gli Alleati e la « città aperta » (1940-1944)*, Bologne, il Mulino, 2007.
3. Voir A. Riccardi, *L'hiver le plus long : 1943-1944 : Pie XII, les Juifs et les nazis à Rome*, Paris, Desclée de Brouwer, 2017.

Parti communiste a reçu le plus de soutien[4]. C'est encore un pays catholique, où les autorités religieuses bénéficient d'un traitement officiel lors des cérémonies publiques (les cardinaux y occupent le rang des « princes royaux », donc placés après le chef de l'État). Du reste, la popularité du pape s'est maintenue après Pie XII ; pensons aux visites de Jean XXIII aux paroisses romaines provoquant l'allégresse des foules ou à celles de Jean-Paul II dans tout le pays.

Des premières élections démocratiques en 1946 jusqu'en 1994, la Démocratie chrétienne (DC) – parti catholique bénéficiant du soutien de l'Église – a constitué l'épine dorsale de la politique démocratique du pays qui lui est redevable des grands changements intervenus en termes de progrès social et matériel. Malheureusement, la fin du parti a été assombrie par son implication dans le processus de corruption de la classe politique.

Après Vatican II, guidée par Paul VI, l'Église italienne a introduit les réformes conciliaires en s'appuyant sur le rôle unificateur et incitateur de la Conférence épiscopale qui a, en Italie, une existence plus récente que dans les autres pays européens, du fait de la présence prépondérante de la papauté[5]. La réforme a été profonde et divers projets pastoraux ont été lancés en lien avec le thème de

4. Voir *Pio XII*, A. Riccardi (dir.), Rome-Bari, Laterza, 1984. Voir aussi A. A. Persico, *Il caso Pio XII. Mezzo secolo di dibattito su Eugenio Pacelli*, Milan, Guerini e Associati, 2008.

5. Voir A. Riccardi, « La Conferenza Episcopale Italiana dalle origini al 1978 », dans *La Chiesa in Italia dall'unità ai nostri giorni*, E. Guerriero (dir.), Cinisello Balsamo, San Paolo, 1996, p. 702-743 ; id., « La Conferenza Episcopale Italiana negli anni Cinquanta e Sessanta », dans *Chiese italiane e Concilio*, G. Alberigo (dir.), Gênes, Marietti, 1988, p. 35-59.

l'évangélisation. Depuis Milan, l'archevêque Montini avait averti, dès le milieu des années 1950, que les changements sociaux remettraient fortement en question l'adhésion religieuse massive des Italiens.

L'Église s'est donc penchée sur la transmission de la foi et a publié de nouveaux catéchismes. C'était un remarquable effort pour changer la pratique pastorale, qui insistait sur une plus grande sensibilisation des fidèles à la participation aux sacrements et à la vie de l'Église. Il faut dire que dans l'Italie postconciliaire l'Église était encore très présente, suscitant de grandes agitations, des contestations, des débats et une large couverture médiatique. Jusqu'à la dissolution de Démocratie chrétienne en 1994, les relations entre l'Église, le parti et les structures qui lui étaient proches, étaient fructueuses. On appelait cela le « monde catholique ». Il avait pour centre l'Église et englobait l'Action catholique avec ses diverses ramifications, auxquelles s'ajoutaient les organisations d'inspiration chrétienne. En somme, un imposant réseau de corps intermédiaires qui s'en remettait à l'Église avec plus ou moins d'autonomie.

L'Italie est la patrie de nombreux mouvements et communautés conciliaires ou préconciliaires, qui, différents les uns des autres, se sont répandus dans le monde : Communion et Libération, fondé à Milan par don Giussani, les Focolari de Chiara Lubich, le Chemin néocatéchuménal, la Communauté de Sant'Egidio, la Communauté pape Jean XXIII, etc. Dans les premières décennies qui ont suivi le Concile, ces mouvements n'ont pas toujours été considérés d'un bon œil par la Conférence épiscopale italienne, qui regardait l'Action catholique comme une forme précoce d'association de laïcs.

On tient généralement l'Italie pour un pays catholique, malgré le recul fort et régulier du nombre de catholiques engagés et de pratiquants. Un sondage IPSOS montre qu'en 2009 les pratiquants dominicaux représentaient 32 % des catholiques (dont 11,9 % de catholiques engagés et 20,7 % de pratiquants) ; en 2020 ils étaient 19 % (dont 6,9 % de catholiques engagés et 12,1 % de pratiquants), soit une baisse de 13 % en un peu plus de dix ans. La part des participants irréguliers à la messe était de 32,8 % en 2020 contre 38,8 % en 2009. Les non-pratiquants qui se déclarent catholiques ne connaissent pas d'augmentation notable : 12,6 % en 2009 et 13,5 % en 2020. Ce qui est frappant, en revanche, c'est la multiplication par deux du nombre de non-croyants qui disent n'adhérer à aucun culte : 14,2 % en 2009 contre 30,6 % en 2020.

Les personnes âgées de plus de 65 ans représentent 29 % de la communauté dominicale[6]. Le monde des jeunes – ainsi que les études sociologiques l'ont révélé à maintes reprises – constitue un « continent » avec lequel l'Église a un contact plus difficile, ce qui s'explique notamment, par le fait que, parmi eux, les non-croyants représentent 48,7 % des 18-24 ans et 43 % des 25-34 ans. Environ un jeune sur deux n'est pas croyant. Avec les années, le peuple des pratiquants engagés semble donc destiné à se réduire.

Ce qui étonne aussi, c'est la consolidation d'une vaste catégorie, plus de 30 %, qui ne va jamais à l'église. Si, dans la société italienne, les attitudes critiques envers l'Église ou généralement anticléricales se sont beaucoup affaiblies, quand elles n'ont pas quasiment disparu, on rencontre, dans la vie quotidienne, des personnes qui ne savent plus

6. Voir la banque de données des sondages IPSOS.

grand-chose de l'Église ou de ses rites. Cette catégorie, moins hostile que celle qui s'est développée en Espagne, est le fruit d'un divorce entre une partie importante de la population et sa religion de toujours.

La structure ecclésiastique s'est aussi affaiblie. En 1990, il y avait 38 000 prêtres en Italie ; en 2019, ils étaient environ 32 000, soit en moyenne un prêtre pour 1 900 Italiens. Dans ce contexte, il n'est plus possible de couvrir les 26 610 paroisses. Il faut donc créer des « unités pastorales » ou confier la gestion de plusieurs paroisses à un seul prêtre. En trois décennies, environ 6 000 prêtres ont disparu d'une société habituée à la proximité du prêtre, y compris les non-pratiquants, surtout d'ailleurs dans les petites localités. Le Piémont et la Ligurie sont les régions les plus en difficulté. Les nouvelles conditions d'exercice du ministère, plus mobile et moins implanté sur le territoire, modifie en profondeur les relations du prêtre avec les fidèles et avec les habitants en général. Le nombre des religieux a lui aussi diminué : de 153 000 il y a cinquante ans, ils sont aujourd'hui moins de 75 000, leur nombre baissant d'environ 2 000 par an[7].

Le recrutement des séminaristes a connu lui aussi une inflexion significative, mais il tient encore dans certaines régions. En 2018 en France, 114 prêtres dont 68 prêtres diocésains ont été ordonnés, contre 248 prêtres diocésains en Italie. Mais ce nombre, qui a réussi à se maintenir longtemps au-dessus du seuil des 300 ordinations annuelles, se situe depuis 2015 en dessous[8]. Depuis des années, la

7. A. Vinci, « Non c'è più religione : la crisi delle vocazioni in Italia e nel mondo », *Corriere della Sera*, 30 décembre 2020.

8. Voir F. Garelli, « Preti in Italia : quanti e dove », *SettimanaNews*, 24 août 2019.

crise des vocations monopolise l'attention des responsables ecclésiastiques qui l'interprètent, entre autres, comme le résultat du rapport compliqué entre l'Église et les jeunes, mais aussi de la prudence dont font preuve ces derniers quand il s'agit de s'engager dans des choix définitifs – que l'on observe de manière analogue à propos du mariage – alliée au discrédit du ministère du fait des scandales, aux changements démographiques et à l'évolution de la famille.

Il y a un autre aspect qui mérite d'être évoqué, dont l'importance ne se limite pas à l'Italie : la dissolution du monde des campagnes. Don Lorenzo Milani, un prêtre italien mort en 1967, a été le témoin passionné de ce bouleversement social, d'abord dans la campagne florentine, puis dans une toute petite paroisse, Barbiana, des Apennins toscan et romagnol. Dans ses *Esperienze pastorali*, retirées de la vente sur ordre de la Curie en 1958, il prévoit la déchristianisation de sa terre qui entraînera la venue de missionnaires chinois, parce que les pasteurs « blancs » auront été tués, victimes de la « colère des pauvres » devant leur collusion avec le pouvoir :

> Nous n'avons pas détesté les pauvres – écrit Milani –, comme l'histoire le dira de nous. Nous avons seulement dormi. C'est dans notre demi-sommeil que nous avons forniqué avec le libéralisme de De Gasperi, avec les congrès eucharistiques de Franco. Il nous semblait que leur prudence pût nous sauver [...]. Quand nous nous sommes réveillés, il était trop tard ; les pauvres étaient déjà partis sans nous[9].

9. L. MILANI, *Esperienze pastorali*, Florence, Libreria Editrice Fiorentina, 1974, p. 437.

Le cri de douleur du prêtre florentin témoigne – nous sommes dans les années 1950 – de la souffrance devant la perte du monde des paysans et des marginaux. Milani pensait que ces derniers allaient se rebeller contre une Église liée au pouvoir. En réalité, après s'être en partie reconnus dans le Parti communiste, ils ont pris d'autres chemins dont celui des villes.

Un autre aspect du déclin du catholicisme italien s'observe dans la réduction des effectifs du Vatican, dans son gouvernement ou dans la diplomatie, là où il a toujours exercé une fonction centrale. Aux yeux du monde, le pape faisait figure de personnalité capable de suppléer l'État italien en cas de crise, ainsi Pie XII, durant la guerre et Paul VI pendant la crise lors de l'enlèvement d'Aldo Moro. Il y a eu une époque où l'italianité des ecclésiastiques était considérée comme une caractéristique positive, libérée des sentiments nationalistes. En 1915, Benoît XV a confié à son ami le baron Monti :

> À ces étrangers bénis, bien que ce soient des ecclésiastiques, des personnes méritantes, que je sache, il manque toujours un petit quelque chose, ce je-ne-sais-quoi qui les rend inférieurs aux Italiens lesquels sont majoritairement appréciés, en cela qu'on leur reconnaît aussi dans les affaires diplomatiques davantage de tact, de prudence, de calme et de pondération[10].

---

10. A. Scottà, *La Conciliazione ufficiosa. Diario del barone Carlo Monti « incaricato d'affari » del governo italiano presso la Santa Sede (1914-1922)*, Cité du Vatican, Libreria Editrice Vaticana, 1997, vol. 1, p. 294.

Or, depuis 1978, le pape n'est plus italien. Avec l'internationalisation de la curie et du personnel diplomatique, qui conservent une composante italienne importante mais non plus déterminante, les dirigeants du catholicisme sont de moins en moins italiens. Lors du préconclave de 2013, les cardinaux réunis pour élire le successeur du démissionnaire Benoît XVI ont posé avec sévérité la question du gouvernement de la curie, manifestant de la méfiance à l'égard d'une bonne partie du personnel italien, en particulier celle du secrétaire d'État, le cardinal Bertone. L'italianité – comme on le voit – n'est plus considérée comme un élément d'équilibre dans le gouvernement de l'Église universelle. Le peu de sympathie pour les Italiens est l'une des raisons – ce n'est sans doute pas la seule – qui a empêché d'imposer la candidature du cardinal Scola en dépit de son aura médiatique. Du reste, le fait que l'évêque de Rome ne soit pas italien ne constitue plus un problème pour les successeurs de Wojtyła, alors que cela l'a été fortement pour lui. Dans les faits, est-il normal que l'évêque de Rome ne vienne pas du peuple auquel son diocèse appartient ?

Le risque – si cela devenait une habitude – c'est que l'on fasse du pape le chef au sommet de l'Église et que le ministère de l'évêque de Rome s'efface en tant que responsable des fidèles de l'Église locale. Le pape n'est pas une figure comparable à celle du supérieur général d'un ordre ou d'une congrégation religieuse ; il est un évêque, enraciné dans l'Église de Rome, qui préside l'Église universelle. Jean XXIII l'a souligné avec force. Même le non-Italien Wojtyła a vécu profondément sa condition d'évêque de Rome et c'est ainsi qu'il a été accepté. Il faut à la fois une osmose complète entre l'évêque et son Église, et un rapport entre l'administration centrale de l'Église universelle, la curie et l'Église locale de Rome[11].

Italien ou non, le pape est perçu, en Italie ou dans d'autres pays, comme étranger à la logique du national-catholicisme qui s'oppose à l'universalisme catholique et romain. Du fait de la nature même de son ministère, il représente un catholicisme innervé par une vision universelle.

Nombreux sont les facteurs de la crise du catholicisme italien ; ils vont de la chute de la pratique religieuse, en passant par le recul des vocations, jusqu'à sa faible incidence sur la vie nationale alors que par le passé le catholicisme italien avait occupé une position centrale. Observateur alerte de ces vicissitudes depuis plusieurs décennies, Giuseppe De Rita a remarqué que la proximité entre l'Église et la classe moyenne, à présent très appauvrie, a fortement diminué. D'ailleurs, aujourd'hui – les politiques le répètent – l'Église n'influence plus les votes, alors qu'elle était autrefois considérée comme un important réservoir de voix. Sept Italiens sur dix ont l'image d'une l'Église ténue et peu incisive[12]. Beaucoup de questions s'entremêlent au sujet de l'avenir. En 2015, prenant la parole lors du congrès de l'Église italienne à Florence, le pape François recommandait de mettre en pratique l'exhortation *La Joie de l'Évangile* :

11. Voir A. Riccardi, M. Impagliazzo, *Roma, la Chiesa e la città nel XXe secolo*, Cinisello Balsamo, San Paolo, 2020.

12. Observation extraite de Censis, *Non rassegnati alla irrilevanza*, G. De Rita (dir.), à paraître.

> Permettez-moi seulement de vous laisser une indication pour les prochaines années : dans chaque communauté, dans chaque paroisse et institution, dans chaque diocèse et circonscription, dans chaque région, cherchez à lancer, de manière synodale, un approfondissement de *La Joie de l'Évangile*, pour en extraire des critères pratiques et pour mettre en actes ses dispositions [...]. Je suis certain de votre capacité à entrer dans un mouvement créatif[13].

Or, l'impact de *La Joie de l'Évangile*, comme l'a noté le pape François lui-même, est faible. Le catholicisme italien peine à trouver ce « mouvement créatif », accaparé qu'il est par la gestion de la crise. Dans les faits, la réponse a davantage été une réaction d'inertie qu'un refus, conséquence du vieillissement du clergé et du redimensionnement des mouvements ou des congrégations religieuses. Souvent les évêques ont anticipé cette réaction en éludant *La Joie de l'Évangile*. C'est la raison pour laquelle la proposition du pape n'a pas soulevé le grand enthousiasme qui aurait permis d'ouvrir de nouvelles routes.

De la très catholique Espagne à un pays laïque et laïciste

En Espagne, sous le régime de Francisco Franco, *Caudillo por la gracia de Dios* de 1936 à 1975, aucun autre culte n'était autorisé, seulement le culte catholique érigé au rang de religion d'État. En 1952, au congrès eucharistique

13. Pape François, *Incontro con i rappresentanti del V Convegno Nazio- nale della Chiesa Italiana*, Florence, 10 novembre 2015, à partir de : www.vatican.va.

de Barcelone, le dictateur, cierge à la main, suivait avec dévotion la procession du Très Saint Sacrement, entouré de son gouvernement. Un an plus tard, le concordat entre l'Espagne et le Saint-Siège entérinait le fait que le catholicisme était la religion officielle et engageait les prêtres à prier chaque jour pour l'Espagne, et le général Franco disposait des prérogatives du souverain catholique. Il jouissait du droit de présentation, de nomination et de prénotification quant au choix des évêques, ce qui limitait la libre décision du pape dans les nominations épiscopales. Au Vatican, nombreux étaient ceux qui considéraient que le concordat espagnol n'était pas un bon concordat pour l'Église. Malgré tout, *La Civiltà Cattolica* exaltait le modèle de l'Espagne fasciste des années 1950 – en matière religieuse mais pas seulement – le jugeant « conforme, bien que non entièrement, à la doctrine de l'Église[14] ».

L'uniformité catholique du régime cachait les blessures profondes de la guerre civile qui avait divisé l'Espagne de façon dramatique. La persécution anticatholique – on estime à environ 10 000 le nombre de personnes assassinées pour motifs religieux, parmi lesquelles 13 évêques, 4 184 prêtres et séminaristes, 2 365 religieux et 283 religieuses, sans évoquer la destruction de nombreuses églises – et la dure répression franquiste qui avait éliminé les opposants au régime de façon brutale.

De 1940 à 1959, le *Caudillo* fit construire – en recourant notamment au travail de milliers de prisonniers de

14. F. Cavalli, « La condizione dei protestanti in Spagna », *La Civiltà Cat tolica*, 3 mars 1948, p. 20-47, p. 47. Voir aussi A. Riccardi, *Il « partito romano ». Politica italiana, Chiesa cattolica e Curia romana da Pio XII a Paolo VI*, Brescia, Morcelliana, 1983, p. 119.s.

la guerre civile espagnole – la Valle de los Caídos avec une basilique attenante. Le complexe se situe à quelques kilomètres de l'Escorial. L'objectif de ce monument était de perpétuer la mémoire de la « croisade » qui était venue à bout de la République, dernière d'une série de croisades libératrices, à commencer par celle menée contre l'islam au Moyen Âge[15]. Par la suite, sur décision de Franco, la Valle devint lieu de réconciliation accueillant les tombes des républicains tombés au combat ; les phalangistes ont en réalité des sépultures plus honorables. C'est là que fut enseveli le *Caudillo* en 1975, marquant ainsi du sceau de sa présence cette œuvre de réconciliation à l'enseigne du franquisme. La Valle de los Caídos, où se dresse un monastère bénédictin, se voulait être le monument de la « nouvelle Espagne » catholique et autoritaire, projet désormais abandonné car politiquement inacceptable. En 2019, la dépouille de Franco a été transférée dans le cimetière famillial, selon la volonté du gouvernement.

L'État catholique aura perduré jusqu'à la mort de Francisco Franco, en 1975. En 1967, faisant référence à la liberté religieuse proclamée par Vatican II, le régime promulguait finalement une loi qui octroyait aux confessions non catholiques une liberté de culte limitée. Dans ce contexte, non seulement l'Église représentait le culte public et officiel de l'Espagne, mais l'ensemble de la société était imprégné des valeurs, des symboles et de la morale du catholicisme. Avec la fin du franquisme et l'avènement de la démocratie, le pays allait s'engager dans un processus rapide de sécularisation. L'Église, alliée du franquisme, allait apparaître comme

15. Sur l'idéologie de la croisade, voir D. Menozzi, « *Crociata* », Rome, Carocci, 2020.

un vestige du passé, solidaire du régime intolérant. Pourtant, il convient de le rappeler, le catholicisme espagnol avait commencé sa réception des nouveautés de Vatican II sous le regard circonspect et inquiet de Franco. Des cas de contestation catholique et de répression contre la réception du Concile n'avaient pas manqué[16]. Pour sa part, Paul VI s'était montré particulièrement froid à l'égard de Franco, son élection ayant été contrariée par le dictateur. Absolument opposé au national-catholicisme, le pape Montini avait tenté de soustraire des nominations épiscopales au contrôle du généralissime et de changer l'orientation de l'épiscopat espagnol dans un sens conciliaire.

Quoi qu'il en soit, dès la fin des années 1970, un important mouvement de changements sociaux traversait la société espagnole. Le féminisme, avec de grandes capacités de mobilisation lors des manifestations du 8 mars, devenait un acteur de la vie sociale, changeant en profondeur la place de la femme dans la société. Des études récentes ont montré que l'Espagne est l'un des pays où le féminisme est le plus enraciné, et où la sensibilité à l'égalité des droits entre les femmes et les hommes est particulièrement développée. En parallèle, le nombre de ceux qui se déclaraient gays augmentait en même temps que le soutien à la défense de leurs droits. Le mariage entre personnes du même sexe a été approuvé en 2005. Une étude Gallup de 2017 révèle que 87 % des personnes

16. Voir A. Bosco, *Da Franco a Zapatero. La Spagna dalla periferia al cuore dell'Europa*, Bologne, il Mulino, 2005 ; F. García de Cortázar, J. M. González Vesga, *Storia della Spagna dalle origini al ritorno della democrazia*, Milan, Bompiani, 1996 ; G. Ranzato, *Passato di bronzo. L'eredità della guerra civile nella Spagna democratica*, Rome-Bari, Laterza, 2006.

homosexuelles résidant en Espagne considèrent cette dernière comme un pays *gay friendly* : un taux qui la place en tête du classement des États, à égalité avec les Pays-Bas[17].

De même, la conception de la famille et des mœurs allait évoluer rapidement et en profondeur dans la société. Jusqu'en 1975, la morale publique coïncidait avec la morale catholique. Cette identification devait brusquement s'effondrer et l'Église, en dépit de l'*aggiornamento* conciliaire, allait se retrouver dans une position difficile. On était passé, en l'espace de quelques années, d'un État purement catholique, à la pleine liberté de toutes les confessions, sanctionnée par la Constitution de 1978, mais surtout à un style de vie et de relations aux antipodes de la morale catholique.

C'est dans ce contexte que devait refaire surface l'hostilité envers l'Église de la part de ceux qui avaient souffert de Franco pendant la guerre civile et qui avaient vu le catholicisme se ranger aux côtés du dictateur. Cette mémoire enracinée dans le tissu familial associait de manière étroite Église et phalangisme, ce qui explique d'ailleurs le fort pourcentage d'athées, d'agnostiques, de non-croyants et d'indifférents[18]. L'Église, qui occupait l'espace public de façon dominante, était devenue périphérique. Des pressions se sont en outre exercées pour retirer de la vie publique tous les symboles du national-catholicisme franquiste. La réaction au franquisme – la sécularisation, la

---

17. D. Menor Torres, « Spagna », dans *Essere mediterranei. Fratelli e cittadini del mare nostro*, A. Spadaro (dir.), Milan, Ancora, 2020, p. 23-29, en particulier p. 27.

18. Voir Centro de investigaciones sociológicas (CIS), Barómetro de marzo 2020, Estudio n° 3277, p. 21.

libération des comportements personnels et sexuels – a comme supprimé le rôle prépondérant de l'Église dans la très catholique Espagne. Quand l'archevêque de Madrid, Vicente Enrique y Tarancón, pourtant défenseur résolu d'une approche conciliaire, a représenté les avancées du concile Vatican II, il n'a pu empêcher le délitement de l'Église[19].

Celle-ci a commencé à changer d'orientation avec Jean-Paul II, en se concentrant sur l'opposition à la politique de sécularisation et aux lois introduites par les gouvernements socialistes, témoignant une proximité avec le Parti populaire vers lequel refluaient notamment les anciens phalangistes. Le cardinal Antonio Rouco Varela a été une figure clé de cette stratégie d'opposition. Archevêque de Madrid pendant vingt ans, de 1994 à 2014, il fut aussi un personnage décisif dans le choix des évêques espagnols, souvent de même sensibilité que lui, avec l'appui de Rome. Sous l'impulsion de Rouco, l'Église espagnole est allée à l'affrontement avec le gouvernement socialiste contre la laïcisation, comme elle s'est opposée aux nationalismes catalan et basque, au nom d'une Espagne catholique et fidèle.

Rouco a cultivé une relation étroite avec le Parti populaire espagnol, même si ce dernier, après la victoire de Mariano Rajoy en 2011, n'a pas modifié les deux lois les plus critiquées par l'Église, celle en faveur de l'avortement et celle sur le mariage entre personnes de même sexe. C'est un aspect révélateur de la sécularisation espagnole. Le Parti populaire, en réalité, n'est pas une démocratie chrétienne,

19. Voir V. Enrique y Tarancón, *Confesiones*, Madrid, PPC, 1996.

marquée par la culture catholique et par la doctrine sociale de l'Église, même s'il s'est allié à cette dernière au nom de son opposition au socialisme et à la laïcisation.

Ce n'est qu'avec le pape François que l'Église espagnole a changé d'orientation avec la nomination du cardinal Omella dans le diocèse de Barcelone et celle du cardinal Osoro Sierra à la tête de celui de Madrid, respectivement président et second vice-président de la Conférence épiscopale espagnole depuis 2020.

Les événements complexes de l'histoire de l'Espagne au XXe siècle expliquent qu'avec l'effondrement du franquisme la société se soit alignée, à très grande vitesse, sur les standards européens en matière de comportements. Les deux Espagne qui se sont combattues pendant la guerre civile refont surface aujourd'hui, tout au moins en partie ; elles se retrouvent l'une dans l'affirmation des valeurs de l'individu, l'autre dans la tradition espagnole, catholique et nationale, sans oublier les nostalgiques.

Si l'Église de Rouco a vigoureusement répondu à la politique des gouvernements socialistes en lui opposant une ligne identitaire, dans les faits, la situation religieuse de l'Espagne a rapidement décliné. Le modèle de l'Église « combattante », qui a trouvé dans le cardinal de Madrid son principal champion, n'a pas freiné l'hémorragie de fidèles. Seuls 10 % des Espagnols vont à la messe chaque dimanche, tandis que 43 % n'y participent jamais ou quasiment jamais. Un vaste monde se dessine, qui oscille entre hostilité et indifférence. Il y a ensuite une forte catégorie de personnes qui se déclarent athées (13,3 %), agnostiques (7,5 %), indifférentes ou non croyantes (8,3 %). Pour la première fois dans l'histoire espagnole, le nombre d'athées dépasse celui des catholiques pratiquants[20]. Ces chiffres donnent la mesure de la faible importance du catholicisme dans la société. Cet écroulement s'est produit en peu de temps, en moins de cinquante années depuis la fin de l'État catholique de Franco.

Parmi ceux qui se déclarent catholiques, on trouve d'abord les personnes âgées lesquelles constituent la partie la plus importante des pratiquants dominicaux. Le catholicisme n'est pas une religion de jeunes, notamment au regard de l'effondrement du nombre de mariages à l'église. Si en 2000, 75 % des 216 451 mariages célébrés l'ont été à l'église, en 2015 le chiffre tombe à moins de 50 000 sur 168 910 mariages. C'est l'expression de la sécularisation de la vision de la famille et des liens. Toujours en 2015, le nombre d'enfants baptisés à la naissance représente un peu plus de la moitié des nouveau-nés, 231 254 sur 420 290. On se prépare à des générations éloignées du christianisme.

Le nationalisme a une forte incidence sur la faible pratique religieuse en Catalogne ; on le doit à un mélange de « société libérale » et d'opposition à l'Église, identifiée à l'*hispanidad*, bien que l'Église locale se soit pleinement retrouvée dans la cause catalane, par l'utilisation du catalan dans la liturgie ou par ses nombreuses prises de position. Cette attitude l'a fait percevoir comme proche des gens sans pour autant freiner son déclin. 45,9 % des Catalans se disent étrangers au catholicisme, les athées étant en tête avec 26,4 %, suivis des non-croyants, 11,3 %, et des agnostiques, 6 %. À ceux-là, s'ajoutent les 2,2 % de Catalans d'autres religions. 90,9 % des mariages sont civils. Les

20. Centro de Investigaciones Sociológicas (CIS), Barómetro de julio 2019, Estudio nº 3257, p. 8-19.

obsèques n'ont pas lieu à l'église, mais dans un endroit désigné à cet effet suite à un accord, depuis de nombreuses années déjà, entre le diocèse et la commune, bien qu'un prêtre puisse être appelé pour les prières. 52,2 % de la population se dit catholique ; 5,3 % vont à la messe le dimanche.

Le nombre de prêtres espagnols, de Vatican II à nos jours, a certes diminué, mais pas de façon vertigineuse. En 1965, il y avait 25 972 prêtres et 8 079 séminaristes ; en 1980 respectivement 23 293 et 1 583. La baisse plus significative s'est amorcée par la suite, au point qu'en 2017 les prêtres n'étaient plus que 16 334 (dont 10 % originaires d'autres pays) et les séminaristes 1 203, avec un âge moyen de 65,7 ans. Au point que le problème du service à assurer dans les nombreuses paroisses avec un clergé raréfié et âgé figure parmi les principales préoccupations de l'épiscopat nommé par François.

Si la rapide transformation des comportements sociaux surprend, l'affaiblissement du personnel de l'Église et de la pratique religieuse ne laisse pas indifférent. En Espagne, on se trouve devant l'effondrement d'une société d'*ancien régime**, qui n'existait plus dans les autres pays européens, à l'exception du Portugal. Une autre Espagne apparaît, où l'Église dispose d'une place réduite, pas seulement dans la vie publique mais aussi dans l'existence et dans les choix des citoyens. Les personnalités ecclésiastiques de premier plan n'exercent qu'un faible ascendant sur l'opinion publique. Gardons néanmoins à l'esprit qu'une école espagnole sur cinq est gérée par des religieux ou par l'Église.

Au Portugal, qui a lui aussi connu le catholicisme comme religion d'État au temps de l'*Estado Novo* de Salazar, le processus de désaffection rapide « à l'espagnole » ne s'est pas vérifié. Bien que le dictateur fût très catholique mais critique à l'égard de Paul VI qui n'avait pas protesté contre l'occupation des possessions portugaises en Inde par Nehru, on respirait dans ce pays une atmosphère un peu plus laïque, et le conformisme catholique typique du franquisme et de la mentalité espagnole n'existait pas.

La pratique dominicale y concerne aujourd'hui environ un quart de la population, tandis que l'Église continue de jouer un rôle social reconnu. Même le socialisme portugais – pensons à Mário Soares, plusieurs fois premier ministre et président – a toujours reconnu la nécessité d'un dialogue avec l'Église et le Saint-Siège. Malgré la contraction des chiffres du clergé, les chercheurs parlent du Portugal comme de l'une « des situations les plus vertueuses de tout le catholicisme européen et occidental », notamment dans son rapport avec les jeunes générations[21].

En Espagne, on observe l'existence d'une alternative « chrétienne » au catholicisme. Les protestants représentent aujourd'hui un million et demi de personnes et exercent une forte attraction sur les Latino-américains. Ils étaient 400 000 en 2004. Le néoprotestantisme provenant d'Amérique latine utilise désormais le castillan et véhicule une forte charge émotionnelle.

Les Roms et les Latino-américains préfèrent constituer leurs propres centres protestants plutôt que de s'intégrer aux congrégations existantes. Chez eux, néoprotestants et néocharismatiques occupent une grande place. À Barcelone, Madrid et Valence, la communauté évangélique Hillsong,

21. Martino, Scalon, *Cattolicesimi nell'Europa post-secolare*, p. 156.

d'origine australienne et issue du pentecôtisme, rassemble beaucoup de monde, surtout des jeunes, avec des chants accompagnés, des jeux de lumière, et des invocations à Jésus et à l'Esprit Saint. La musique constitue l'épine dorsale de ces rassemblements. 4 362 lieux de culte protestants ont été recensés par le ministère de la Justice. En vingt ans, il s'en est créé 3 000. Il est intéressant de comparer le nombre de temples protestants avec celui des paroisses catholiques qui est de 23 081, et ce sans les églises non paroissiales, sanctuaires, presbytères et chapelles votives.

Si, dans son ensemble, le néoprotestantisme connaît en Europe une expansion plutôt limitée par rapport aux autres continents, car fortement représenté par les immigrés, il est néanmoins en augmentation. Dans les prochaines décennies, ce monde constituera un défi pour les formes traditionnelles de christianisme et le moment viendra où il aura à vérifier sa capacité à toucher les Européens de souche. Si cela devait se produire, il serait alors possible de parler du néoprotestantisme en tant que proposition alternative aux Églises historiques en Europe, comme c'est déjà le cas en Amérique latine, en Amérique du Nord, en Afrique et, dans une moindre mesure, dans les pays musulmans.

L'Église allemande

Les changements religieux survenus en Italie, en France et en Espagne, avec des temporalités et des processus différents, montrent que le déclin est un fait européen. Nous n'avons pas encore évoqué le cas de l'Allemagne, un pays où les Églises, catholique et protestante, sont fortes et structurées. Là aussi, le nombre de prêtres a reculé entre 2000 et 2019, passant de 17 129 à 12 893. Cependant en 2009, le nombre de catholiques a dépassé pour la première fois celui des protestants dans la patrie de Luther. En 2017, contrairement aux précédents anniversaires, les cinq cents ans de la Réforme ont été célébrés sans polémiques, dans une approche historique et œcuménique. Il est évident que, sur fond de crise catholique, se dessine celle de l'ensemble du monde religieux allemand, dont le protestantisme est la composante fondamentale.

Il y a aussi l'histoire particulière de la sécularisation des territoires de l'ancienne République démocratique d'Allemagne (RDA) de tradition protestante, avec une présence notable d'athées. L'ancienne RDA montre que le communisme n'a pas seulement été un phénomène imposé par l'occupation soviétique ; par le biais de l'éducation et de la propagande, ce dernier s'est instillé dans les comportements. Il existe en somme une « sécularisation » communiste, qui se retrouve ici, mais aussi en Hongrie ou en Tchéquie, où elle a une histoire antérieure. Trois diocèses situés dans l'Est de l'Allemagne, expression d'un catholicisme minoritaire, enregistrent néanmoins une pratique dominicale significative par rapport à l'Ouest, toujours supérieure à 15 %.

Ce qui différencie le catholicisme allemand des autres catholicismes européens est sa forte cohérence structurelle et institutionnelle, soutenue par de substantiels impôts ecclésiastiques qui s'élèvent à plus de six milliards et six cents millions d'euros, en 2019. Il convient toutefois de rappeler que, la même année, 272 000 personnes ont demandé à effacer leur nom des registres catholiques, ce qui représente un élément significatif. L'Église italienne, qui dispose tout de même de moyens abondants par rapport à la plupart des Églises européennes, a encaissé, en 2019, un milliard et cent millions d'euros de l'État, avec le système dit « 8 pour 1 000 », selon lequel chaque contribuable peut choisir de verser cette part de ses impôts à une religion ou à l'État. Après l'État, l'Église catholique est en Allemagne le plus gros employeur du pays, avec les Églises protestantes.

Les structures catholiques allemandes sont imposantes du point de vue des effectifs : plus de 8 000 assistants pastoraux, 3 300 diacres, une Caritas forte de 660 000 employés, et quelque 10 250 institutions éducatives fréquentées par plus d'un million d'enfants et de jeunes. Les diocèses allemands comportent un grand nombre de salariés. Et 660 000 jeunes sont inscrits dans les associations d'Église, dont 360 000 enfants de chœur. Notons que 8,7 % des jeunes catholiques participent au service. Il existe plus de 13 500 chorales avec 330 000 membres, et l'on dénombre 4 000 chœurs d'enfants comptant en tout 72 000 membres[22]. Le chant liturgique et le service de l'autel sont une passerelle avec le monde des plus jeunes.

Les structures, les institutions et leurs extensions gardent tout un « peuple » proche de l'Église, bien que le nombre important de fidèles ne s'explique pas seulement pour cette raison. En comparaison, le Secours Catholique – la Caritas française – rassemble à peine 66 000 bénévoles, un nombre inférieur à celui des bénévoles de la Caritas italienne dans les diocèses et dans les paroisses. L'organisation

---

22. Sekretariat der Deutschen Bischofskonferenz, *Katholische Kirche in Deutschland. Zahlen und Fakten 2019-2020*, www.dbk.de.

institutionnelle et financière de l'Église catholique allemande fait de cette dernière une réalité unique dans toute l'Europe.

Un grand nombre d'Allemands reconnaissent le christianisme comme une composante importante de l'identité nationale. Dans une enquête de 2018, 63 % des sondés répondent que le pays a été profondément marqué par le christianisme, tandis que 56 % affirment que l'Allemagne devrait davantage montrer son caractère chrétien. En 2018, 85 % d'entre eux refusent qu'on supprime une fête chrétienne du calendrier. En réalité, le nombre de participants aux messes dominicales subit un recul constant d'année en année. En 1950, plus de la moitié des catholiques, 50,4 %, se rendaient à l'église le dimanche. En 1960, ils étaient 46,1 %. En 1975, dix ans après la fin de Vatican II, ils étaient 32,6 %. Jusqu'à la fin de l'unification allemande, en 1990, la pratique dominicale se maintenait au-dessus des 20 %. En 2000, année du Grand Jubilé, ce pourcentage était tombé à 16,5 %. À compter de ce moment, à l'exception de l'année 2003, la fréquentation de la messe dominicale a reculé de plusieurs points, comme un processus inexorable, probablement lié au décès des fidèles âgés, non remplacés par les jeunes. 2016 a été la dernière année où la pratique présentait un taux à deux chiffres, 10,2 %, pour descendre en 2017 à 9,8, puis à 9,1 en 2019[23].

Préoccupée par la crise mais aussi par la perte de crédibilité liée aux scandales de pédophilie, et sous la pression de divers groupes de laïcs, l'Église allemande a proposé

23. Sekretariat der Deutschen Bischofskonferenz, *Katholische Kirche in Deutschland. Zahlen und Fakten 2018-2019*, www.dbk.de.

une « voie synodale » pour aborder l'avenir. Ébranlée par les scandales du clergé, par la gouvernance discutable de certains évêques et par des cas de mauvaise gestion financière, elle a posé le problème de l'autorité dans la communauté ecclésiale. Il est trop tôt pour parler de cette voie, mise en œuvre par le cardinal Reinhard Marx en tant que président de la Conférence épiscopale, qui n'a pas été réélu à cette charge, sachant que la Conférence épiscopale et le Comité central des catholiques allemands gèrent le processus sur un plan paritaire.

La première session plénière s'est conclue, le 1er février 2020, sur un projet de régénération de l'Église qui devrait servir de base à une nouvelle crédibilité ; le cardinal Marx a assuré que la liberté des débats et les conclusions se développeraient en harmonie avec Rome et l'Église universelle, avec au programme des thématiques comme le pouvoir, le rôle des femmes et leur rapport avec le ministère, les abus, la place des laïcs et la morale sexuelle. Après sa visite au pape François, l'évêque Bätzing, nouveau président de la Conférence épiscopale allemande, a déclaré : « Nous devons trouver des réponses aux défis urgents que l'Église doit relever, qui vont des abus sexuels sur mineurs au nombre dramatique de personnes qui quittent l'Église[24]. » L'Église allemande sera-t-elle en mesure, à travers la voie synodale, de sortir de la crise ?

Certains n'en sont pas convaincus. L'archevêque de Cologne, le cardinal Woelki, a jugé que la voie synodale s'éloignait de la tradition catholique et s'apparentait à un « parlement protestant ». D'autres ont évoqué le concile

24. Voir CNA Catholic News Agency, 27 juin 2020, www.catholicnewsagency.com

pastoral néerlandais, organisé après Vatican II entre 1968 et 1970, qui a été à l'origine d'une crise dans les relations avec Paul VI, en raison notamment du vote en faveur de l'abolition du célibat ecclésiastique, de la discussion sur la limitation des naissances et du rôle des femmes. D'aucuns parlent même d'un risque de schisme avec Rome.

C'est qu'en Allemagne aussi, en dépit de la popularité du pape, surtout au début de son pontificat, on n'a pas considéré que l'encyclique *Evangelii gaudium* était une réponse décisive à la crise. Sans pour autant tourner le dos à l'évangélisation et à la proximité avec les pauvres, la voie synodale allemande a proposé d'autres bases pour rétablir la crédibilité de l'Église. En 2019, le pape François a écrit une longue lettre au « peuple de Dieu » en Allemagne, touchant le point sensible de la différence de vision avec la « voie synodale » :

> Une des premières et grandes tentations au niveau ecclésial était de croire que les solutions aux problèmes présents et futurs ne viendraient que de réformes purement structurelles, organisationnelles ou bureaucratiques, qui en fin de compte n'auraient pas du tout touché les cellules vitales qui exigent de l'attention.

La proposition de François va plutôt vers un engagement dans la conversion pastorale, comme nous le lisons dans ce texte :

> Donc la transformation à opérer ne peut se contenter de répondre à des données ou à des exigences externes, comme pourraient l'être le fort recul des naissances et le vieillissement des communautés, qui ne permettent pas de

voir arriver une relève générationnelle. Causes objectives et valides, qui pourtant vues isolément, hors du ministère ecclésial, favoriseraient et stimuleraient une attitude réactionnaire (aussi positive que négative) devant les problèmes. La véritable transformation répond avec des exigences qui proviennent de notre vie de croyant et de la dynamique évangélisatrice de l'Église ; elle exige la conversion pastorale. Il nous est demandé une attitude qui, cherchant à vivre et à faire transparaître l'Évangile, rompe avec « le pragmatisme gris de la vie quotidienne de l'Église [...] tandis qu'en réalité la foi va s'épuisant et dégénérant en mesquinerie ». La conversion pastorale nous rappelle que l'évangélisation doit être notre critère et guide sur la base duquel discerner tous les pas que nous sommes appelés à accomplir en tant que communauté ecclésiale ; l'évangélisation constitue la mission essentielle de l'Église[25].

C'est un texte important. Il met en avant cette « révolution évangélique » bergoglienne qui se donne comme une clef pour sortir de la crise. Sans cela, l'Église risque de se réduire à un « groupe éclairé ». Il n'y a pas de condamnation de la « voie synodale », mais on sent que la sensibilité du pape vibre selon d'autres priorités et dans un autre sens. La page d'histoire qui commence à s'écrire en Allemagne met en évidence une opposition, encore non résolue, entre la proposition de François et la voie sur laquelle les catholiques allemands se sont engagés. En arrivera-t-on à un affrontement, comme cela s'est passé avec le concile néerlandais ? Une composition féconde, incluant les différentes sensibilités, sera-t-elle possible ? Les

25. Pape François, *Lettre du Saint-Père au Peuple de Dieu en marche en Allemagne*, 29 juin 2019, à partir de www.vatican.va.

questions restent ouvertes. Il faut noter qu'on propose en Allemagne une « voie » qui, certes, ne coïncide pas avec celle de Bergoglio mais qui entend affronter la crise. Or, il ne s'agit pas d'une proposition traditionaliste mais, pour ainsi dire, « progressiste ». Peut-on alors parler d'une proposition « progressiste » alternative, pour autant que cette expression ait un sens, à Bergoglio ?

Le christianisme va-t-il mourir ?

Plus de dix ans à peine après Vatican II, en 1977, l'historien français Jean Delumeau publiait un livre au titre provocateur : *Le christianisme va-t-il mourir*[26] *?* Il avait devant lui une Église française qui, avec ses évêques et ses théologiens, avait joué un rôle important au Concile et qui était engagée dans une réception conciliaire créative, non sans que cela ne soulève des polémiques et des discussions ; or cette Église commençait à présenter les symptômes d'une crise. Delumeau considérait aussi le christianisme européen. Nous étions alors à la fin du pontificat de Paul VI, qui venait de donner le coup d'envoi à l'évangélisation avec l'encyclique *Evangelii nuntiandi* et qui prêtait attention au mouvement charismatique. On sentait déjà un air de crise, bien que faible par rapport à celui d'aujourd'hui.

La question de Delumeau, disparu en 2020, semblait à l'époque impertinente, car elle était adressée à la plus ancienne institution européenne qui avait survécu à bien des crises. Elle se situait, en outre, dans le climat encore

---

26. J. Delumeau, *Le christianisme va-t-il mourir ?*, Paris, Hachette, 1977.

bouillonnant de l'après-Concile qui avait vu la contestation ébranler la papauté et l'institution. Elle entrevoyait, enfin, un risque mortel dans l'avenir de l'Église, risque qui, aux yeux de la plupart des gens, semblait infondé. Pourtant Delumeau, habitué à sonder l'histoire, avait une capacité de lecture qui, parfois, libère l'intelligence et l'ouvre à la perception du futur. Aujourd'hui, la question est à prendre au sérieux.

La conclusion de Delumeau n'était pas pessimiste mais sévère. Il pensait que des changements étaient nécessaires, que le christianisme devait sortir d'une situation rassurante de « chrétienté », rompre avec la religion vécue par conformisme social, accepter la sécularisation avec un nombre de prêtres en diminution ; le christianisme ne se « sauverait » que s'il subissait une transformation profonde. Nous pouvons n'être qu'en partie d'accord avec les solutions de Delumeau car la question demeure. Dans les années 1970, le débat sur les réformes conciliaires était animé. C'était une époque de ferveur, dans l'action comme dans la discussion, pendant laquelle les milieux catholiques étaient dynamiques et fréquentés. Aujourd'hui c'est différent, il n'y a pas beaucoup d'élan à même de susciter des débats et des visions.

La question mérite aussi d'être posée d'un point de vue géographique. Quel christianisme est-il sur le point de mourir ? Le christianisme européen ? Universel ? Il existe assurément des Églises catholiques en bonne santé, tout au moins si l'on en croit certains indicateurs, comme en Asie, même si elles sont minoritaires, ou en Afrique. Il existe des régions du monde qui, quant à la vie religieuse, se rapprochent de l'Europe dans les processus de redimensionnement des pratiquants, du clergé et des religieux. L'important catholicisme des États-Unis représente l'une d'elles. Le nombre des prêtres y est passé de 58 000 en 1981 à 37 000 en 2015 avec un recul de 36 %. Des processus semblables sont à l'œuvre en Océanie et au Canada.

En Amérique latine, où vivent 40 % des catholiques du monde, le nombre de prêtres est chroniquement insuffisant, comme on peut l'observer dans les mégalopoles ou dans la région amazonienne. En Amérique du Sud en 2016, on compte 1 prêtre pour 7 200 catholiques, le niveau le plus bas dans le monde ; en Europe, il est d'1 pour 1 600 fidèles. Toutefois la même année, il y a eu une augmentation de 2 % du nombre de prêtres en Amérique centrale et de 4 % en Amérique du Sud. Le nombre de prêtres en Asie et en Afrique, quant à lui, est en forte hausse. Ces continents connaissent aussi un fort développement du nombre de catholiques. En Afrique, ces derniers représentent 19,4 % de la population ; en Asie, du fait de la forte présence de religions non chrétiennes, ils représentent 3,3 %. En Afrique, les prêtres sont encore peu nombreux, 1 pour 5 000 fidèles. Enfin le catholicisme – c'est vrai au niveau mondial, moins au niveau européen – doit compter avec l'action missionnaire des communautés néoprotestantes ou néopentecôtistes, qui en restreint le nombre de fidèles, avec plus ou moins de succès mais avec des résultats significatifs.

L'annuaire statistique de l'Église de l'année 2018 enregistre le fait que, dans la répartition des catholiques dans le monde, ceux d'Europe ont diminué en pourcentage alors que le nombre de prêtres européens œuvrant, pas seulement sur le Vieux Continent mais partout, représente 41,3 % du total ; ils étaient 44,3 % en 2013[27]. Malgré le déclin, c'est un chiffre très important par rapport aux autres continents. Plus de quatre prêtres catholiques sur dix dans le monde sont européens, indice révélateur de l'importance de ce catholicisme au sein du catholicisme mondial. En dépit de la crise, l'apport des Églises européennes et de ses prêtres au catholicisme mondial, aux services du Saint-Siège ainsi qu'au développement de la culture et de la théologie, est significatif.

On peut donc penser que la crise ou la reprise du catholicisme européen pèseront sur le catholicisme universel. En construisant une basilique, et d'autres édifices offerts au Saint-Siège et couverts par l'extraterritorialité, à Yamoussoukro, le président ivoirien Félix Houphouët-Boigny entendait glorifier sa ville d'origine, devenue capitale de la Côte d'Ivoire. Il confiait cependant à ses intimes son rêve de voir la papauté, à la suite de la sécularisation européenne, se déplacer en Afrique, voire dans sa ville[28]. Si cette perspective est sans fondements, il convient de se demander quel effet aurait le déplacement du centre de gravité du catholicisme.

C'est dans ce paysage en mouvement à l'échelle du monde que, depuis 2013, se dessine la proposition du pape François, en continuité avec le Concile et ses prédécesseurs mais avec une force innovante. La proposition

27. Voir *Annuarium Statisticum Ecclesiae, 2018*, Ufficio Centrale di Statistica della Chiesa (dir.), Cité du Vatican, Libreria Editrice Vaticana, 2020.

28. F. Grah Mel, *Félix Houphouët-Boigny. Biographie*, Paris-Abidjan, Éd. du CE-RAP-Maisonneuve & Larose, 2003, p. 517-518.

passe par l'option de l'évangélisation, qui tend à impliquer le « peuple » et à faire évoluer les consciences et les structures de l'Église. François a aussi dessiné, avec son ministère personnel, le visage d'une Église proche des pauvres. Ce n'est pas une nouveauté si l'on songe aux institutions qui existent et aux organisations catholiques au service des pauvres. Mais, à la lumière de la parabole du Jugement dernier en Matthieu 25, dans laquelle Jésus s'identifie au pauvre, le pape a introduit une signification christologique accentuée de la présence du pauvre au cœur de l'Église. C'est un aspect central de sa vision. Les pauvres, pour lui, changent l'Église en la plaçant dans les périphéries, une réalité qui lui est chère.

L'analyse dont il fait part aux catholiques allemands parle aussi à cette Église prospère qui connaît un « doux » déclin :

> Nous courons le risque de partir de nous-mêmes et de l'angoisse d'autojustification et d'autopréservation qui nous conduit à faire des changements et des ajustements, mais à mi-chemin, lesquels, loin de résoudre les problèmes, finiront par nous entraîner dans une spirale sans fin qui tue et étouffe l'annonce la plus belle, libératrice et prometteuse que nous ayons reçue et qui donne sens à notre existence : Jésus-Christ est le Seigneur[29].

Depuis 2013, François propose une voie de renaissance. Dans plusieurs Églises, son message a été à peine reçu. Même en Amérique latine. Après plusieurs années de

29. Pape François, *Lettre du Saint-Père au Peuple de Dieu en marche en Allemagne.*

pontificat, ce sont des questions sur lesquelles il convient de s'interroger. Mais sans doute faut-il tenir compte aussi des temps longs de la réception des messages religieux et ne pas considérer trop vite que celui de François a été rejeté. En tout cas, il est certain que les Églises occidentales ne se sont pas engagées avec enthousiasme sur la route qu'il a proposée.

Et puis, dans l'Est de l'Europe, le pape se mesure à un autre « modèle » de christianisme, qui représente, de fait, une proposition alternative.

III

National-catholicisme, évangélisation ou quoi d'autre ?

Lux ex Oriente

La situation dans l'Est, autrefois communiste, montre une forte persistance religieuse en Pologne et en Slovaquie alors que le déclin est net en Hongrie et en Tchéquie. Après la chute du communisme, l'adhésion des pays de l'Est à l'économie de marché et à la démocratie libérale s'est développée de façon rapide et intense. Aujourd'hui, à l'inverse, nous assistons à ce qu'Ivan Krastev et Stephen Holmes ont appelé *Le moment illibéral*[1]. Les valeurs libérales démocratiques n'occupent plus une place centrale comme dans les années 1990 ; elles sont au contraire considérées comme importées ou imposées par l'Occident. Au fond, la fin du communisme a surtout signifié le recouvrement de la nation. Au nom de l'identité nationale, on s'oppose à l'immigration, surtout si elle est musulmane, et on refuse la redistribution des réfugiés telle qu'elle est prévue par l'Union européenne. Cette partie de l'Europe pense réaliser un modèle original par rapport à l'Ouest.

---

1. I. Krastev, S. Holmes, *Le moment illébéral*, Paris, Fayard, 2019.

En Hongrie, le christianisme, et en particulier l'Église catholique dont le primat était considéré jusqu'au cardinal Mindszenty comme un *interrex*, joue un rôle public ; le Premier ministre protestant Orbán le revendique. L'histoire du cardinal Mindszenty est symbolique. Emprisonné par les communistes, contraint de se déclarer coupable, il quitte Budapest en 1971 après être resté bloqué quinze années durant dans l'ambassade américaine auprès de laquelle il avait trouvé refuge. Il est déposé de sa charge d'archevêque en 1973 par Paul VI afin que le Saint-Siège puisse mener des négociations avec le gouvernement communiste en vue de nommer de nouveaux évêques. Dans les milieux nationalistes hongrois, József Mindszenty est représenté comme un homme doublement persécuté, d'une part par les communistes qui l'ont emprisonné et humilié au cours d'une parodie de procès, et de l'autre par le Vatican qui l'a remplacé pour négocier avec les communistes – ceux qui critiquent François y voient une analogie avec les accords que le Saint-Siège a conclus avec Pékin pour régulariser la situation de l'Église catholique en Chine.

Les *Mémoires* du primat constituent un impressionnant document sur la persécution communiste et témoignent de la conviction du cardinal qu'un accord était impossible[2]. Aujourd'hui, son procès de béatification est en cours. Le primat était, selon la tradition, le gardien de la couronne de saint Étienne qu'il fit quitter le pays afin de la soustraire aux communistes. Il est significatif qu'en l'an 2000, à l'occasion du millénaire de la Hongrie dont les commencements remontent au couronnement par le pape du roi Étienne Ier, Orbán ait fait déplacer la couronne royale

2. Voir J. Mindszenty, *Mémoires*, Paris, La Table ronde, 1974.

de saint Étienne du château de Buda au parlement où elle trône comme symbole de la continuité nationale. Cette couronne est représentée sur l'ancien drapeau du royaume de Hongrie. Orbán encourage par ailleurs le culte de saint Étienne. Il participe aux processions en son honneur, valorisant ainsi l'identité chrétienne magyare. La nouvelle constitution d'Orbán ne parle plus de « République hongroise » mais de « Hongrie ». Le premier ministre a déclaré :

> Nous sommes fiers de ce qu'il y a mille ans notre roi, saint Étienne, a doté l'État hongrois de fondations solides, et fait de notre pays une partie de l'Europe chrétienne [...]. Nous reconnaissons le rôle que le christianisme a joué dans la conservation de notre nation[3].

La constitution intègre les « valeurs traditionnelles », famille, opposition au mariage gay, défense de la vie..., des « principes non négociables ». Je n'insiste pas sur les politiques menées et l'épuration du personnel introduite par le Premier ministre. Mais il ne faut pas sous-estimer le soutien populaire dont il bénéficie et qu'il doit « à une fatigue démocratique qui prend un caractère aigu en Hongrie, mais que l'on perçoit dans toute l'Europe postcommuniste[4] ».

La Hongrie semble être entraînée aujourd'hui dans un inexorable processus d'éloignement du système libéral-démocratique, considéré comme incapable de promouvoir

3. F. Pons, *Hongrie. L'angoisse de la disparition*, Bruxelles, Éd. Nevicata, 2016, p. 31.

4. Voir S. Bottoni, *Orbán un despota in Europa*, Rome, Salerno Editrice, 2019, p. 158-159.

les intérêts du pays, et se diriger vers une conception du pouvoir que la philosophe Ágnes Heller, critique sévère du régime, a qualifié de « bonapartisme[5] ». En réalité, ce type de gouvernement se rapproche de plus en plus du modèle « oriental », centré sur la figure du chef avec un contrôle de l'opinion publique et du système étatique, une histoire qui converge avec celle de la Russie de Poutine avec lequel Orbán entretient de bonnes relations, de la Turquie de Erdoğan et de la Pologne de Kaczyński.

Toutefois la Hongrie du XXIe siècle n'est pas la Pologne. Sa population est bien éloignée du monde religieux traditionnel qu'incarnait Mindszenty. L'Église hongroise ne s'est pas remise de la sécularisation menée par le régime communiste. Elle n'a pas connu la renaissance religieuse massive typique de la Russie postsoviétique et orthodoxe. De façon très habile, Orbán a construit un important horizon idéologique national-chrétien, ou catholique, dans un pays qui traverse une grave crise démographique et qui, du fait de l'exiguïté de son territoire et du souvenir douloureux de la partition imposée par le traité de Trianon, vit « l'angoisse de la disparition » selon l'expression heureuse de la journaliste Françoise Pons. Orbán, qui a fondé une identité nationale sur l'histoire du millénaire, veut rassembler les Hongrois de la diaspora en leur donnant le sentiment d'un destin commun. Et l'avenir hongrois n'est pas synonyme d'une homologation à l'Union européenne.

Le national-catholicisme d'Orbán n'est pas le fruit d'une initiative de l'Église catholique, quand bien même celle-ci serait valorisée par le premier ministre qui lui offre, par

---

5. *Il bonapartismo è ancora qui. Intervista con Ágnes Heller*, D. Taino (dir.), *Lettura-Corriere della Sera*, 1er mai 2016, p. 26-27.

exemple, d'étendre son système scolaire avec la restitution d'institutions autrefois religieuses. Des restitutions qui ne sont pas toujours acceptées par les autorités ecclésiastiques qui n'ont pas de personnel qualifié pour les gérer. Orbán favorise les écoles confessionnelles ; elles rassemblent globalement un cinquième des élèves du pays. Nonobstant le soutien des catholiques au Premier ministre, le primat Péter Erdő, archevêque de Budapest, canoniste et intellectuel, a redit l'autonomie de l'Église catholique, pour qui les relations avec l'islam ne peuvent être exclues et pour qui l'idée de nation doit être définie en des termes non exclusifs.

Le premier ministre engrange des soutiens auprès de diverses minorités religieuses. Sa relation avec le judaïsme est complexe, excellente avec l'Israël de Netanyahu, bonne avec les hassidim et les loubavitch qui sont influents aux États-Unis. Le premier ministre a montré du respect à l'égard du judaïsme hongrois qui a immensément souffert de la Shoah. En dépit des accusations d'antisémitisme, en particulier liées à la campagne contre Soros, Orbán ne s'est pas aligné sur l'héritage de l'amiral Horthy, au pouvoir de 1920 à 1944, qui édictait la première loi antisémite du XXe siècle européen sur le *numerus clausus* des étudiants juifs à l'Université, la Russie l'ayant adopté en 1908. Mais la référence au régime traditionaliste de Horthy trouve sa place dans le bagage idéologique du premier ministre, bien qu'avec les précautions nécessaires et la reconnaissance des responsabilités dans la persécution antisémite et anti-Rom[6].

---

6. A. Poinssot, *Dans la tête de Viktor Orban*, Arles, Solin/Actes Sud, 2019, p. 49 s.

Le gouvernement Orbán a refusé, au nom du caractère chrétien et européen, de participer à la redistribution des réfugiés entre les pays de l'Union. Il a pris une position de « protecteur » des chrétiens au Moyen-Orient en raison de la défense du christianisme contre l'islam. Il a institué un secrétariat d'État pour les chrétiens persécutés et alloué des financements aux chrétiens du Moyen Orient. L'aspect propagandiste de cette politique est évident. La situation douloureuse des chrétiens dans cette région est récupérée par la propagande national-catholique pour accuser l'Europe d'indifférence et souligner la charge antichrétienne qui est naturelle à l'islam, et à sa vocation expansionniste.

Deux congrès organisés à Budapest en 2017 et en 2019, avec le soutien du gouvernement, ont réuni différents responsables chrétiens orientaux, dont les patriarches syro-orthodoxe, Ephrem, catholique, Younan, et assyrien, Gewarghis III. Les deux congrès ont souligné la nécessité d'un engagement européen pour défendre l'Orient chrétien, et mis en garde contre le danger de l'islam. Certains évêques moyen-orientaux, déplorant à juste titre les crises et les persécutions, ont demandé une intervention protectrice européenne ; une intervention qui n'a jamais été engagée au XXe siècle, pas même face au massacre des chrétiens en 1915 dans l'Empire ottoman, et dont on ne voit pas la faisabilité. De même, des personnalités chrétiennes moyen-orientales ont donné leur aval à la défense de l'identité chrétienne contre l'immigration musulmane en Europe.

La situation est différente en Pologne où un catholicisme populaire et prospère a toujours représenté l'identité d'une nation privée de souveraineté. Le catholicisme a constitué le rempart de l'identité polonaise. L'image de la piété nationale est souvent assimilée à celle de Jean-Paul II. Mais ce dernier avait un profil particulier. Pensons au philosémitisme marqué de Wojtyła qui l'a conduit, pour la première fois dans l'histoire de la papauté, à visiter la synagogue de Rome en 1986 et à appeler les juifs « frères aînés », selon l'expression du grand poète polonais Adam Mickiewicz[7]. Le philosémitisme de Wojtyła – dans son testament, il évoque par leur nom uniquement le grand rabbin de Rome, Toaff, et son secrétaire personnel – est une mise en garde contre les complaisances envers l'antisémitisme encore présent dans la société polonaise et contre une relecture bienveillante de l'attitude de certains milieux polonais pendant la Shoah.

Il faudrait se demander à quel Wojtyła on fait référence aujourd'hui en Pologne. On voit encore son effigie à la fenêtre du palais archiépiscopal de Cracovie, d'où il s'adressait aux jeunes durant les visites papales. De toute évidence, sa figure, vue entre autres comme un élément propulseur du changement politique, reste décisive dans la nouvelle Pologne.

Le catholicisme fait partie aujourd'hui de la vision identitaire et nationale du parti au pouvoir, Droit et Justice, de Jarosław Kaczyński. Celui-ci est l'artisan de la voie « catholique » vers le souverainisme par la référence à la doctrine sociale de l'Église, la construction d'une protection sociale inclusive et l'attention à la famille. Il a renforcé l'intervention de l'État dans l'économie, portant une

7. Sur la figure de Wojtyła, voir mon *Jean-Paul II. La biographie*, Paris, Parole et Silence, 2011.

attention particulière aux retombées sociales des politiques économiques ; après 1989, avec l'introduction rapide de l'économie de marché, l'impact des politiques libérales a été lourd à porter pour les catégories les plus faibles et les classes moyennes jusqu'alors protégées. Kaczyński a corrigé les effets de la libéralisation par l'aide sociale en menant une politique inclusive, capable de trouver des consensus.

Le responsable polonais poursuit le dessein de se distinguer de l'Occident européen : « Nous ne devrons pas répéter les erreurs de l'Occident ni nous laisser contaminer par la maladie sociale qui est très largement répandue là-bas. » La maladie sociale, selon lui, est en premier lieu la crise de la famille, la reconnaissance des gays, l'avortement, etc. Le chef d'État bénéficie de l'appui de la quasi-totalité de l'épiscopat qui, par ailleurs, est plutôt froid avec le pape François et sa demande d'aide aux immigrés. La Pologne se plaint d'avoir déjà beaucoup donné en accueillant les Ukrainiens fuyant un pays instable. La visite de Bergoglio en Pologne, en août 2016, à l'occasion des Journées mondiales de la jeunesse à Cracovie, n'a pas marqué l'amorce d'une entente avec l'épiscopat polonais qui reste, dans son ensemble, circonspect à l'égard du pape.

L'Église occupe une position forte dans le pays. La pratique religieuse dominicale reste élevée, 38,2 % en 2018. Elle n'est pourtant pas aussi enracinée qu'on le croit, même si les taux polonais sont indiscutablement supérieurs à ceux des autres pays européens. En réalité, la courbe de la pratique s'identifie aussi à l'histoire du pays. Le sommet de 57 % en 1982 coïncidait avec l'état de guerre déclaré par le général Jaruzelski. L'Église était un espace public ouvert et symbolisait la liberté. Après la fin du communisme, la fréquentation dominicale s'est maintenue à un niveau élevé, même si elle se situait en dessous des 50,3 % de l'année 1990. Un brusque recul a été constaté en 2007 avec 44 %, pour atteindre 40,4 % en 2008. À partir de 2013, le pourcentage est passé sous les 38,3, puis 38,2 % pour 2017 et 2018. Ce sont les niveaux les plus élevés en Europe mais ils enregistrent une baisse lente et constante[8].

Le recrutement des séminaristes donne aussi des signes d'inflexion. L'histoire des vocations en Pologne est intéressante. En 1987, à l'époque du troisième voyage de Wojtyła en Pologne pour un congrès eucharistique national triomphal, le nombre de séminaristes s'élevait à 9 038. Dans la Pologne de ces années-là, malgré le gouvernement communiste, le prêtre représentait une figure socialement reconnue à la responsabilité morale forte. Pensons au père Jerzy Popiełuszko, tué brutalement en 1984 par des hommes du ministère de l'Intérieur parce qu'il représentait une voix libre et forte[9]. Après la chute du communisme, le prêtre n'a plus eu la même fonction sociale mais est resté une figure reconnue.

La réduction du nombre des vocations a été assez soudaine. 8 100 séminaristes en 1992 puis 7 000 en 1994. Ensuite la chute a été légèrement freinée et on a assisté à une faible reprise. Ce qui ressort de ces chiffres, c'est l'incontestable fascination exercée par Jean-Paul II. Après sa

8. Statistiques relatives à la pratique religieuse en Pologne établies en 2019 par l'ISKK (Institut de statistiques de l'Église catholique).

9. Sur la figure de Popiełuszko, voir C. G. Zucconi, *Jerzy Popiełuszko. Il martirio di un sacerdote nella Polonia comunista*, Cinisello Balsamo, San Paolo, 2019.

mort, en effet, le déclin a été progressif. En 2010, les séminaristes étaient au nombre de 4 900. En l'espace de vingt ans, la baisse a été importante, représentant environ 60 % des effectifs. En 2019-2020, 2 853 séminaristes fréquentaient les instituts de formation, soit un tiers des effectifs de 1987, même si cela représente encore un nombre important par rapport à la moyenne européenne[10]. Le recul des vocations est lié à de multiples facteurs dont un moindre sentiment religieux chez les jeunes, l'émigration, les changements sociaux et politiques, la crise démographique[11].

Le régime national-catholique, qui reconnaît un rôle civil et moral à l'Église, ne favorise pas, du fait même de cette orientation, la pratique religieuse et les vocations. En Pologne l'Église n'est pas si solide que cela, même si elle ne suit pas la courbe déclinante des Églises dans les autres pays européens. Sont-ce les prémisses d'une crise à long terme ou la crise sera-t-elle contenue ? Il est difficile de le dire. La piété des jeunes a subi des mutations importantes. En 1996, 74 % des jeunes se disaient croyants, 55 % en 2018. La fréquentation des temps religieux dans les écoles oscille autour de 70 %, mais accuse un recul dans les principales villes. D'après le Pew Research Center, il existe en

10. Pour les données relatives aux vocations, voir *Kościół Katolicki w Polsce 1918-1990. Rocznik statystyczny* [L'Église catholique en Pologne 1918-1990. Annuaire statisique], L. ADAMCZUK et W. ZDANIEWICZ (dir.), Główny Urząd Statystyczny. Zakład Socjologii Religii SAC, Varsovie 1991, et les volumes publiés chaque année par l'ISKK (Institut de statistiques de l'Église catholique).

11. Le Główny Urząd Statystyczny (Bureau central de statistiques polonais) enregistre depuis plusieurs années un solde démographique négatif et un rapport de 2019 prévoit que, d'ici la fin du siècle, le nombre de Polonais s'effondrera pour passer de 38 millions aujourd'hui à 24 millions.

Pologne plus qu'ailleurs en Europe, au sujet de l'importance accordée à la religion, un grand fossé entre les plus et les moins de 40 ans. 26 % des moins de 40 ans vont à la messe toutes les semaines, 55 % des plus de 40 ans[12].

L'Église a bénéficié d'un très large crédit dans les années du communisme. Elle constituait un espace de liberté dans la grisaille oppressante du régime, sous la conduite audacieuse et intelligente du primat Wyszyński. Des intellectuels laïques se sont par ailleurs engagés aux côtés du catholicisme dans la mobilisation pour la liberté, en particulier avec Solidarność, comme Bronisław Geremek et Adam Michnik, lequel, dans un important ouvrage sur l'antisémitisme dans la Pologne de l'après-guerre, a exhumé l'histoire du pogrom de Kielce, provoqué après la Shoah par l'accusation de meurtres rituels portée contre les Juifs qui ont survécu[13]. Le pape Wojtyła a été le héros de la libération nationale. Aujourd'hui, parce qu'elle jouit d'une nouvelle solidarité entre épiscopat et nationalisme, qui ne concerne cependant pas tous les évêques, l'Église polonaise ne bénéficie plus du large consensus d'autrefois, et elle est combattue par les opposants du gouvernement.

L'image de l'Église est positive pour 48 % des Polonais mais négative pour 38 % d'entre eux. Parmi les reproches formulés on trouve la pédophilie du clergé, 60 % ; son implication dans la politique, 37 % ; l'abandon des fidèles, 29 %. Sont également contestés le niveau de vie élevé du

12. Les chiffres sur le recul de la religiosité des jeunes sont extraits de CBOS (Centre de recherche sur l'opinion publique) et du Pew Research Center's Religion & Public Life Project, *Global Religious Futures – Poland*, www.globalreligiousfutures.org.

13. A. Michnik, *Il pogrom*, Turin, Bollati Boringhieri, 2007.

clergé et les tarifs des sacrements, bien que, pour 33 % des sondés, ces problèmes ne concernent pas leur diocèse. Il ne s'agit pas d'une perte de popularité de l'Église mais de la perte de sa position centrale en tant que « mère de la nation », conséquence de son identification à une partie du paysage politique, le parti Droit et Justice. En 2017, une manifestation tapageuse, le « rosaire sur les frontières », soutenue par l'épiscopat, a déployé sur les frontières polonaises une chaîne humaine virtuelle constituée par des masses de fidèles en prière. On évoque la participation d'un million de Polonais. Pour la date, a été choisie la fête de la Vierge du Rosaire, « instituée après la grande bataille de Lépante, où la flotte chrétienne a triomphé de la flotte musulmane, bien plus grande, sauvant ainsi l'Europe de l'islamisation », ont expliqué les organisateurs. L'archevêque de Cracovie, Marek Jędraszewski, a déclaré : « Nous voulons prier car l'Europe a besoin de rester chrétienne pour sauver sa culture. » C'est un signe pour la Pologne, mais aussi « pour les autres nations européennes, ajoute le prélat, pour qu'elles comprennent qu'il faut revenir aux racines chrétiennes afin que l'Europe reste l'Europe[14] ».

Une attitude aussi partisane de la part de l'Église risque de nuire à sa mission religieuse, après lui avoir fait perdre la position centrale. Dans certains milieux de la jeunesse, on sent une gêne diffuse vis-à-vis de l'institution catholique, inconnue à d'autres époques. Une récente enquête menée auprès des jeunes Polonais âgés de 18 à 29 ans montre que 47 % des sondés ont une opinion négative

14. S. Cernuzio, « Polonia, un milione in preghiera ai confini. I vescovi : "Un evento da non strumentalizzare" », *La Stampa-Vatican Insider*, 5 juillet 2019.

sur l'Église à cause des scandales de pédophilie, 44 % une opinion neutre et 9 % une opinion positive[15].

Les manifestations d'octobre 2020 contre la sentence de la Cour constitutionnelle polonaise qui a rejeté une partie de la loi sur l'avortement de 1993, qui ont rassemblé un grand nombre de personnes, en particulier des femmes et des jeunes, n'ont pas visé le parti au pouvoir mais l'Église, identifiée au gouvernement. Ces manifestations ont montré le lien entre la protestation des femmes et celle des jeunes qui n'ont pas vécu les vicissitudes de la libération du communisme. Or la figure de Wojtyła, assimilée aux évêques polonais, risque d'en être affectée[16]. Les revendications de laïcité de l'État se sont accompagnées de *sit-in* devant les églises, considérant le choix *pro-life* du gouvernement comme un acte voulu par l'épiscopat[17]. C'est une attaque directe contre l'Église, fait inédit dans le paysage polonais, qui peut donner lieu à des développements politiques et sociaux significatifs.

Le national-catholicisme polonais revêt une dimension politique mais il s'enracine dans un catholicisme populaire particulièrement présent dans les campagnes et dans les petites villes. Il diffère en cela du modèle hongrois, qui bénéficie certes de l'appui provincial, mais qui fait partie de la construction politique et idéologique du Premier ministre Orbán. Tous deux, le modèle polonais et le modèle hongrois, sont une alternative au « christianisme

15. F. Giansoldati, « Pedofilia, crolla la fiducia della Chiesa in Polonia », *Il Messaggero*, 18 novembre 2020.

16. W. Goldkorn, « Il cielo sopra Varsavia », *L'Espresso*, 22 novembre 2020, p. 46-51.

17. M. Tacconi, « Polonia : rivolta delle donne per l'aborto, governo al bivio », *ISPI*, 30 octobre 2020.

de l'évangélisation » de François. En Europe de l'Est s'est élaboré non seulement un modèle politique en rébellion contre la voie libéral-démocrate européenne, mais aussi un modèle de catholicisme, référence pour diverses sphères souverainistes occidentales, que préoccupent l'« invasion » des migrants et les transformations de la société. La synthèse national-catholique se présente comme proposition alternative au « déclin » européen.

National-catholicisme : une proposition alternative moderne aux racines anciennes

Face au processus de désorientation induit par la mondialisation, l'identité national-catholique offre l'identification à une histoire et à un modèle aux racines profondes, qui se projette vers l'avenir avec une appartenance forte à un « nous » produit par l'histoire et béni par la foi, différent des États occidentaux fragiles et assaillis par les populismes. Jusqu'à il y a peu, le national-catholicisme semblait définitivement enterré après le franquisme, le salazarisme ou le fascisme : une expérience terminée et politiquement plus que délégitimée.

En Italie, en 1923, un manifeste de « catholiques nationaux », signé notamment par des laïcs proches du Vatican, affirmait que

> le fascisme [...] reconnaît et honore ces valeurs religieuses et sociales qui constituent la base de tout régime politique, professant, contre les idéologies démocratiques surannées et

sectaires, des principes de discipline et d'ordre hiérarchique de l'État, en harmonie avec les doctrines religieuses et sociales[18].

Le système fasciste a connu un courant national-catholique qui aspirait à le transformer en un régime confessionnel.

Dans l'Espagne des années 1920, le national-catholicisme prit corps de façon robuste, sous la dictature de Primo de Rivera, par opposition notamment aux nationalismes basque et catalan. En 1919, consacrant le monument au Christ Roi au centre de la péninsule ibérique, le roi Alphonse XIII déclarait qu'il existait, au-delà des différences : « cette grande nation forte et constante dans son amour pour la religion et la monarchie ». Ce sont des thématiques qui puisent leurs racines dans l'identification du « royaume » avec la mission catholique de l'Espagne dans le monde. Avec le franquisme et la guerre civile de 1936-1939, le national-catholicisme devenait réalité. L'Église et la patrie espagnoles avaient, comme sous la monarchie du XVIe siècle, une mission commune : assurer la défense et la propagation de la foi et de la civilisation.

Le national-catholicisme rejetait les « erreurs » de la modernité de la Réforme, de Rousseau, du libéralisme, de Marx, du socialisme et du communisme : « Tous les germes de la modernité étaient anticatholiques, et par conséquent, ils étaient de fait anti-espagnols[19]. » L'Espagne catholique s'opposait ainsi à l'anti-Espagne, celle des institutions et des valeurs modernes : « On concevait ainsi,

---

18. P. Scoppola, *La Chiesa e il fascismo. Documenti e interpretazioni*, Rome-Bari, Laterza, 1973, p. 75.
19. Martínez Cortés, *Nazionalcattolicesimo*, dans *Dizionario Sintetico di Pastorale*, www.latheotokos.it/.

pour la vie religieuse, un manichéisme politique évidemment peu propice à toute forme d'évolution[20] » et à la coexistence pacifique avec l'autre.

Le national-catholicisme revêtait un caractère typique de l'histoire espagnole : la « théologie de la reconquête », pour citer le cardinal Gomá y Tomás, qui était présentée comme l'âme de près de huit siècles d'histoire espagnole depuis la lutte contre les musulmans. L'esprit de la *Reconquista* inspirera ensuite la colonisation des Amériques et enfin la guerre civile contre les républicains. Dans cette perspective, l'Espagne catholique et franquiste avait le sentiment, dans l'après-guerre, d'être un îlot de foi vivante dans une Europe qui avait apostasié Dieu.

Dans la première moitié du XXe siècle, le Saint-Siège avait observé avec inquiétude la question du national-catholicisme, en particulier en France avec l'Action Française, le mouvement de Charles Maurras qui se battait pour la renaissance de la France au nom des valeurs traditionnelles, en accordant un rôle central au catholicisme en tant que religion nationale[21]. Même s'il n'était pas croyant, Maurras admirait l'Église ; il était « catholique » sans être chrétien. Mussolini avait défendu une position semblable dans ses entretiens avec Ciano, qui raconte : « [Le *duce*] répète sa théorie de catholicisme-paganisation du christianisme. « C'est pour cela que je suis catholique et antichrétien. »[22]. »

---

20. *Ibid.*

21. Voir J. PRÉVOTAT, *Les catholiques et l'Action Française*, Paris, Fayard, 2001. S. GIOCANTI, *Charles Maurras. Le chaos et l'ordre*, Paris, Flammarion, 2008 ; B. GOYET, *Charles Maurras*, Paris, Presses de Sciences Po, 2000.

22. G. CIANO, *Diario 1939-1943*, Milan, Rizzoli, 1990, p. 163.

L'Action Française connaissait une forte diffusion en France, en particulier dans le monde catholique. Après une longue période d'incertitude du Saint-Siège, Pie XI avait décidé de condamner le mouvement en 1926 en interdisant aux catholiques d'y participer. L'Action Française était accusée de professer un « nationalisme intégral » ou « immodéré », qui subordonnait à la *politique d'abord** les principes de la foi et de l'Église, réduite à un fait de civilisation. Dans les années 1920, face à un fascisme qui se renforçait, la papauté de Pie XI cherchait à empêcher les catholiques de tomber dans l'orbite des nationalismes. Ce n'est qu'avec la guerre d'Espagne et le développement d'un nouvel anticommunisme que la condamnation fut abandonnée par Pie XII, en 1939, après son élection.

Le problème du nationalisme se mesure sur une longue durée car il touche au moins l'ensemble du XXe siècle. En 1922, Pie XI avait relancé dans son encyclique *Ubi arcano* l'universalisme catholique cher à son prédécesseur Benoît XV, le pape de la proposition de paix de 1917. Quand le nationalisme devient-il extrême ? s'était demandé Pie XI. Et de répondre : « Quand il oublie que tous les peuples sont frères dans la grande famille de l'humanité, que les autres nations aussi ont le droit de vivre et de prospérer[23]. » L'opposition entre « famille des peuples » et « nationalisme intégral » constitue l'arrière-plan de la réflexion du pape jusqu'à la guerre. Après la Seconde Guerre mondiale, Pie XII se fit le champion de la valeur de la « famille des peuples ». Le thème de l'universalisme se conjugua en faveur de la démocratie qui avait été fait dans les messages radiodiffusés durant la guerre. À partir de la

23. Pie XI, *Lettre encyclique Ubi arcano Dei consilio*, www.vatican.va.

Guerre froide, le thème du nationalisme resta davantage dans l'ombre. La confrontation fut plutôt avec le communisme et sa répression de la foi religieuse et de la liberté.

La nation : entre universalisme et tradition

Après la décolonisation et la fin des empires coloniaux, le nationalisme revint sur le devant de la scène et anima les nombreux mouvements indépendantistes du Sud, qui créèrent des États souverains et cherchèrent à fonder de nouvelles identités nationales. Les nationalismes « tiers-mondistes » se caractérisaient par des histoires et des liens d'une grande diversité avec la religion ou le marxisme, souvent déterminés par l'idéologie de gouvernement. Dans ce contexte, l'Église cherchait à établir des relations positives et réalistes avec ces nouveaux États, œuvrant à la création de hiérarchies catholiques locales. Le grand problème consistait à passer d'un catholicisme fondé sur les missions et les missionnaires étrangers à une Église autochtone, insérée dans des pays fiers de leur indépendance.

Le thème de la nation revient après 1989 dans l'Est de l'Europe et dans l'ancien monde soviétique. En réalité, il avait été traité par Jean-Paul II qui avait formulé une « théologie des nations », forte de l'expérience de la Pologne, et du rôle du catholicisme dans la conservation de l'identité polonaise. Il est intéressant de voir que Wojtyła a constamment insisté sur les caractères particuliers des peuples, mais en les intégrant dans le cadre de la « famille des nations », dont les Nations unies sont une expression importante, comme un rappel à un « bien commun mondial[24] ». Wojtyła, patriote polonais, se détache du national-catholicisme qui voudrait aujourd'hui le récupérer. Il suffit d'observer sa position sur la question des migrants et des réfugiés, une priorité pour le national-catholicisme actuel : « Accueillir l'autre, disait-il, n'est pas pour le croyant que philanthropie naturelle ou attention naturelle à celui qui est lui semblable. C'est bien davantage puisqu'en tout être humain il sait rencontrer le Christ qui attend d'être aimé et servi. » Il affirmait aussi en 1999 :

> L'Église est, par sa nature, solidaire avec le monde des migrants, qui, à travers la variété de leurs langues, de leurs races, de leurs cultures et de leurs coutumes, lui rappellent sa condition de peuple provenant de toutes les parties de la terre en pèlerinage vers la patrie définitive. Cette perspective aide les chrétiens à abandonner toute logique nationaliste et à se soustraire aux étroits schémas idéologiques[25].

C'est une vision qui révèle la compréhension que l'Église a d'elle-même : « La catholicité ne se manifeste pas seulement dans la communion fraternelle des baptisés mais s'exprime aussi dans l'hospitalité assurée à l'étranger, quelle que soit son appartenance religieuse », affirme Wojtyła, mettant au même niveau l'accueil des migrants et la communion ecclésiale.

---

24. Voir A. Riccardi, *Giovanni Paolo II dalla nazione polacca alla famiglia delle nazioni*, dans *Il papato contemporaneo. Omaggio a Roger Aubert*, J.-P. Delville (dir.), Louvain-Cité du Vatican, University of Louvain-Archivio Segreto Vaticano, 2009, p. 639-650.

25. Jean-Paul II, *Message à l'occasion de la 85e « Journée mondiale du migrant 1999 »*, 2 février 1999, à partir de www.vatican.va.

Aujourd'hui, le nationalisme religieux se présente comme une nouvelle recette. Avec la crise des identités et face à la démesure des horizons globaux, la nation devient un élément identitaire et protecteur décisif qui, souvent, a besoin d'un fondement religieux.

Cela n'arrive pas seulement en Europe. Il s'agit d'un phénomène global qui opère dans d'autres mondes religieux, comme en Inde avec l'*Hindutva* qui reconstruit l'identité hindoue dans un pays aux univers religieux complexes et diversifiés. De fait, en Inde, les minorités chrétiennes rencontrent des problèmes importants, même s'ils sont moins graves que ceux que connaît la composante musulmane.

Mais, pour en revenir au national-catholicisme, nous ne pouvons négliger son lien avec les « valeurs non négociables ». Celles-ci trouvent leur *Magna Charta* dans la *Note doctrinale concernant certaines questions sur l'engagement et le comportement des catholiques dans la vie politique*, signée du cardinal Ratzinger et approuvée par Jean-Paul II en 2002. Y sont rappelées des positions éthiques déjà connues, mais de manière propre à former un manifeste cohérent. Le cardinal López Trujillo, président du dicastère pour la Famille, grand électeur par la suite déçu de Benoît XVI, a joué un rôle clé dans cette opération. Du haut de son dicastère, le cardinal colombien menait alors, dans de nombreux pays, un combat pour éviter des législations sur la famille, contraires à l'enseignement de l'Église, et pour contraindre moralement les hommes politiques catholiques.

Le document fixe les limites qui permettront de lutter contre le « relativisme » dans l'action politique. Il y est établi qu'il existe des « principes éthiques qui, par leur nature et leur rôle de fondement de la vie sociale, ne sont pas négociables » : les « valeurs non négociables » constituent un paramètre stable à l'aune duquel juger l'action des gouvernements et les lois, conditionnant ainsi l'action et la participation politiques des catholiques. La *Note* se conclut par les indications suivantes :

> Quand l'action politique est confrontée à des principes moraux qui n'admettent ni dérogation, ni exception, ni aucun compromis, l'engagement des catholiques devient plus évident et se fait lourd de responsabilités. Face à ces *exigences éthiques fondamentales auxquelles on ne peut renoncer*, les chrétiens doivent en effet savoir qu'est en jeu l'essence de l'ordre moral, qui concerne le bien intégral de la personne[26].

Ce modèle clair entend « s'opposer à une conception du pluralisme marquée par le relativisme moral, qui est nuisible pour la vie démocratique elle-même, celle-ci ayant besoin de fondements vrais et solides, c'est-à-dire de principes éthiques qui, en raison de leur nature et de leur rôle de fondement de la vie sociale, ne sont pas "négociables" ». Dans une situation compliquée, un code de valeurs non négociables constitue une garantie identitaire et une grille simplifiée et sûre pour juger des contingences politiques et sociales. C'est une échelle des valeurs sur la base de laquelle l'Église évalue les hommes politiques et la politique en général.

Une échelle des valeurs « fixe » présente toutefois un certain nombre d'inconvénients De par son caractère mécanique, son application est difficile dans une réalité

26. CONGRÉGATION POUR LA DOCTRINE DE LA FOI, *Note doctrinale concernant certaines questions sur l'engagement et le comportement des catholiques dans la vie politique*, 24 novembre 2002, www.vatican.va.

politique complexe et dotée de facettes multiples. À droite de l'échiquier politique, proclamer des valeurs non négociables est un chemin pratique pour s'arroger le crédit d'une force catholique, même sans mandat de l'Église, pour se présenter comme l'expression du « sentiment catholique », au point de se montrer plus résolus que les hiérarchies. Il est vrai que, bien souvent, en dépit de leur adhésion aux valeurs non négociables, ces forces, une fois au pouvoir, ne changent pas les législations qui sont en conflit avec ces mêmes valeurs. Le rapport de l'Église aux forces national-catholiques diffère de celui qu'elle entretient avec les démocraties chrétiennes, nées dans un tissu culturel ecclésial commun, dans le contexte de l'associationnisme catholique, en lien avec les évêques et les institutions ecclésiales.

L'approche des valeurs non négociables risque de faire de l'Église une « alliée de fait » de forces qu'elle n'a pas choisies, avec la menace de glisser dans une forme de subordination. En outre, la complexité des situations conduit toujours à une évaluation moins schématique. Il faut le redire, l'opposition à une telle codification dans le milieu catholique ne vient pas d'un jugement favorable aux lois sur l'avortement ou autre, mais de la perplexité que suscite un code avec lequel il faudrait faire de la politique.

Archevêque de Milan de 1979 à 2002, le cardinal Martini ne partageait pas, d'un point de vue pastoral, l'approche liée aux valeurs non négociables. Nous lisons dans l'une de ses notes :

> La primauté doit être donnée aux Évangiles, non pas aux valeurs. Ce n'est qu'en partant de la primauté de l'Évangile que l'on pourra dire que l'on remet aussi les valeurs à leur place.

Un autre jésuite, le pape Bergoglio, fait écho à ces positions, bien qu'avec une sensibilité différente de celle de Martini. François a désavoué la logique des valeurs non négociables. Il a déclaré au directeur du *Corriere della Sera*, Ferruccio de Bortoli :

> Je n'ai jamais compris l'expression « valeurs non négociables ». Les valeurs sont des valeurs, un point c'est tout. Je ne peux pas dire qu'entre les doigts d'une main, certains sont moins utiles que d'autres. C'est pourquoi je ne comprends pas dans quel sens il peut y avoir des valeurs négociables. Ce que j'avais à dire sur le thème de la vie, je l'ai écrit dans l'exhortation *La Joie de l'Évangile*[27].

Y a-t-il une convergence entre la proclamation des « valeurs traditionnelles » par le patriarche russe Kirill et certains segments du national-catholicisme ? Kirill a proclamé « la nécessité d'unir les forces pour défendre les valeurs traditionnelles chrétiennes et lutter contre les menaces de la modernité, comme le sécularisme agressif, qui mine les bases morales de la vie sociale et privée, la crise des valeurs de la famille ainsi que la persécution et la discrimination des chrétiens dans le monde[28] ». Le patriarche de Moscou défend résolument la priorité d'un rapport direct avec l'Église catholique, qui représente pour lui un bastion du christianisme en Occident et dans le monde. Convaincu que la crise du catholicisme peut constituer de sérieux torts au christianisme européen et

27. Pape François, F. de Bortoli, *« Faccio il prete, mi piace »*, Milan, Bompiani, 2014, p. 66.
28. Patriarche Kirill, 2 février 2013, www.asianews.it.

à l'échelle mondiale, il dispose, depuis leur rencontre en 2016 à La Havane, d'un canal de dialogue avec François.

Le modèle opposé : la démocratie chrétienne

Traiter du national-catholicisme amène à évoquer une position très différente, qui s'est développée au XXe siècle, le « modèle » catholico-démocratique fondé sur un parti qui incarne le choix des catholiques en faveur de la démocratie. Il s'agit de Démocratie chrétienne qui n'existe quasiment plus aujourd'hui, excepté en Allemagne, alors que le national-catholicisme, qui semblait avoir été enterré, réapparaît sous de nouvelles formes. Don Sturzo, fondateur du Parti populaire italien, prédécesseur de Démocratie chrétienne, qualifiait en 1923 de « clérico-fascisme » les positions des « catholiques nationaux » favorables à Mussolini.

> La substance des théories que le fascisme a empruntées au nationalisme ou qui résultent de la pratique politique du parti-gouvernement est fondamentalement païenne et en antithèse du catholicisme[29].

Sturzo, en intellectuel et sociologue éclairé en plus d'être un excellent prêtre, suivait avec attention le développement du national-catholicisme et la condamnation de l'Action Française, qui restait selon lui un événement crucial. Son œuvre intellectuelle élaborait la voie de la démocratie

---

29. Scoppola, *La Chiesa e il fascismo*, p. 92.

chrétienne. Dans son essai *L'Europe de la démocratie chrétienne*, Jean-Dominique Durand écrit :

> Bien avant Hannah Arendt, Sturzo analysait le totalitarisme comme une expression politique neuve, différente des régimes autoritaires connus jusque-là. Il l'identifiait comme un système absolument incompatible avec le catholicisme, parce que fondé sur la divinisation de l'État païen, sur la violence, le caractère absolu donné à la nation, à la race, à la classe, sur la volonté de changer l'homme, de créer l'« homme nouveau »[30].

Cette vision limpide de Sturzo n'était pas majoritaire parmi les catholiques des années 1930. Durant la Seconde Guerre mondiale, le parti catholico-démocratique fut reconstruit en Italie à l'initiative d'Alcide De Gasperi, ancien *leader* populaire, tandis que Sturzo était en exil aux États-Unis. De Gasperi fédéra divers milieux catholiques au sein de Démocratie chrétienne. Il reçut un soutien de poids de la part de celui qui était alors Mgr Montini, substitut de la secrétairerie d'État de Pie XII et futur Paul VI. Dans la vision degasperienne, les politiques démocrate-chrétiens devaient mener une œuvre de médiation, indépendante, entre le patrimoine social et moral catholique, dont ils étaient porteurs, et la réalité du pays. Démocratie chrétienne entendait mettre en actes le réformisme social catholique et développer une économie marquée par la présence forte de l'État. Elle devint, comme l'écrit Agostino Giovagnoli, « le parti

30. J.-D. Durand, *L'Europe de la démocratie chrétienne*, Bruxelles, Éditions Complexe, 1995, p. 129.

national » sans être nationaliste, menant le pays sur la voie de l'européisme[31].

Dans l'Europe de la reconstruction et aux origines de l'intégration européenne, le modèle démocrate-chrétien, avec ses variantes nationales, est décisif. Il suffit de penser à la puissante Union chrétienne-démocrate (CDU) en Allemagne fédérale, qui rassemble catholiques et protestants, au Parti populaire autrichien, au Parti populaire catholique hollandais, enfin au Mouvement républicain populaire français qui ne fut pas un parti catholique de masse. Ce modèle démocrate-chrétien, dans ses déclinaisons nationales, est la véritable proposition alternative au national-catholicisme ou au clérico-fascisme en vigueur en Espagne avec Franco et au Portugal avec Salazar jusqu'aux années 1970.

Les démocrate-chrétiens étaient des laïques catholiques, autonomes dans leurs choix politiques mais en relation étroite avec l'Église, avec une culture inspirée par le christianisme. Entre les rôles bien distincts et autonomes de chacun, il existait une cohésion idéale que nourrissaient les échanges entre dirigeants religieux et politiques. Jamais, à l'exception des souverains catholiques ou de leurs ministres, des personnalités politiques, catholiques et indépendantes de la hiérarchie, n'avaient joué un rôle aussi important dans la vie politique européenne. De Gasperi, Adenauer, Schuman ont lancé, sans aucune pression du Vatican, l'intégration européenne. L'Église de Pie XII a approuvé une Europe catholique et protestante, laissant de côté le mythe d'une Europe procatholique qui a pu faire rêver

31. Voir Giovagnoli, *Il partito italiano.*

entre les deux guerres. En retour, la crise des démocraties chrétiennes, à l'exception de la CDU en Allemagne, allait s'accompagner de la crise du catholicisme – comme en Hollande où le Parti populaire catholique recueillait, en 1964, 84 % de votes de fidèles. Le catholicisme perdait la cohésion organisationnelle que favorisait le vote catholique à mesure que s'affirmait le pluralisme politique des fidèles. Ce monde de corps intermédiaires, qui sous-tendait les démocraties chrétiennes, s'est en partie dissout. Or c'est le concile Vatican II qui les a, en quelque sorte, délégitimées. L'historien Giuseppe Alberigo, conseiller du cardinal Lercaro, les qualifiait de « monstre théologique ». Un certain progressisme catholique a contesté les choix modérés de ces partis. La gestion du pouvoir en Italie a abîmé l'image et la réalité de Démocratie chrétienne, jusqu'aux scandales de Tangentopoli dans les années 1990. Deux choix faits par l'Église montrent que le modèle démocrate-chrétien est entré en crise dans les dernières décennies du XXe siècle. Le premier a été fait en Espagne après la mort de Franco.

Les courants démocrates-chrétiens n'ont pas pu s'unifier. Ni la Conférence épiscopale espagnole ni le nonce Dadaglio, pourtant impliqué dans la modification du concordat, n'ont aidé à leur cohésion. Aucune directive de Rome ou de Paul VI dans ce sens n'est venue. Pourtant, les catholiques constituaient encore une réalité politique importante. D'ailleurs, en se présentant comme catholique pratiquant, Adolfo Suárez attira des démocrates-chrétiens dans son Union du centre démocratique, à laquelle participaient les libéraux et les socio-démocrates. Il remporta les élections en 1977 mais les perdit en 1982. L'hypothèse d'une présence politique catholique avait désormais vécu.

Puis il y a la Pologne des années 1990. Malgré la présence triomphante de Solidarność, à qui l'apport de l'Église avait été décisif, on n'a pas assisté à la création d'un parti catholique. Rappelons que, durant une visite en Pologne en 1989, Mgr Ruini, alors secrétaire de la Conférence épiscopale italienne, avait tiré de ses conversations avec les dirigeants catholiques polonais la conclusion que pour eux une telle hypothèse était loin d'être souhaitable. En réalité, le paysage politique catholique était très divisé entre la tendance plutôt catholique libérale, incarnée par Mazowiecki ou Turowicz, et celle plutôt catholico-nationale de Lech Wałęsa et d'autres. Et dans l'Église, ni le primat Glemp ni Jean-Paul II ne nourrissaient le dessein de fédérer cette nébuleuse en un parti.

Comme on le voit dans l'Espagne de 1975 et dans la Pologne de 1990, le modèle démocrate-chrétien était considéré comme dépassé. Là où il s'était réalisé, surtout dans les années 1980, on avait pu en constater les limites, avec la sécularisation des politiques et de regrettables épisodes de gestion du pouvoir. On avait laissé passer l'opportunité de la reconstruction capable d'imposer l'unité d'action, comme ça avait été le cas dans l'Allemagne ou l'Italie de l'après-guerre. Aucune figure de « fédérateur », à l'image de De Gasperi en Italie, ne s'était dressée à l'horizon. Surtout, il n'y avait pas eu de « mandat » de la part de l'Église ni des évêques, sur la base duquel, à l'exemple de l'Italie de l'après-guerre, de nombreux catholiques et des associations auraient pu passer à la politique. Dans les années d'après le Concile, les jeunes générations catholiques ont préféré l'engagement ecclésial ou social à l'engagement politique.

Après Vatican II, l'Église donc n'était plus sensible à l'idée de la démocratie chrétienne. Elle ne percevait pas le danger du national-catholicisme, qu'elle considérait comme un vestige du passé. Pourtant, avec la fin de la Guerre froide, dans les années 1990, l'Église postconciliaire joua un rôle « politique » dans les transitions de nombreux pays extra-européens qui avaient connu la dictature ou des régimes à parti unique et s'acheminaient vers la démocratie, comme cela a été le cas pour plusieurs États africains. Autrement dit, dans différentes régions du monde, l'Église travaillait pour la démocratie, non à travers une classe dirigeante catholique mais souvent par l'intermédiaire de ses représentants hiérarchiques. Il vaut la peine de rappeler les réflexions critiques de Giuseppe Dossetti au sujet de Démocratie chrétienne. Constatant ses limites, il se retira du parti et devint prêtre, apportant une forte contribution à Vatican II. Dans un entretien de 1994 avec Alberto Melloni, Dossetti jugeait en ces termes l'échec de l'utopie d'un État « chrétien » que Démocratie chrétienne aurait pu réaliser en Italie dès l'après-guerre :

> On a pu dire qu'à cette unique occasion de l'unique État, dans lequel les catholiques étaient au pouvoir, et vraiment ils ont été effectivement au pouvoir, l'État catholique « réalisé » pour ainsi dire – en analogie avec le communisme réalisé – s'est effondré dans l'impréparation, le désordre, la malhonnêteté. À quoi sert de revenir à ses origines ? À montrer une utopie, seulement comme utopie et en tant qu'utopie.

Le jugement de Dossetti, centré sur l'Italie, s'élargit alors à l'horizon européen à partir des :

> [...] circonstances dans lesquelles les catholiques ont été au gouvernement. Cette occasion ayant été perdue, il n'y en aura de seconde. Il n'y aura pas de génération de catholiques au pouvoir ; il n'y aura pas de seconde génération, de seconde *chance*. Assurément non [...]. La démocratie chrétienne réelle n'a plus de sens. Dans tout l'horizon sidéral, une occasion s'est présentée une fois et elle ne se présentera jamais plus[32].

Pour ceux qui, comme l'auteur de ces lignes, ont commencé à étudier l'histoire du catholicisme au milieu des années 1970, les démocraties chrétiennes étaient le présent, alors que le national-catholicisme ou le clérico-fascisme relevaient du passé. C'est aujourd'hui le contraire.

Évangélisation : une nouveauté qui a plus de cinquante ans

L'évangélisation constitue l'épine dorsale de la présence de l'Église dans la société d'après le Concile. Benoît XVI s'exprimait ainsi en 2012 : « La nouvelle évangélisation a commencé précisément avec le Concile, que le bienheureux Jean XXIII voyait comme une nouvelle Pentecôte faisant refleurir l'Église[33]. » En réalité, elle avait commencé avant. En lisant la lettre du cardinal Suhard *Essor ou déclin de l'Église ?* on est impressionné de voir comment celui-ci

32. G. Dossetti, *La ricerca costituente 1945-1952*, A. Melloni (dir.), Bologne, il Mulino, 1994, p. 58-59.

33. *Discours du Saint-Père Benoît XVI aux évêques participant au congrès organisé par la Congrégation pour les évêques*, Castel Gandolfo, 20 septembre 2012, www.vatican.va.

évolue déjà, en 1947, dans la ligne des textes à venir en matière d'évangélisation : tout converge dans l'engagement à s'ouvrir sur le monde et la priorité de transmettre l'Évangile. Le cardinal de Paris emploie les mots prononcés par Pie XII en 1946 :

> L'Église devra aujourd'hui plus que jamais vivre sa mission ; elle devra, plus énergiquement que jamais, rejeter cette conception fausse et étroite de la spiritualité [...] qui voudrait la confiner, aveugle et muette, dans le retrait du sanctuaire.

Pie XII concluait par l'impératif de la « sortie » :

> L'Église ne peut, en se repliant inactive dans le secret de ses temples, déserter sa mission divinement providentielle de former l'homme complet, et avec cela de collaborer sans trêve à la constitution des fondements solides de la société[34].

Deux personnalités différentes, Pie XII et Suhard, qui ne s'entendaient pas sur tout, sont ici sur la même longueur d'onde quant au renouveau de l'évangélisation. Suhard part d'une analyse de la déchristianisation de Paris, en particulier des périphéries, lorsqu'il affirme en 1943 :

> L'ensemble de nos populations ne pense plus de manière chrétienne. Il y a entre elles et la communauté chrétienne un abîme [...] pour les rejoindre, il faut sortir de nos maisons et

---

34. Pie XII, *Discours et messages radiodiffusés de S.S. Pie XII 1939-1958*, vol. VII, Cité du Vatican, Tipografia Poliglotta Vaticana, 1958, 20 février 1946, p. 385-398, citation p. 394.

aller au milieu d'elles. Même notre Action catholique ordinaire se montre impuissante[35].

Sa position est claire : « Il y a un mur à abattre à tout prix pour rendre le Christ aux foules qui l'ont perdu. » Un de ses proches collaborateurs a rapporté que, pour le cardinal, l'Église était « restée congelée après le concile de Trente[36] ». Beaucoup de choses doivent être changées. Dès 1947, Suhard proclame : « N'ayez pas peur d'être moins chrétiens en étant plus hommes. » Telle est la « nouvelle » évangélisation qui change l'Église. Le défi en Europe, surtout en France et en Italie, ce sont les masses attirées par les partis communistes. Aux élections démocratiques d'après-guerre, ces derniers ont révélé leur capacité à s'attirer des soutiens. Les forces communistes ont organisé de vastes portions du prolétariat, constituant des blocs sociaux influents, une myriade de corps intermédiaires, quand bien même elles se trouvaient dans l'opposition.

Les catholiques qui collaboraient avec les communistes n'étaient pas admis aux sacrements et ceux qui professaient la doctrine marxiste étaient excommuniés. C'est ce que l'on a appelé l'« excommunication des communistes » de 1949. Or l'Église savait que la condamnation ne suffisait pas et s'interrogeait sur la manière de récupérer cette partie de la société. C'est dans cette ligne que se place le renouveau « missionnaire ». En 1952, Pie XII organise une grande mission auprès des Romains « pour un monde meilleur »

35. *Les prêtres ouvriers. Documents*, Paris, Éd. de Minuit, 1954, p. 161.

36. GUÉREND, *Cardinal Emmanuel Suhard*, p. 251 et 252.

animée par le jésuite Lombardi, aussi appelé, en allusion à l'intensité de sa prédication, le « microphone de Dieu ».

Dans les années qui suivront, ce dernier proposera son action missionnaire dans différentes villes d'Europe et d'Amérique latine, où son modèle deviendra un élément à prendre en compte en vue d'une réforme de l'Église[37]. Le fait que le bureau de la mission soit situé hors de la cure du père Lombardi à Rome est révélateur des résistances qu'opposent, à son action mobilisatrice, des institutions de l'Église telles que les paroisses[38]. Ce sont des résistances que Pie XII jugeait de façon négative, mais qui exprimaient au fond la difficulté d'une institution à « sortir » de ses structures.

Les problèmes que l'Église affronte aujourd'hui ne sont pas si différents de ceux des premières mobilisations évangélisatrices. Chaque saison a ses mots d'ordre, sa rhétorique, ses théologies, son enthousiasme, et l'historien est amené à relever les ressemblances entre elles. La question est de savoir comment la paroisse, institution qui rend présente l'Église sur le territoire, peut se dépasser elle-même dans un élan missionnaire.

Mais revenons à Pie XII. Le fait que le pape ait considéré la perspective évangélisatrice comme une priorité pour l'Église ressort avec évidence d'un discours prononcé à la fin de son pontificat, en 1958, au sujet de Rome :

---

37. Voir G. Zizola, *Il microfono di Dio. Pio XII, padre Lombardi e i cattolici italiani*, Milan, Mondadori, 1990 ; *Riccardo Lombardi un testimone del Novecento*, G. La Bella (dir.), Milan, Guerini e Associati, 2020.

38. Voir A. Riccardi, *Roma « città sacra » ? Dalla Conciliazione all'operazione Sturzo*, Milan, Vita e Pensiero, 1979, p. 391 s.

> Peut-on donc dire que Rome a aussi ses zones d'ombre, ses îles à évangéliser, presque comme une terre de mission ? Ceux qui comme vous – il parlait aux curés romains – connaissent la ville en profondeur, ne peuvent s'abstenir de l'admettre[39].

Rome, la ville sacrée du pape, terre de mission ? Cette question met en lumière le fait que, avant Vatican II, les instances les plus averties de l'Église avaient reconnu qu'en Europe la foi chrétienne devait être proposée de façon renouvelée, et que les structures ecclésiastiques ne répondaient plus de manière adéquate. On avait la perception diffuse qu'une partie du peuple avait abandonné ou était en train d'abandonner l'Église. En France, la sociologie religieuse confirmait en partie cette vision[40].

Nous pouvons suivre la ligne de l'évangélisation, à travers Vatican II, jusqu'à Paul VI. En 1975, ce dernier publia *Evangelii nuntiandi*, le manifeste pour une évangélisation renouvelée du monde contemporain qui marqua un tournant. En 1974, eut lieu un synode sur l'évangélisation du monde contemporain. Parmi les intervenants se trouvait un certain Karol Wojtyła. Dans le texte, Montini voyait en

---

39. Pie XII, *Discours et messages radiodiffusés de S.S. Pie XII 1939-1958*, vol. VII, Cité du Vatican, Tipografia Poliglotta Vaticana, 1958, 18 février 1958, p. 767-776, p. 771.

40. É. Poulat, *Une Église ébranlée. Changement, conflit et continuité de Pie XII à Jean-Paul II*, Tournai-Paris, Casterman, 1980, p. 143. En 1954 la lettre du Saint-Office qui motivait la fin de l'expérience des prêtres ouvriers soutient une lecture moins pessimiste de la réalité religieuse : « Il est difficile de considérer comme totalement déchristianisées des masses d'hommes qui ont encore en grande partie reçu le caractère sacré et indélébile du baptême. »

Vatican II un concile « dont les objectifs se résument, en définitive, en un seul : rendre l'Église du XXe siècle de plus en plus apte à annoncer l'Évangile à l'humanité du XXe siècle ». Il affirmait :

> L'Église est tout entière évangélisatrice, avons-Nous remarqué. Cela signifie que, pour l'ensemble du monde et pour chaque portion du monde où elle se trouve, l'Église se sent responsable de la tâche de diffuser l'Évangile[41].

La littérature pastorale et ecclésiastique disponible sur ce thème est immense. Un document de la Conférence épiscopale italienne du milieu des années 1970 révèle le jugement que portaient les plus hauts responsables catholiques sur la piété italienne lorsqu'il affirme que « chez beaucoup la vie de foi s'atténue jusqu'à quasiment disparaître[42] ».

Jean-Paul II, pape depuis 1978, a utilisé l'expression « nouvelle évangélisation » pour indiquer ce qu'il convenait d'entreprendre dans les pays déjà évangélisés. Il a employé ce terme la première fois en 1979 à Nowa Huta, un quartier ouvrier de Cracovie que le régime avait construit sans prévoir d'église, visage de la nouvelle société socialiste sans religion. La nouvelle évangélisation constitue la trame de fond de l'engagement du pape Wojtyła. Il sera nécessaire d'y revenir. En 1990, Wojtyła exprime dans une encyclique son utopie missionnaire, en affirmant que la mission en est encore à ses débuts :

---

41. PAUL VI, *Evangelii nuntiandi. Exhortation apostolique de Sa Sainteté Paul VI*, n° 60, www.vatican.va.
42. V. BACHELET *et al.*, *Una scelta pastorale. Il convegno della Chiesa in Italia*, Alba, Paoline, 1976, p. 14.

> La mission du Christ Rédempteur, confiée à l'Église, est encore bien loin de son achèvement. Au terme du deuxième millénaire après sa venue, un regard d'ensemble porté sur l'humanité montre que cette mission en est encore à ses débuts et que nous devons nous engager de toutes nos forces à son service[43].

Le thème revêt la même importance vitale pour Benoît XVI qui, en 2010, institue un dicastère pour la nouvelle évangélisation. L'idée d'une Église tout entière évangélisatrice se retrouve dans *La Joie de l'Évangile* de François, qui se réfère au pape Montini. Elle avait constitué le thème central de la Conférence des évêques latino-américains à Aparecida, en 2007, qui avait vu Bergoglio au nombre de ses protagonistes : *Disciples et missionnaires de Jésus-Christ, pour que nos peuples aient la vie en lui.* Le document conclusif, qui compte Bergoglio parmi ses principaux rédacteurs, est riche et développé. Il exprime l'idée d'une transformation missionnaire sur un continent où le catholicisme traditionnel est défié par de nouvelles formes de christianisme néoprotestant et par un urbanisme croissant. C'est le rêve d'« une Église pleine d'enthousiasme et d'audace évangélisatrice[44] ».

Aussitôt élu en 2013, François propose dans son exhortation apostolique le manifeste de son pontificat : « L'Église "en sortie" est la communauté de disciples missionnaires qui prennent l'initiative, qui s'impliquent, qui accompagnent,

43. JEAN-PAUL II, *Redemptoris Missio*, n° 1, www.vatican.va.
44. Voir Ve Conférence générale de l'épiscopat latino-américain, *Aparecida 2007. Documento conclusivo. Discepoli e missionari di Gesù Cristo affinché in lui abbiano vita*, Cité du Vatican, Libreria Editrice Vaticana, 2012.

qui portent du fruit et font la fête. “*Primerear* – prendre l’initiative”. » Donc, une Église tout entière missionnaire.

> J’imagine un choix missionnaire capable de transformer toute chose, afin que les habitudes, les styles, les horaires, le langage et toute structure ecclésiale deviennent un canal adéquat pour l’évangélisation du monde actuel, plus que pour l’auto-préservation. La réforme des structures, qui exige la conversion pastorale, ne peut se comprendre qu’en ce sens : faire en sorte qu’elles deviennent toutes plus missionnaires, que la pastorale ordinaire en toutes ses instances soit plus expansive et ouverte, qu’elle mette les agents pastoraux en constante attitude de « sortie »[45].

Le pontificat est qualifié de « révolution culturelle » conduisant à une Église missionnaire, hors des structures et des habitudes, non afin d’ajouter quelques fidèles de plus à la communauté mais pour réaliser une Église de peuple. Le pape fait appel aux énergies évangélisatrices de l’Église, tout en valorisant la piété populaire qui, selon la « théologie du peuple » élaborée en Argentine, exprime une inculturation de la foi.

Évangélisation : « essor ou déclin ? »

Il ne s’agit pas de dresser un bilan de l’action d’évangélisation. Ce serait inapproprié et quasiment impossible. Dix ans après Aparecida, les évêques latino-américains ont été invités

45. Pape François, *Exhortation apostolique Evangelii gaudium*, n° 27, www.vatican.va.

par le pape François à réfléchir sur les raisons pour lesquelles une proposition aussi importante a été si peu reçue sur le continent. C'est un constat sans équivoque : l'évangélisation n'a pas beaucoup avancé dans ces Églises. La proposition d'Aparecida a été moins bien accueillie, me semble-t-il, que ne l'avaient été les précédentes En Amérique latine et dans plusieurs pays européens dont l'Italie, la réception de *La Joie de l'Évangile* a été faible, comme l'a déploré le pape.

Dans une perspective historique, si l'on part de la mission « pour un monde meilleur » de 1952, la ligne de l'évangélisation dure depuis près de soixante-dix ans. En prenant *Evangelii nuntiandi* comme point de départ, nous en sommes à plus de quarante-cinq ans. Ces cinquante dernières années coïncident néanmoins avec l'ère du déclin du catholicisme européen. C'est un fait largement passé sous silence, sans doute affligeant, mais qui ne peut pas ne pas être discuté. Il faut se demander pourquoi le choix en faveur de l'évangélisation n'a ni freiné ni renversé la crise. Devrions-nous nous contenter d'affirmer que, sans l'évangélisation, cela aurait été pire ? L'âge du déclin correspondrait au temps de l'évangélisation sans que cette dernière en ait été la cause.

Une vision religieuse de la mission de l'Église peut suggérer une série de lectures spirituelles de ce constat mais elle ne dispense pas de se poser des questions. On ne peut pas seulement déplorer le fait que les catholiques n'aient pas répondu avec enthousiasme à l'impératif missionnaire. Pie XII et le père Lombardi étaient préoccupés par l'inertie du clergé romain face au défi missionnaire. Et soixante-dix ans plus tard, nous pourrions trouver la même préoccupation chez les responsables de l'Église bergoglienne qui compte moins de cadres, du moins en Europe, que pendant les années du pape Pacelli. Il ne suffit pas d'exhorter à l'évangélisation, on a besoin de davantage. Tout ne peut pas être ramené à la volonté des acteurs de la vie ecclésiale. On doit trouver des solutions au-delà de la subjectivité des fidèles et des prêtres.

Il convient avant tout de procéder à un examen minutieux des forces en présence, des acteurs de l'évangélisation, autrement dit de l'ouverture au monde de l'Église. Qui aurait dû répondre à l'exhortation évangélisatrice du pape ? « Le pape, combien de divisions ? », aurait demandé avec mépris Staline à Roosevelt qui lui avait fait part des inquiétudes de Pie XII sur le nouvel ordre de l'Europe. Ce n'est sans doute pas sur les « divisions » du pape qu'il nous faudrait réfléchir mais sur les protagonistes et les acteurs du catholicisme. Ils auraient au moins dû répondre aux invitations de François en 2013, sinon à celles de ses prédécesseurs.

L'évangélisation a orienté, sous différentes déclinaisons, plus de cinquante années de catholicisme ; les acteurs ont changé, les enthousiasmes se sont émoussés, les lectures de la réalité ont évolué. Si l'Église n'a pas d'autre option que l'évangélisation, peut-on dire objectivement que la route suivie a été fructueuse ? Quels pas doit encore accomplir l'Église pour la rendre plus fructueuse et comment doit-elle se situer dans une société qui n'a déjà plus rien à voir avec celle d'un passé même récent ?

IV

Au cœur de la crise

Les premiers rangs tombent : les religieux

Qu'est-ce qui s'est brisé dans la relation entre les personnes et l'Église ? La révolution de 1968 – échec sur le plan politique mais succès effectif sur le plan anthropologique – est au cœur d'une rupture profonde qui a perduré, plus encore avec l'arrivée des jeunes générations, et qui a suivi aussi des chemins souterrains. Cela ne veut pas dire pour autant que les persistances et les stratifications du christianisme ont disparu.

S'il est un milieu qui, à mon avis, trahit de façon évidente et identifiable cette rupture, c'est celui des religieux et des religieuses qui ont constitué le fer de lance de l'Église. En eux se réalisait l'appartenance la plus complète à l'Église, par la pratique de la communion des biens et de la vie communautaire, un idéal de vie qui remonte aux Actes des Apôtres. En eux se vérifiait précisément la fusion la plus intense des personnes avec la mission qui leur était confiée. L'Église leur doit beaucoup dans ses évolutions comme dans son travail quotidien.

Ils formaient par ailleurs un réseau important. La figure de la sœur présentait le visage le plus familier du catholicisme au féminin. Quant à l'activité missionnaire des Églises européennes hors du Vieux continent, elle était menée dans une très large mesure par des religieux. Minoritaire dans un pays protestant, le catholicisme néerlandais était, parmi les catholicismes européens, celui qui envoyait le plus grand nombre de missionnaires dans le monde, du moins jusque dans les années 1960[1]. Cette ouverture religieuse correspondait à la nature de ce petit pays tourné vers le monde depuis toujours.

La vie religieuse constitue du reste l'une des grandes caractéristiques de l'Église catholique. La Réforme protestante l'a abolie, quand bien même on en observe des résurgences, limitées, dans les sphères réformées et anglicanes. Elle perdure dans le monde orthodoxe et dans les anciennes Églises chrétiennes, et le monachisme prospère dans certains pays, mais quasiment jamais sous des formes qui composent avec la vie active. Au fil des siècles, au côté du monachisme, diverses formes de vie religieuse se sont développées chez les catholiques : les grands ordres mendiants franciscains ou dominicains, les congrégations après le concile de Trente, entre autres les jésuites, enfin les congrégations des XIXe et XXe siècles, aux caractéristiques les plus diverses.

Les religieux géraient des œuvres importantes, animaient les missions, éduquaient les jeunes en dirigeant écoles et universités, rassemblaient les laïcs, fournissaient des effectifs dont les capacités de mobilisation répondaient aux exigences les plus variées, étaient engagés dans le domaine de la santé, collaboraient à la pastorale, s'impliquaient dans

1. Voir J. Bots, *Le catholicisme hollandais hier et aujourd'hui*, Paris, Téqui, 1978.

la culture et la communication, soutenaient la paroisse, et bien plus encore. Ils représentaient en somme le véritable bras « armé » de l'Église. Il s'agissait aussi d'un monde qui en imposait par ses œuvres, ses édifices, ses propriétés, ses initiatives, un monde géré avec une certaine autonomie vis-à-vis de la hiérarchie.

De nombreux prêtres, des curés aux évêques, sont issus des rangs des religieux jusqu'à, et c'est à ce jour une exception, l'élection d'un pape jésuite en 2013. Grégoire XVI, mort en 1846 et membre de la petite congrégation monastique cénobite camaldule, avait été en 1831 le dernier pape religieux. Le choix d'un pape jésuite par temps de crise, dans la seconde décennie du XXIe siècle, n'est pas fortuit ; même si des critiques se sont élevées contre l'*establishment* de la Compagnie dont les effectifs sont en baisse depuis la fin du Concile ; tout comme il n'est pas fortuit que ce pape se serve parfois des Jésuites, mais non par « népotisme », pour bénéficier de la collaboration d'un personnel qui s'accorde avec ses vues dans un environnement curial où il ne semble pas trouver beaucoup de concordances.

Les communautés religieuses, les grands monastères, les couvents, les instituts des congrégations plus modernes constituent, pour ainsi dire, l'espace de l'Église qui est en même temps plongé dans la vie quotidienne. Ils sont le monde de l'Église par excellence, la réalité qui s'accorde le mieux et parfois le plus à l'ouverture au monde, et ce jusque dans les grandes entreprises missionnaires. Chez les religieux, en vertu du vœu d'obéissance, les destins individuels font corps avec le projet de la congrégation ou avec la mission reçue de l'Église. La personne consacrée s'identifie aux vœux de pauvreté et de chasteté, et ce de façon plus intense et plus fervente que le clergé diocésain. Cet univers, vital pour l'Église, a été touché par une crise profonde.

L'historien désireux de connaître les raisons de la crise, en demeurant conscient de la difficulté qu'il y a à sonder les histoires personnelles, est amené à observer chez les religieux un phénomène à contre-courant : le courage avec lequel femmes et hommes consacrés vivent leur vocation. Il convient d'employer ici une expression en vogue au temps de Jean-Paul II, les nouveaux martyrs. Un grand nombre de religieux et de religieuses, parfois missionnaires, y compris à un âge avancé, sont tombés en raison de leur choix de rester au service dans des situations difficiles, frappés par la violence des mafias, des guerres, de la criminalité, des épidémies, de la haine religieuse... Malgré la crise des effectifs, on ne voit pas au XXe siècle les religieux fuir. Bien au contraire, il y a des religieux martyrs[2].

Aussitôt après Vatican II, ces derniers ont vécu avec enthousiasme une expérimentation qui a remis en question leurs modes de vie, de prière et d'action, l'organisation de leurs communautés, leur habit, les traditions héritées du passé ; mais déjà dans la période préconciliaire, d'aucuns ressentaient et critiquaient la rigidité du système dans certains domaines ; rappelons que les moniales cloîtrées célébraient tous les offices, passaient plusieurs heures à prier dans le chœur en latin, langue qu'elles ne comprenaient généralement pas. Cette tradition millénaire était un véritable contresens.

Pourtant, la période du renouveau postconciliaire est marquée par un grand nombre d'abandons et par la décrue

2. Voir A. Riccardi, *Ils sont morts pour leur foi : la persécution des chrétiens au XXe siècle*, Paris, Plon/Mame, 2002.

des vocations. Les chiffres sont impressionnants chez les religieuses. Les dix premières congrégations féminines connaissent entre 1965 et 2005 un véritable effondrement des effectifs. Les religieuses vincentiennes, si importantes dans le monde caritatif, subissent une baisse des effectifs de 52 % ; les sœurs de Marie-Enfant de 42 % ; les sœurs bénédictines de 37 % ; et les clarisses, moniales franciscaines, de 23 %... L'effondrement des effectifs dans les congrégations enseignantes est saisissant. Le nombre des sœurs du Cottolengo se réduit d'un tiers. Seules les sœurs de Mère Teresa, au nombre d'environ 5 000, qui vivent un contact direct avec les pauvres sous la conduite charismatique de leur fondatrice, se situent dans une tendance inverse.

D'importantes réductions affectent dans le même temps les religieux. Le nombre de jésuites diminue de 44 %, les salésiens de 24 %, les frères mineurs de 41 %, les bénédictins confédérés de 35 %, les dominicains de 39 %, les Frères des écoles chrétiennes de 68 %, les maristes de 57 %, les lazaristes de 32 %, les passionnistes de 47 %, les cisterciens de 42 %, les pères blancs de 49 %, les piaristes de 45 %. Seules cinq congrégations masculines comptant plus de 1 000 consacrés connaissent une évolution positive. D'abord, les Légionnaires du Christ qui seront touchés plus tard par la crise déclenchée par leur fondateur, Marcial Maciel Degollado, un personnage dont la vie personnelle, improbable, est entachée de scandales moraux. Ensuite, les missionnaires de Saint-François de Sales, les carmes et les comboniens, une congrégation d'origine indienne[3].

3. Voir A. Pardilla, *I religiosi ieri, oggi, domani*, Rome, Rogate, 2007 ; id., *Le religiose ieri, oggi, domani*, Cité du Vatican, Libreria Editrice Vaticana, 2008.

Quant aux jésuites, ils sont passés de 36 000 en 1966 à 28 000 en 1976. À la baisse numérique s'ajoute la crise des relations entre leur supérieur général, le père Arrupe, et Paul VI et Jean-Paul II. Ils reprochent à la Compagnie l'orientation politique et progressiste de certains secteurs, et déplorent le détachement de la Congrégation, instrument prioritaire de l'action du pape qui peut les envoyer partout en mission ; beaucoup de jésuites s'engagent en effet par le « quatrième vœu ».

La crise des congrégations enseignantes, masculines et féminines, est très forte. L'*Annuaire statistique de l'Église* de 2018 note que le nombre de profès non ordonnés prêtres continue de baisser. Entre 2013 et 2018, le groupe se contracte de près de 8 %, passant de 55 000 unités à 51 000. Quant au nombre de religieuses professes, considéré sous le pontificat de François, il se réduit de 15 % en Europe. Dans leur ensemble, celles-ci passent de 694 000 à 642 000, avec une baisse de 52 000. Ce n'est qu'en Afrique et en Asie que le nombre de religieuses augmente.

Que s'est-il donc passé après Vatican II ? Le renouveau postconciliaire avait donné plus de place aux religieux en tant qu'individus, à des formes de vie moins conventuelles, à la proximité avec les personnes, à des expérimentations, au recouvrement des intuitions fondatrices. Un monde jusqu'alors plutôt institutionnalisé était entré dans un mouvement profond de changement et d'expériences.

Il s'agissait d'un passage, plus que de l'avènement d'une nouvelle période pour la vie consacrée. Or cette transition n'a pas été sans conséquences sur les œuvres, les institutions et les structures gérées par les religieux, qui représentaient un patrimoine conséquent, en grande partie construit avec l'aide des fidèles. Ces propriétés ont ainsi été fermées, déléguées aux laïcs ou cédées, et dans certains cas, vendues sans vraiment de contrôle ni de vision globale. Il est même arrivé que des collaborateurs intéressés profitent de la naïveté des religieux[4]... C'est un chapitre qui peut sembler secondaire, mais ce phénomène a modifié le paysage « religieux » et urbain de nombreuses villes. Il n'y a pas eu de réflexion sur ce sujet, en raison notamment de l'autorité limitée des évêques en la matière.

Il en alla de même en Italie un siècle après les lois sur les biens ecclésiastiques, qui avaient supprimé de nombreuses institutions religieuses, et moins d'un siècle en France qui avait fermé, après la loi de 1905, les maisons religieuses. À cette époque, les édifices religieux avaient souvent été mis en vente, scandalisant les catholiques. Mais ces cinquante dernières années, il y a eu un processus d'autoliquidation qui n'a pas toujours été guidé par des critères d'intérêt général pour l'Église et pour la société.

Il ne s'agit pas de surestimer la valeur des bâtiments et des structures, qui ont un poids dans la géographie humaine et urbaine. D'autres activités et aspects de la vie ecclésiale ont été réduits de façon drastique à la suite de la baisse du nombre des religieux. Des œuvres jusqu'alors

4. Rome est un cas emblématique. Plusieurs maisons religieuses sont devenues, après la vente, des hôtels ou des complexes hôteliers. Même la maison généralice des *Christian Brothers* (congrégation qui, en 1965, comptait 4 000 membres, environ 1 500 aujourd'hui) héberge aujourd'hui le centre de scientologie du gourou Ron Hubbard. La propriété de l'édifice de la maison généralice, via della Maglianella 375, est passée – par l'intermédiaire d'un prête-nom – à l'Église de scientologie de Rome.

gérées directement par les religieux ont perdu leur caractéristique ou ont définitivement fermé. Les missions catholiques ont amorcé une courbe descendante. Le nombre des religieuses est en baisse. Alors même qu'elles incarnaient le visage féminin de l'Église, elles vieillissent et disparaissent. Les religieux sont souvent remplacés par des laïcs dans les activités qui avaient motivé leurs vocations d'hier. Il ne s'agit pas seulement de colmater les brèches et de gérer les œuvres. Tous les papes ont redit la valeur « prophétique » de la vie religieuse, mais aucun n'est parvenu à exercer un effet sur la crise.

Intervient ensuite la confrontation à la dureté des situations sociales et politiques, qui a conduit des catégories de religieux à se radicaliser, en les attirant vers l'engagement politique ou syndical, surtout dans certains pays et en Amérique latine. Mais il s'agit là d'un aspect particulier. La frange traditionaliste, de son côté, attribue la responsabilité de l'effondrement au Concile. Elle préconise comme solution de petites communautés religieuses qui maintiennent la rigueur traditionnelle en pratiquant la liturgie préconciliaire. Ce sont toutefois à nouveau des phénomènes numériquement marginaux.

En réalité, l'affirmation radicale de l'individu et de sa liberté, qui a déjà mis en difficulté la famille dans sa forme traditionnelle, a eu un effet tout aussi explosif sur la vie religieuse et sur l'obéissance. Le monde des religieux semble voué aujourd'hui à l'insignifiance alors que, d'un point de vue historique, il a constitué, des siècles durant, le « jardin » de l'Église ou, si l'on veut, sa réserve la plus précieuse. La crise des religieux est emblématique de la profonde remise en question de l'identification des personnes à une réalité communautaire ; à l'heure où l'on revendique l'autonomie du sujet, on n'affronte plus la vie en tant que sœurs et frères mais individuellement, en tant que travailleurs, femmes et hommes, dans une société complexe.

Chez les religieuses, des femmes – pensons aux supérieures générales – ont joué un rôle considérable, dès le XIXe siècle, d'entrepreneuses et de bâtisseuses douées, libres et pleines d'initiative[5]. À la tête de congrégations généralement placées sous la juridiction du pape, elles n'étaient pas sous la coupe des évêques. Cet univers féminin était toutefois encadré par l'« ordre » masculin de l'Église, un ordre hiérarchique où les religieuses étaient sujettes à des cadres institutionnels masculins mais qui offraient – pensons au monastère de clôture sous l'autorité de l'abbesse – des espaces d'autonomie, libres d'interférences excessives.

L'histoire des religieux vient de loin. En Italie comme en France, après les suppressions des couvents et des monastères entre le XIXe et le XXe siècles la vie religieuse s'était reconstruite sur des bases plus saines et plus désintéressées qu'autrefois. Le choix d'entrer en religion était personnel, non dicté par des logiques familiales ou patrimoniales. Il ne s'agissait plus des religieux d'*ancien régime**, mais d'un monde fondé sur de nouvelles bases, devenu important en nombre et généreux, conscient de sa mission. Ce monde a été emporté par la combinaison formée par 1968, la réception du Concile, la révolution culturelle et anthropologique de ces années-là, l'anti-autoritarisme et l'affirmation d'un sujet qui ne supporte plus de limites à l'expansion du

5. Voir C. Langlois, *Le catholicisme au féminin. Les congrégations françaises à supérieure générale au XIXe siècle*, Paris, Éd. du Cerf, 1984.

moi. Les communautés religieuses, surtout dans les pays occidentaux, devinrent moins attractives pour les jeunes. Certaines rétrécissent, d'autres meurent.

L'Église face à la crise du masculin et à la réalité de la femme

1968 conteste l'État, l'armée, l'école, l'université, la famille, l'Église… Michel Onfray écrit : « C'est l'inversion de toutes les figures d'autorité : le Père, le Chef, le Professeur, le Policier, le Mari[6]. » Mais c'est surtout l'autorité patriarcale qui est mise à mal : le père, le maître ou le supérieur religieux. La crise du masculin vient ébranler la figure du « père » qui « fournissait le modèle "naturel" auquel toute autorité était supposée se conformer, à tous les niveaux, "Dieu le Père" en personne donnant l'exemple dans notre tradition », écrit Marcel Gauchet dans *La fin de la domination masculine*[7].

Gauchet soutient que, historiquement, la domination masculine a assumé la perpétuation de la société en tant que groupe, notamment sur le plan religieux : « La domination masculine s'insère dans le cadre de la domination des dieux[8]. » L'homme, à l'exception de quelques femmes charismatiques, a représenté dans l'horizon catholique le point de référence par excellence, ne serait-ce qu'en raison du sacerdoce ministériel, central dans l'Église.

6. M. Onfray, *L'autre pensée 68. Contre-histoire de la philosophie*, Paris, Grasset, 2018.
7. M. Gauchet, « La fin de la domination masculine », *Le Débat*, n° 200, mai-août 2018, p. 75-98, ici p. 82.
8. *Ibid.*, p. 76.

Tout l'arrière-plan anthropologique et social, sur lequel se dressait depuis toujours le ministère sacerdotal, se met à vaciller. Le socle de la paternité masculine ne soutient plus ou soutient de moins en moins le prêtre dans son identité et dans l'exercice de son ministère[9]. Il n'y a pas seulement, comme on l'affirme, le problème de l'ordination des femmes. Il faut aussi prendre en compte la crise du modèle de l'autorité masculine, phénomène trop peu mis en évidence, qui représente une difficulté de plus pour un clergé réduit et contesté.

La crise du modèle de l'autorité est prégnante dans les communautés religieuses et contribue à leur effritement. Mais elle investit aussi l'horizon plus large de l'Église. Non que l'autorité ecclésiastique n'ait pas été discutée ou critiquée ces derniers siècles. En Italie, le processus d'unification nationale s'est réalisé contre l'autorité du pape Pie IX, qui en excommunia les promoteurs au motif qu'ils occupaient les territoires pontificaux. Le modèle d'autorité masculine était néanmoins resté prégnant dans la société, la famille et la politique. Aujourd'hui, il n'en est plus ainsi. La crise du masculin rejaillit sur celle du prêtre, sur son exercice de l'autorité et sur la paternité.

La fin de la domination masculine s'accompagne du processus de libération des femmes, ce qui modifie en profondeur les rapports sociaux et familiaux. En Europe, la domination masculine est progressivement morte sans que

9. P. Syssoev, « La crisi della paternità e dell'identità sacerdotale », dans *Chiesa sotto accusa*, L. Melina et T. Rowland, Siena, Cantagalli, 2020, p. 125-137. Le livre contient une série d'études sur les Notes de Benoît XVI.

le besoin, note Gauchet, de reconstruire ou de regretter la société d'hier, considérée comme autoritaire, se soit fait sentir : « Car ladite domination représentait une formidable contrainte pour tout le monde, à commencer par ses supposés bénéficiaires[10]. » Ce processus a démantelé un ordre homme-femme inégal dans lequel l'Église s'inscrivait depuis des siècles, au point de l'avoir sacralisé même si, à l'origine et avec le temps, elle avait contribué à le mettre en cause en portant une attention spécifique à la femme[11]. En cinquante ans, tout a changé. A-t-on pris en compte cette transformation ?

Insuffisamment, à mon avis, en ce qui concerne les femmes, malgré la publication de documents importants et leur nomination à des postes à moyenne responsabilité par l'Église. Ne pas avoir compris cette réalité revient à refuser de panser une profonde déchirure. En effet, l'Église reste une structure essentiellement masculine ; surtout dans son aspect hiérarchique et sa gouvernance où le rôle des femmes demeure auxiliaire et bénévole, rarement de responsabilité. Or, de nombreuses paroisses ne fonctionneraient pas sans le bénévolat des femmes qui agissent à l'intérieur d'un cadre, tout au moins formel, de verticalité masculine.

Un autre fait doit être noté. Le monde masculin ecclésial d'aujourd'hui n'est plus celui d'hier. Il est, lui aussi, marqué par la crise du masculin. Les formes ecclésiastiques tiennent debout, mais l'anthropologie des hommes qui les

10. M. Gauchet, « La fin de la domination masculine », p. 75.

11. M. Naro souligne la nouveauté que constitue le christianisme à l'endroit des femmes dès ses commencements : *Le vergini annunciate*, Bologne, EDB, 2017.

font vivre ne correspond plus à celle qui caractérisait la société masculine d'hier. L'Église reste, dans ses structures, masculine. Pourtant une partie au moins des hommes qui la guident ont changé dans la conscience d'eux-mêmes et de leur autorité, dans la conviction et dans la force avec lesquelles ils se présentent. Cette situation a suscité peu de réflexion alors que l'exercice du ministère est moins protégé socialement, même si les rôles, les titres, les pratiques et les distances sont restés en place.

La « conversion pastorale », au sujet de laquelle François écrit, n'incite-t-elle pas à introduire une révision des relations entre hommes et femmes dans un cadre communautaire et de communion ? Le théologien Pierangelo Sequeri observe que, étant donné la place occupée par la question féminine dans le changement anthropologique, la femme est décisive dans l'approche de la différence et de l'alliance.

L'affirmation de la dimension communautaire, par rapport à la dimension verticale, traditionnelle et masculine, devrait précisément se fonder sur une « alliance » qui rend justice à la réalité des femmes mais aussi à la réalité même de la vie. Cela libérerait des énergies, ouvrirait la voie à une présence plus vraie et plus actuelle de l'Église. Cela correspondrait davantage à l'humanité de notre temps. Guidée par une gouvernance masculine fragilisée et un peu fatiguée, l'Église gagnerait à s'enrichir de nouvelles ressources spirituelles et humaines comme de nouvelles responsabilités féminines, exercées avec une autre approche des choses. Il ne s'agit pas ici de s'adapter à « l'esprit des temps » ni de procéder à quelque *maquillage**, mais de comprendre l'humanité des fidèles et de transformer une donnée institutionnelle en « une communion de femmes et d'hommes[12] ». L'ordination des femmes, telle qu'elle se pratique par exemple dans l'Église anglicane, qui les a intégrées, n'a pas transformé la structure verticale de l'anglicanisme pas plus qu'elle n'a fait de cette confession une réalité plus attractive ou communautaire. Le problème est plus complexe et concerne la vie des communautés chrétiennes. On ne peut pas continuer à attendre pour tirer les leçons d'une « révolution féminine » acquise pour la société. La vivre dans l'Église, c'est se concevoir comme une communion de femmes et d'hommes, dont la racine ecclésiologique s'ancre en profondeur dans le sacerdoce baptismal des fidèles. Il s'agirait de recevoir pleinement Vatican II. La question n'est pas de laisser plus de place aux femmes dans l'Église, mais d'« innerver le corps ecclésial de féminité baptismale » et de reconnaître que le modèle masculin, explicite ou implicite, et imposé d'en haut, n'est plus actuel[13].

La primauté de la communion vécue ne signifie pas un christianisme anarchique et improvisé. Ghislain Lafont observe dès 1995 que « toutes les initiatives de l'Esprit Saint, ou *charisme*, donnent lieu plus ou moins immédiatement à une institution, autrement dit à une expression ou organisation, aussi mince soit-elle [...] dans la réalité concrète de la communion de l'Église[14] ». Une communion de femmes et d'hommes crée aussi des expressions et des organisations inédites.

---

12. A.-M. Pelletier, *L'Église, des femmes avec des hommes*, Paris Éd. du Cerf, 2019.
13. *Ibid.*, p. 184.
14. Gh. Lafont, *Imaginer l'Église catholique*, Paris, Éd. du Cerf, 1995.

Le pape François a fait sauter le verrou qui empêchait les femmes d'exercer les ministères du laïcat, fondés sur la condition de baptisé, ouvrant ainsi une perspective de développement, comme on peut le lire dans la conclusion de la lettre du pape au cardinal Ladaria :

> Il reviendra aux Conférences épiscopales d'établir des critères adéquats pour le discernement et la préparation des candidats et des candidates aux ministères du Lectorat ou de l'Acolytat, ou à d'autres ministères qu'ils estimeront devoir instituer [...] selon les besoins de l'évangélisation sur leur territoire[15].

À la fin des années 1960, Paul Evdokimov, théologien russe orthodoxe issu de l'émigration (qui parle de la « femme, sexe fort dans la sphère religieuse ») et penseur de la grande tradition orientale enraciné dans la culture européenne, était convaincu que la révolution féminine constituait l'un des « événements spirituels » les plus importants du XXe siècle dont il fallait tirer les leçons qui s'imposent. On ne le fit pas. Il n'est pas possible d'examiner ici l'argumentation d'Evdokimov dont la grande valeur, dans son originalité, se vérifie encore après des années. Je voudrais seulement citer une réflexion sur l'Église relative à la condition marginale de la femme :

---

15. Pape François, Motu Proprio « *Spiritus Domini* » sur la modification du can. 230 § 1 du code de droit canonique en ce qui concerne l'accès des personnes de sexe féminin au ministère institué du lectorat et de l'acolytat, 11 janvier 2021. Voir aussi la lettre de François au cardinal Ladaria, 10 janvier 2021, dans laquelle il est rappelé que de nouveaux ministères étaient aussi prévus par Paul VI avec *Ministeria quaedam*.

Si les paroisses, écrit en substance Evdokimov, ne sont pas toujours des foyers irradiants, de lumière et de soleil, cela est aussi lié au fait qu'en leur sein la femme n'est pas une compagne ; il souhaite un face-à-face responsable capable de générer avec les hommes les cellules vives du corps. La femme n'est pas admise, elle est utilisée. Or, ce n'est jamais à partir du versant utilitaire mais à partir du versant de la dignité que peut se réaliser une véritable situation spirituelle.

Pour Evdokimov, disparu en 1970, il ne s'agit pas d'ouvrir le ministère sacerdotal aux femmes, mais de créer dans l'Église une « réciprocité de communion » entre les hommes et les femmes, estimant que ces dernières tendent à être « pneumatophores ». Telle était la conviction de celui qui, à la fin de sa vie, lance son dernier appel aux femmes « pour retenir l'homme aux bords de l'abîme et lui montrer sa véritable vocation[16] ». Il aborde la problématique à partir de la reconnaissance de la dignité de la femme et de la nature communielle de l'Église – encore ni dévoilée ni réalisée – qu'il estime également décisive pour les hommes et pour l'exercice du ministère car la « réciprocité de communion » est une ressource d'avenir.

Une rupture profonde

À la suite des changements induits par 1968, les individus (religieux et autres) ont, sans même attendre les décisions de l'Église, tiré les leçons des événements. Ils se sont

16. P. Evdokimov, *La donna e la salvezza del mondo*, Milan, Jaca Book, 1980, p. 259, 10 et 12.

souvent engagés sur un chemin individuel hors des cadres institutionnels ; dans le même temps, le modèle de vie religieuse devenait moins attractif, tel que le montre la baisse du nombre des vocations. La crise des religieux est l'un des faits révélateurs d'un changement anthropologique plus profond, qui se caractérise par la fin des modèles d'autorité et de masculinité, et par l'émergence du rôle des femmes.

La lame de fond de 1968 est allée bien au-delà des générations qui y avaient pris part. Mircea Eliade l'avait compris. Il écrit avec clairvoyance dans son *Journal* : « Nous vivons, comme on le sait, la révolution la plus radicale qu'ait jamais connue l'Histoire, concernant les mœurs et la morale sexuelle[17]. » J. Ratzinger, pour sa part, soutint que « dans les années 1960 s'est vérifié un processus inédit, d'un ordre de grandeur qui est presque sans précédent dans l'histoire[18] ».

Au cœur du 68 antibourgeois et anti-individualiste, progresse une grande révolution individualiste. Le philosophe Mario Perniola parle d'un « individualisme contemporain » fait de réalisation de soi et enfant d'un consumérisme triomphant. La réalisation du bien-être de l'individu est au cœur de cette vision de l'existence. Le catholicisme n'a pas toujours eu la capacité de déchiffrer ce mouvement qui parcourt la société, car il était davantage équipé pour le débat sur la question sociale et sur les idéologies.

En revanche, il semble que la version « européenne » du bouddhisme ait une capacité d'attraction plus grande sur l'individualisme contemporain qu'une religion passablement

---

17. M. Eliade, *Diario* 1970-1985, Milan, Jaca Book, 2018, p. 115.
18. « Papa Ratzinger : la Chiesa e lo scandalo degli abusi sessuali », *Corriere della Sera*, 11 avril 2019.

perçue comme prescriptrice et communautariste. En Italie, où l'on recense quelque 200 000 bouddhistes, se construit le plus grand monastère bouddhiste tibétain d'Europe. La France, elle, compte 600 000 bouddhistes. Le succès de la « sagesse orientale » en Occident tient, en partie, à sa capacité à établir des liens entre psychologie et spiritualité. Quand on ressent le besoin de trouver des fondements anciens à la « science de l'âme », c'est généralement vers l'Orient que l'on se tourne, affirmait Harvey Cox, auteur en 1965 de *The secular city* [*La Cité séculière*], dans laquelle il soutenait la thèse de la sécularisation, qu'il révisera par la suite[19].

Il y a une certaine dévaluation du christianisme en tant que voie efficace de réalisation de soi et cela parce que, entre autres, le « sacrifice », si important dans la spiritualité chrétienne, est devenu peu acceptable. Depuis 1968, la rupture est manifeste. C'est au cours de cette année si délicate que la liberté sexuelle acquise – en faisant la distinction entre pratique sexuelle et procréation, rendue possible par la diffusion massive de la « pilule » et des moyens de contraception – s'est confrontée à l'encyclique *Humanae vitae* de Paul VI publiée le 25 juillet[20]. Notons qu'en Italie, la « pilule » avait été légalement mise en

---

19. Voir F. Rampini, *Oriente Occidente. Massa e individuo*, Turin, Einaudi, 2020, p. 121-122. Aux États-Unis, on recense six millions de bouddhistes. Voir F. Lenoir, *La rencontre du bouddhisme et de l'Occident*, Paris, Albin Michel, 1999, p. 262-265. Voir aussi H. Cox, *L'Appel de l'Orient*, Paris, Éd. du Seuil, 1979, p. 92. Sur l'Italie, voir aussi P. Naso, *Il mosaico della fede*, Milan, Baldini & Castoldi, 2000, p. 76-102.

20. Voir R. McClory, *Turning point : The inside story of the Papal Birth Control Commission, and how Humanae vitae changed the life of Patty Crowley and the future of the Church*, New York, Crossroad, 1995.

vente un an auparavant, en 1967. L'encyclique de Paul VI n'était pas seulement un texte sur la « pilule », mais une révision importante de la pensée de l'Église sur le mariage et l'amour conjugal, dont la portée novatrice était peu comprise. En fait, dans le climat de l'époque, l'encyclique allait devenir le « non » de l'Église aux systèmes de limitation des naissances. Aucun document papal, devait noter le moraliste conciliaire Bernard Häring, n'avait suscité, exception faite d'une partie des épiscopats, autant de discussions, de critiques et de soutiens[21].

Au-delà des contenus des documents, reste la coïncidence temporelle entre la publication du texte et l'année 68 mais le temps de l'Église est autre, même quand celle-ci choisit, avec le Concile, d'être dans son temps. Ainsi de nombreux catholiques ont décidé, par choix personnel, de ne pas conformer leur comportement sexuel aux préceptes de l'Église. L'historien écossais Callum G. Brown estime que, dans la société britannique, la grande césure au niveau des comportements est due, plus qu'à la sécularisation, à la révolution culturelle et morale des années 1960 et 1970, en particulier au changement de la relation homme-femme et de la famille[22]. Et lorsque des catholiques prennent des décisions de façon autonome en matière de sexualité et de vie familiale, cela a pour conséquence une faible pratique de la confession.

La libéralisation de la contraception, le contrôle de la natalité et la distinction entre rapports sexuels et procréation,

---

21. *L'enciclica contestata. Testo integrale della Humanae vitae*, A. Buzzati Traverso *et al.* (éd.), Rome, G. Casini, 1969.

22. Voir C.G. Brown, *The Death of Christian Britain*, Londres, Routledge, 2001.

sont les aspects décisifs de ce changement. Les catholiques ont le sentiment de pouvoir décider personnellement d'une question laissée ouverte par Vatican II. Certes le pape a ses raisons, exprimées au terme d'un long et pénible processus décisionnel, mais parmi les catholiques le sentiment que la règle n'a plus de caractère normatif se diffuse. La décision papale n'est pas reçue ou l'est de manière limitée. Le critère du choix individuel sur un sujet autrefois systématiquement réservé à l'autorité morale de l'Église s'introduit massivement. Le divorce se creuse. On passe du détachement douloureux d'une génération formée avant le Concile à une pratique qui se désintéresse des préceptes, du moins chez les plus jeunes. C'est un coup porté à la culture catholique des obligations.

La sociologue française Danièle Hervieu-Léger souligne à quel point, au sujet de la famille, le discours officiel de l'Église, qui toutefois se renouvelle après le Concile en insistant sur les thèmes de l'amour et du couple, est éloigné de la réalité. À ses yeux, le réel c'est une famille relationnelle dont la durée repose sur le bonheur des conjoints et sur leur réalisation personnelle[23]. En Italie, le divorce est autorisé en 1970. La loi suscite l'opposition farouche de l'Église, laquelle demande l'organisation d'un référendum abrogatif. Appelés aux urnes en 1974, les Italiens votent majoritairement en faveur du maintien de la loi. L'Italie ne se reconnaît plus dans la conception traditionaliste catholique. C'est la sécularisation officielle de la famille.

Les difficultés traversées par les familles sont de plus en plus abordées avec un psychologue et de moins en

23. D. Hervieu-Léger, *Catholicisme, la fin d'un monde*, Paris, Bayard, 2003.

moins avec un prêtre, ce qui n'est pas en soi anti-ecclésial mais qui révèle une liberté de choix. Pourtant, à partir de la fin des années 1960, l'Église investit beaucoup sur la famille, dans le discours et l'engagement pastoral ainsi que dans le contexte de la valorisation des laïcs. Personnel ecclésial, publications, cours, catéchèse et mouvements spécialisés se concentrent sur elle. Dans la cité séculière, la famille demeurait l'espace de l'Église, au point que cette dernière avait développé le thème de l'*Ecclesia domestica*. Jean-Paul II, « pape de la famille », s'était engagé à renouveler le langage avec lequel l'Église parle de la vie familiale. Il postulait une « souveraineté de l'institution-famille », avec ses droits propres, comme cellule de la société[24].

Danièle Hervieu-Léger écrit à propos de la fin du pontificat wojtylien :

> Le discours de l'Église reste socialement perçu, à travers la question de la sexualité, comme un discours d'interdit qui disqualifie, en dépit des efforts qu'accomplit en sens contraire le discours positif qu'elle tient par ailleurs sur le couple et la famille[25].

Au XXIe siècle, on constate non seulement une réduction des mariages religieux par rapport aux mariages civils, mais aussi un recul général du nombre de mariages au profit d'autres types d'unions ou de relations, dépourvus de forme contractuelle. La famille, autrefois « lieu de l'immobilité et de la résistance au changement » montre

24. Voir JEAN-PAUL II, *Familiaris consortio*, Cité du Vatican, Libreria Editrice Va ticana, 1982.
25. D. HERVIEU-LÉGER, *Catholicisme, la fin d'un monde*, p. 196.

une évidente capacité d'adaptation aux évolutions des individus et au climat social. La famille change, animée d'un esprit d'adaptation aux conditions existentielles de ses composantes[26].

Les thèmes de la sexualité et de la famille sont liés à la crise du sacrement de la confession. En 2009, un congrès de la Pénitencerie apostolique du Saint-Siège a enquêté sur ces aspects. Mgr Girotti, prélat attentif et modéré, observait que « 30 % des fidèles ne tiennent pas les confesseurs pour indispensables, 10 % les considèrent comme un obstacle au dialogue avec Dieu, 20 % ne parviennent pas à parler de leurs péchés avec une autre personne ». Il ajoutait que, plus que les péchés d'ordre sexuel, « ce sont surtout les péchés sociaux qui sont confessés : du fait de ne pas payer les impôts aux vexations à l'encontre des collègues de travail, au vol ». De plus, avec la disparition du lien entre la confession et la communion eucharistique, un point d'appui séculaire de l'éducation et de la pratique disparaît, en l'occurrence l'objectivation de la conscience du fidèle qui ne pense pas pouvoir se juger seul ni pouvoir participer à l'eucharistie sans l'aval de la confession. Cette disparition a favorisé le phénomène de la communion fréquente, telle qu'elle se pratique dans les célébrations liturgiques actuelles, point d'arrivée du mouvement liturgique, et expression de la « libéralisation » de la participation à l'eucharistie sans le passage par la confession.

En devenant indépendant du ministre de la pénitence, le comportement des fidèles s'est individualisé et s'est

26. G. Filoramo, *La Chiesa e le sfide della modernità*, Rome-Bari, Laterza, 2007, p. 4.

subjectivisé. La crise d'un modèle d'autorité prescripteur s'est accompagnée, tout au moins chronologiquement, de la fin de la « culture de la pratique obligatoire », comme l'écrit Cuchet[27]. Le monde des catholiques pratiquants connaissait, dès l'éducation catéchétique des enfants, une série d'obligations liées au péché mortel. Elles n'étaient pas toujours respectées, mais demeuraient inscrites dans la mémoire des individus comme une mise en garde, parfois purement résiduelle, d'autres fois à l'origine d'un retour à la pratique lié sans doute aux années qui passent.

Les obligations, peu nombreuses, étaient claires : la sanctification du dimanche et des fêtes avec la présence à la messe ; la confession au moins une fois par an ; la communion au moins à Pâques ; l'abstinence de viande les vendredis ; le jeûne aux temps prescrits. Face à la culture de l'obligation, déjà avant Vatican II, le besoin d'une plus grande spiritualisation et d'un assouplissement, chargés de montrer qu'il ne s'agissait pas de lois immuables, s'était fait sentir. Le système, qui avait tenu jusque-là, puisait ses racines dans la paroisse tridentine et le contrôle des comportements. Normes et comportements étaient perçus comme le visage des temps anciens du catholicisme. Même s'ils n'avaient pas été acceptés ni vécus massivement par ceux qui se disaient catholiques, ils établissaient l'évidence objective du « comportement catholique ». Le catholicisme était une religion de prescriptions, connues de la majorité des catholiques même s'ils ne les suivaient pas toutes et toujours. Ce n'était pas un problème dans la mesure où ils les gardaient en mémoire.

---

27. Voir G. Cuchet, *Comment notre monde a cessé d'être chrétien*, p. 135 s.

Progressivement, après Vatican II, mais déjà dès Pie XII par certains aspects, cet univers d'obligations a commencé à changer et à s'atténuer, tandis que la religion des prescriptions se dissolvait. Les changements ne venaient pas seulement de la désaffection des fidèles, comme pour la « pilule ». C'était l'autorité ecclésiastique elle-même, celle qui jusque-là avait fixé les normes, qui à présent les atténuait, comme dans le cas du jeûne eucharistique. On a assisté alors à un processus de relativisation massive du système en vigueur, avec une reconsidération du rôle prescripteur de l'autorité. Le fait que les préceptes évoluent entraînait une relativisation. D'autant que changer les préceptes était chose aisée dans l'Église catholique ; le changement dépendait, en dernier ressort, de l'autorité du pape. En revanche dans le monde orthodoxe, cette évolution aurait provoqué de longs processus et de vastes conflits internes, même pour des choix mineurs.

Le déclin de la culture des obligations a conduit à valoriser le jugement subjectif du catholique. À moins que la victoire du subjectivisme n'ait mis en crise la culture des obligations. Car les deux phénomènes convergent. La culture des prescriptions était liée au milieu social et familial, particulièrement en milieu rural, et les jeunes générations éduquées dans ce sens suivaient un parcours standardisé. Il existait une mémoire sociale des traits identitaires du catholique. Pourtant, la culture de l'obligation ne tenait plus, faisant désormais partie de cette autorité entrée en crise.

« Un bon maître, nous en aurons un dès que chacun sera le sien[28] », a-t-on ainsi pu lire sur les murs d'un lycée parisien

28. *« Les murs ont la parole ». Journal mural mai 1968, Sorbonne, Odéon, Nanterre etc.*, Paris, Tchou, 1968, p. 32.

occupé en 1968. Le moi au centre, sans maître. Olivier Clément a vécu de près, mais de façon critique, la « révolution ». Il a relaté à chaud la crise « religieuse » du mouvement, percevant chez les jeunes soixante-huitards le sentiment diffus d'être orphelin, qui se manifestait notamment dans le refus des figures et des institutions, expressions de la tradition et de la transmission du savoir. Il décrit la crise du père et du maître : « L'homme d'aujourd'hui est orphelin. Il n'a pas de racines hors de l'espace-temps. Il se sent perdu dans un univers de Lumières, il descend du singe et va vers le néant. » Clément insistait sur ce point : « La mort du père se greffe dans la peur de l'autre[29]. » Dans la « liturgie » des manifestations estudiantines, comme dans la révolution des comportements sexuels et des relations familiales, à l'école et en famille, le théologien orthodoxe notait que « le père est mis à mort », sous l'effet de la rupture entre les jeunes et la génération des parents et des enseignants. L'autorité mourait avec le père et l'on arrivait, de façon paradoxale, à la « mort de Dieu ». Il ne s'agissait pas tant de la « théologie de la mort de Dieu », soutenue par quelques théologiens, que du refus de la foi dans le Père de la part de la génération 68.

> Les formes traditionnelles de paternité – nous l'avons bien vu durant la crise de mai – sombrent définitivement. Dans la symbolique religieuse jusque dans les formes de la vie politique et sociale, dans le relèvement des pauvres, des colonisés, des femmes, des adolescents – mais aussi des laïcs contre les « castes sacerdotales » – : toute autorité paternelle est perçue [...] comme une relation maître-esclave[30].

29. O. Clément, *Trois prières*, Paris, DDB, 1993.

30. O. Clément, « Dionysos et le ressuscité », dans J. Bosc, O. Clément, M.-J. Le Guillou, *Évangile et révolution au cœur de*

Ces observations peuvent sembler propres à des domaines et à des moments historiques particuliers. Elles touchent en réalité la profondeur du rapport entre les générations, les canaux de transmission de la foi, la relation entre l'Église et les personnes. C'est ainsi que sombrent les « formes traditionnelles de paternité », pour citer Clément.

Dans la pratique quotidienne, ce phénomène devient commun et partagé. Avec la crise du maître, de l'autorité sacerdotale, s'effondre la « culture de l'obligation », composante essentielle de la pédagogie catholique traditionnelle.

À la crise des maîtres s'ajoute celle des parents et de la vie familiale. Le théologien Armando Matteo parle de la « première génération incrédule » de l'Occident, qui ne vit pas avec ou contre Dieu, mais qui a appris à vivre sans Dieu et l'Église :

> Il s'agit, en effet, affirme-t-il, d'une génération qui n'a eu personne pour l'aider à développer le sens de la transcendance, de l'invocation, du désir de la condition de créature, de la prière, de la communauté[31].

Alors que l'Église insiste sur le rôle de la famille depuis les années 1960, nous voyons se déployer le renoncement à transmettre la foi aux nouvelles générations. Pensons à l'initiation en famille, à l'attitude que les enfants devaient

---

notre crise spirituelle, Paris, Éd. du Centurion, 1968, p. 99. Voir aussi mon ouvrage : *Le professeur et le patriarche : humanisme spirituel entre nationalismes et mondialisation*, Paris, Éd. du Cerf, 2020.

31. A. Matteo, *La prima generazione incredula. Il difficile rapporto tra i giovani e la fede*, Soveria Mannelli, Rubbettino, 2010, p. 16-17.

adopter pendant la liturgie, au point que même les parents peu pratiquants allaient parfois à la messe pour donner l'exemple à leurs enfants.

Autrefois passage obligé de l'éducation, les parents d'aujourd'hui n'enseignent généralement pas à leurs enfants l'attitude à adopter dans une église : se tenir devant Dieu et ses ministres, participer aux rites, etc. Certes, cette transmission variait beaucoup entre la ville et la campagne, d'une catégorie sociale à l'autre, mais il se trouvait très souvent quelqu'un dans la famille pour enseigner les comportements « rituels ». Aujourd'hui, surtout au cours des cérémonies, on s'aperçoit que rien n'a été enseigné aux enfants – pas même un peu – de l'attitude à adopter dans l'église. L'« enfant souverain », ainsi que Daniel Marcelli caractérise les enfants de notre époque, n'accepte pas l'éducation aux comportements rituels, alors que celle-ci fait partie de la formation dans presque toutes les religions[32].

Savoir se comporter dans une église est sorti du canon des comportements sociaux. Il s'agit d'aspects secondaires qui montrent néanmoins la rupture avec un langage commun, effet de la disparition des « formes traditionnelles de paternité » qui avaient caractérisé la transmission de la foi. Matteo insiste : « La courroie de transmission entre les générations, à un certain moment, s'est rompue[33]. » Et ce n'est pas un petit changement.

32. D. Marcelli, *Il bambino sovrano. Un nuovo capo in famiglia ?*, Milan, Raffaello Cortina, 2004.

33. Matteo, *La prima generazione incredula*, p. 18. Voir id., *Come forestieri. Perché il cristianesimo è divenuto estraneo agli uomini e alle donne del nostro tempo*, Soveria Mannelli, Rubbettino, 2008.

La rupture de la mémoire

Quand on dit que la foi religieuse ne fait plus partie de l'héritage à transmettre aux jeunes générations, ce qui est en jeu c'est le rôle de la mémoire liée aux traditions liturgiques ou dévotionnelles, aux textes sacrés, à la piété populaire. Après Vatican II, au nom de la nouvelle pratique pastorale, la piété populaire, celle des sanctuaires et des traditions, était devenue secondaire bien qu'elle ait persisté dans la pratique.

La faible considération accordée à la mémoire du texte biblique en est un exemple mineur. Celui-ci a eu son édition *princeps* en italien en 1971, ce qui avait permis à une première génération de s'en approcher dans l'élan de la nouvelle « piété » biblique introduite par Vatican II. C'était le texte de référence pour les fidèles qui recevaient *Dei Verbum* – la constitution conciliaire qui visait à créer une nouvelle relation des chrétiens avec la Bible. Une révision du texte biblique a été menée ensuite en 1997 avec des changements d'expressions et de phrases. En 2008, la Conférence épiscopale italienne a publié une nouvelle traduction, plus fidèle à l'original que celle de l'édition 1971.

Le texte biblique italien a donc été modifié, à la faveur d'une sérieuse opération exégétique, mais sans tenir compte du fait que la mémoire d'une génération de fidèles avait en partie assimilé la version *princeps* de 1971, publiée et diffusée trois ans plus tard. Ce choix, cohérent d'un point de vue philologique, montre une faible sensibilité à l'assimilation, même mnémonique, de la Bible, qui, après le Concile, devait être le livre d'un peuple. N'était-il pas important de consolider chez les fidèles une mémoire qui s'était sédimentée ? L'héritage mémoriel forge un langage de foi.

Les peuples ont une mémoire et, aux temps des grands dépaysements, ils se prennent d'affection pour elle. On le voit, à certaines occasions, quand la reprise de traditions religieuses interrompues, comme les processions, suscite intérêt et participation. On appelle bien souvent « renaissance religieuse » ce qui n'est que la résurgence d'une mémoire qui, accidentellement, par décisions ecclésiastiques ou par manque d'attention, n'avait pas eu de place pour s'exprimer.

Après le Concile il y a eu, pour reprendre l'expression de Luc Perrin, un néo-tridentinisme du clergé qui entendait agir pour spiritualiser des pratiques et des sacrements que les fidèles abordaient d'une manière jugée coutumière et superficielle. Pour élever la conscience des individus, on avait établi des parcours avec l'autorité de l'Église et de ses ministres, en référence à un programme pastoral. Des raisons valables – théologiques, pastorales, philologiques – recommandaient ces changements, qui semblaient cohérents. Mais l'on avait alors considéré davantage la logique interne de l'Église – la pastorale disait-on – que la mémoire des peuples, la sédimentation compliquée qui s'était formée chez les gens dès l'enfance. Au fond, rappelait le théologien vaudois Valdo Vinay, pour « purifier » la religiosité populaire, il suffit d'élargir la connaissance de la Bible.

C'est au contraire une gestion ecclésiastique des changements qui a été menée, dans l'idée qu'en vertu de la seule autorité ceux-ci seraient acceptés *ipso facto*. Mais, comme nous l'avons vu, l'autorité n'avait pas eu la force de faire admettre des décisions dans le champ éthique ; elle ne l'aura pas non plus dans d'autres domaines. Et les mémoires délégitimées des adultes auront pour effet d'interrompre la chaîne de communication aux plus jeunes. Pensons au rôle des personnes âgées dans la transmission de la mémoire aux générations suivantes. Peut-être, la délégitimation serait-elle quand même intervenue dans d'autres circonstances mais probablement dans une moindre mesure. Ici, le redimensionnement de la mémoire s'est opéré en une période de crise de la transmission, d'effondrement de l'autorité et de la paternité, de fracture entre les générations. Un entremêlement compliqué.

En 1975, un document de la Conférence épiscopale italienne (CEI) livrait un jugement pessimiste sur la piété des Italiens :

> Il reste, il est vrai, une certaine tradition qui reconnaît encore des valeurs chrétiennes, mais qui est plus fragile et moins importante. Or il ne semble pas excessif de dire que l'Italie est un pays à évangéliser.

Il y a une foi à « régénérer », poursuit le texte, une foi « devenue désormais habitude lasse et sans aucune importance dans la vie[34] ». Le christianisme est-il si insignifiant en 1975 en Italie ? Sans doute l'est-il toujours si on le mesure à l'aune de l'idéal évangélique. Au milieu des années 1970, l'Italie est un pays d'expériences religieuses

34. Conférence épiscopale italienne, *Evangelizzazione e promozione umana. Documento base e traccia per la riflessione*, Milan, OR, 1975, p. 12.

fortes et vivantes qui fait preuve d'intérêt pour le Concile ; un pays de piété populaire, de réalités associatives catholiques, de vie religieuse plutôt intense.

Mais le christianisme existant était considéré comme insignifiant au regard des modèles proposés, et c'est là que réside le néo-tridentinisme du clergé de Vatican II, lequel insiste sur une vision idéale et pastorale qui entendait, en toute bonne foi, élever et purifier la piété populaire. Or le peuple était rarement considéré comme acteur du processus, alors même qu'avec sa mémoire il en était le protagoniste. Du reste, le problème évoqué dans le document de la CEI de 1975 à l'endroit des chrétiens italiens consiste dans le divorce entre foi et vie. Les historiens parlent de distance entre le « prescrit » et le « vécu ». L'écart entre ce que l'Église enseigne et prescrit, et les comportements des fidèles, est un problème millénaire.

C'est l'histoire de l'Église de toujours, qui connaît quelquefois des prises de distance très fortes, mais qui garde aussi le souvenir de saisons meilleures. L'analyse de la piété italienne en 1975, menée sous la direction d'une figure éclairée comme celle du secrétaire de la CEI, Enrico Bartoletti, est en bonne partie acceptable. Mais, avec la distance, il faut se poser la question suivante : si dans les années 1970, époque dynamique en termes de débats et de présences religieuses à un moment pourtant politiquement sensible, la foi n'avait aucune signification en Italie, que dire du présent ?

Objectivement, les motivations religieuses et les réalités imputables à la religion étaient prégnantes en Italie à cette époque. L'engagement néo-tridentin du clergé postconciliaire misait sur la sensibilisation des fidèles pour limiter l'écart entre vie et foi, et réduire leur passivité. Le clergé postconciliaire était convaincu par des modèles pastoraux différents de ceux du concile de Trente. Mais on les a bien souvent appliqués en manifestant peu de considération pour la mémoire du peuple et sans vraiment repenser la structure masculine imposée d'en haut. Ces attitudes venaient souvent de l'enthousiasme que le clergé, en particulier le jeune clergé, éprouvait pour les nouveautés pastorales, considérées comme plus attractives pour les gens, et susceptibles de valoriser leur conscience de croyants.

La réforme liturgique a elle aussi été appliquée de manière hâtive ; je n'ai aucune nostalgie pour la liturgie de rite ancien, comme on dit aujourd'hui, au contraire, presque toute ma vie s'est déroulée au contact de la liturgie postconciliaire. La réforme, nous le savons, avait suscité de vastes résistances dans le monde ecclésiastique conservateur et dans les milieux de la curie. Paul VI qui avait acquis la conviction bien avant le Concile, et ce à juste titre, que la réforme devait être menée, craignait l'opposition de ces milieux. Après Vatican II, il fallait faire vite pour éviter que la réforme ne soit bloquée par les conservateurs. C'est ce qu'il explique au père Annibale Bugnini, chargé de l'opération, à l'issue d'une liturgie célébrée selon le nouveau rite dans la chapelle Mathilde au Vatican, en présence de membres de la Curie :

> Il faut les gagner à sa cause, faire d'eux des alliés [...] une bulle chasse l'autre *[un papa bolla l'altro sbolla]*, et je ne voudrais pas que celui qui viendra après moi ramène les choses au *statu quo*[35].

---

35. A. Bugnini, *La riforma liturgica (1948-1975)*, Rome, Edizioni Liturgiche, 1997, p. 366.

Les certitudes des grands-parents ou des parents, issues de la tradition populaire, ont été ébranlées par les changements de mentalité mais aussi par le clergé qui disait « maintenant, on ne fait plus ainsi ! », mettant à mal une transmission jusque-là sûre, quoique mécanique, aux plus jeunes. Les aînés n'avaient plus de paroles de foi à enseigner aux petits. Les raisons d'innover étaient justes et urgentes, mais une rupture silencieuse se produisait. La génération des anciens n'avait plus de rôle dans la transmission de la foi ; ses formules et son éducation étaient liées à des modèles dépassés. Ce type de rupture n'a pas eu lieu dans le monde orthodoxe où l'on a vu le rôle positif joué par les personnes âgées dans l'humble transmission de la foi sous la persécution religieuse en URSS.

Dans une Église où la gouvernance ecclésiastique a toujours été forte même après Vatican II, le néo-tridentinisme postconciliaire confirmait le « pouvoir », autrement dit la connaissance des choses de Dieu et de l'Église, du clergé en redimensionnant le rôle de la mémoire populaire, déjà fragilisée en soi et partiellement délégitimée avec le temps. Je me demande si c'est ce que François veut dire quand il parle de « cléricalisme ». La dévotion populaire, qui s'est imposée par sa persistance, constitue un chapitre important. Aujourd'hui, le pape François valorise l'instinct ou le « flair » du *pueblo fiel.* Il existe encore de vastes sphères de dévotion et de piété dans le catholicisme. Elles forment des aspects importants d'un christianisme qui se vit. Les formes traditionalistes, quant à elles, ne sont généralement pas la récupération de la mémoire du peuple, mais une « réinvention » de la tradition dans des milieux plutôt restreints.

Le néo-tridentinisme postconciliaire soulignait la valeur du « témoignage » dans l'évangélisation, conduisant à un choix personnel en faveur de la foi qui n'était plus le fruit d'un héritage social. Paul VI, en 1974, parlant des laïcs, redisait « l'importance du témoignage personnel et l'unité des divers témoins de l'Évangile entre eux et avec leurs évêques ». La phrase sur la valeur des « témoins » et non des « maîtres » a eu une incroyable fortune dans l'éloquence ecclésiastique près d'un demi-siècle durant :

> L'homme contemporain écoute plus volontiers les témoins que les maîtres, ou s'il écoute les maîtres, c'est parce qu'ils sont des témoins. Il éprouve en effet une répulsion instinctive pour tout ce qui peut apparaître mystification, façade, compromis. Dans un tel contexte, on comprend l'importance d'une vie qui résonne vraiment de l'Évangile[36] !

C'est le point culminant d'un processus qui valorise le témoignage par rapport à un cadre de transmission. Aujourd'hui, on voit le rôle de grands maîtres, ou plutôt on ressent leur absence, en particulier quand il s'agit de permettre à un grand nombre de personnes, même situées en dehors des structures de l'Église, d'approcher le discours sur la foi. Le succès du cardinal Martini, avec ses paroles et ses écrits, est un exemple de l'intérêt diffus pour des figures de « maîtres », même après une grande rupture et bien au-delà des circuits de l'Église.

---

36. Paul VI, Audience générale, 2 octobre 1974, www.vatican.va.

Le christianisme dans une histoire qui change

Une rupture a bien eu lieu entre l'Église, la société et les nouvelles générations. Il serait faux d'affirmer qu'elle est le fait du clergé postconciliaire ou des épiscopats. Cette thèse, communément admise par les catholiques progressistes et, pour d'autres raisons, par les traditionalistes, s'appuie sur l'évaluation de l'impact de Vatican II, peu mis en œuvre ou bien à l'origine de la crise, selon des lectures qui s'opposent. Il est facile de rejeter la faute sur les hiérarchies, les papes, le clergé, les fidèles qui n'ont pas saisi l'occasion, le manque d'audace pastorale ou bien à l'opposé, sur une imprudence réformatrice et une espèce d'iconoclastie progressiste[37]... La chose est facile et, finalement, ecclésiocentrique. Il y a bien un aspect des choix ecclésiastiques qu'il convient d'examiner, mais la rupture survient surtout à cause du courant profond qui traverse la seconde moitié du XXe siècle.

La rupture s'est produite parce que la société a énormément changé. Comme l'affirme Marc Bloch, le christianisme est une religion historique. Sans doute toutes les religions le sont-elles, mais le christianisme l'est de façon particulière. Je voudrais ajouter qu'il vit dans l'histoire et qu'il est, de fait, vulnérable à l'histoire. La culture ecclésiastique, celle des dirigeants de l'Église, est peu attentive à l'histoire et ne la considère pas utile pour comprendre

---

37. G. Cuchet, *Comment notre monde a cessé d'être chrétien*, p. 142-154 ; H. Guillemin, *Malheureuse Église*, Paris, Éd. du Seuil, 1992.

d'où l'on vient et où l'on vit, ni pour gouverner l'Église alors qu'elle insiste fortement sur la philosophie, en particulier dans la formation de ses clercs ; d'ailleurs le pape François, dans l'encyclique *Fratelli tutti*, dénonce « une perte du sens de l'histoire qui se désagrège davantage[38] ».

Le manque de culture historique dans l'évaluation des phénomènes a conduit à un appauvrissement de la compréhension du réel. C'est l'une des faiblesses de la culture et du gouvernement des ecclésiastiques de nos jours. Au cours des études ecclésiastiques, peu de place est donnée à l'histoire de l'Église par rapport à d'autres disciplines, et l'on néglige l'histoire politique et sociale du monde contemporain. Le père Marie-Dominique Chenu, théologien au Vatican, écrivit en 1937 un petit livre intitulé *Une école de théologie : le Saulchoir,* dans lequel il présentait le christianisme comme une histoire et dans l'histoire :

> Le devenir historique est consubstantiel au mystère, à l'Église qui en est le sujet principal, à la théologie qui, en pensée et en action, en est l'expression. Il n'est point besoin de les rendre atemporelles pour les comprendre, mais accepter plutôt la relativité que l'historicité comporte, dans la fidélité à la tradition.[39]

Des années plus tard, Chenu notait que l'un des principaux mérites de Vatican II a été d'avoir révélé la dimension

---

38. Pape François, *Lettre encyclique Fratelli tutti sur la fraternité et l'amitié sociale*, Cité du Vatican, Libreria Editrice Vaticana, 2020, p. 12.

39. M.-D. Chenu, *Le Saulchoir. Une école de théologie*, Paris, Éd. du Cerf, 1984.

historique de l'Église. Le terme *historia*, d'ordinaire absent du vocabulaire du magistère, compte soixante-trois occurrences dans les textes conciliaires. Le père Yves Congar me disait : « L'histoire sauvera la théologie[40]. » Jean XXIII invitait à scruter les « signes des temps » dans son message radiodiffusé du 11 septembre 1962, un mois avant l'ouverture du Concile. La constitution *Gaudium et Spes* affirmait : « L'Église a le devoir, à tout moment, de scruter les signes des temps et de les interpréter à la lumière de l'Évangile[41]. » Paul VI pensait ainsi :

> Cette expression « les signes des temps » a entre-temps acquis un usage courant et une signification profonde, très large et très intéressante ; celle de l'interprétation théologique de l'histoire contemporaine[42].

Cette digression sur l'histoire et les signes des temps m'amène à réfléchir sur le faible sens de l'histoire dans la direction de l'Église. J'ai toujours été surpris par la place que le cardinal Achille Silvestrini, un grand diplomate du Vatican qui s'est occupé de la politique internationale de Paul VI et de Jean-Paul II, attribuait à la connaissance de l'histoire des pays et de l'Église[43]. Une sensibilité historique ou historico-sociale est indispensable car la transformation du monde a été profonde : « Nous sommes passés brutalement, en trois décennies, d'un monde à un

---

40. Conversation de l'auteur avec le père Congar.

41. Concile œcuménique Vatican II, *Gaudium et spes*, www.vatican.va.

42. Paul VI, Audience générale, 16 avril 1969, www.vatican.va.

43. Voir *Cardinale Achille Silvestrini*, M. Toso (dir.), Faenza, Faentina, 2020.

autre[44]. » De véritables séismes ont chamboulé l'anthropologie des hommes contemporains modifiant leur imaginaire et leur culture, changeant les peuples, les milieux urbains et ruraux. La familiarité avec l'Église a régressé à mesure que disparaissaient les « mondes » où elle vivait.

Ce modèle familial a disparu, entre autres pour des raisons démographiques. Il fut un temps où prêtres et religieux étaient les références sociales et éducatives. Aujourd'hui, ils sont moins présents du fait de la réduction des effectifs comme du discrédit des religieux à la suite de « scandales » touchant précisément ceux qui, il n'y a pas si longtemps, insistaient tant sur la morale sexuelle. Les diverses formes de rassemblements chrétiens qui fournissaient un cadre associatif à des personnes qui avaient une profession, des intérêts ou un environnement en commun, ont disparu. L'associationisme catholique, né au XIXe siècle, formait un puissant réseau qui maintenait l'unité du « peuple catholique ».

La fin du monde rural chrétien

Il ne faut pas oublier le monde des campagnes. Non parce qu'on n'y verrait ni profanes ni anticléricaux mais parce que l'Église y avait une présence sociale forte, que le prêtre y était proche des familles et des jeunes, et qu'il accompagnait les personnes tout au long de leur vie. Dans *L'Église et le village*, une œuvre d'une grande finesse, Gabriel Le Bras a montré l'intégration entre Église, monde des campagnes et vie des paysans[45]. C'est l'histoire d'une

---

44. D. Hervieu-Léger, *Catholicisme, la fin d'un monde*, p. 271.
45. G. Le Bras, *L'Église et le village*, Paris, Flammarion, 1976.

grande partie de l'Europe. Souvent l'église était au centre du village. C'en est fini de ce monde, dont le XIXe siècle avait exalté la nature chrétienne en opposition à la ville. Jusqu'en 1950 en France, presque 70 % de la population vivait dans des villages[46]. Puis tout a changé.

Être catholique ne consiste plus à situer le repère de son appartenance dans l'église du village. Celle-ci est désormais fermée, muette et sans prêtre, ou sporadiquement ouverte, car un grand nombre d'églises ont été condamnées en dépit de l'opposition des communautés rurales. Le catholique pratiquant doit prendre sa voiture pour rejoindre le lieu de culte le plus proche. Devant les critiques, les autorités ecclésiastiques objectent que, pour l'hypermarché, les courses ou d'autres activités, les gens prennent bien la voiture... Mais l'église du village, à la campagne ou à la montagne, était le signe de la communauté, lieu millénaire de proximité.

En 1951 en Italie, la population agricole représentait encore 54 % de la population totale. La classe dirigeante catholique se rendait compte des changements en cours et multipliait les « corps intermédiaires », notamment dans le monde des campagnes. La communauté catholique ne se limitait pas à l'ancienne église paroissiale qui pouvait alors compter sur un grand nombre de prêtres ; le monde agricole était également encadré par une puissante organisation d'inspiration catholique et liée à Démocratie chrétienne, la Confédération nationale des cultivateurs directs, la Coldiretti, fondée en 1944 par Paolo Bonomi qui resta à sa tête jusqu'en 1980. Elle comptait plus de 4 500 000 membres. Alliée de Démocratie chrétienne et proche de l'Église, elle

46. A. Vingt-Trois, *Une mission de liberté*, p. 182.

jouait un rôle important dans la défense des intérêts des cultivateurs comme dans la modernisation de l'agriculture.

Le paysage rural est constellé d'édifices religieux. Statues, chapelles, croix, églises, sites liés à des traditions, processions et rites saisonniers abondent. Le cimetière entoure généralement l'église ou se trouve à proximité, aux marges des habitations. Les sanctuaires, petits et grands, les maisons religieuses complètent cette géographie dans laquelle la religion a laissé une forte empreinte : après le concile de Trente, un effort d'évangélisation avait été fait en direction des campagnes pour éviter la pénétration protestante.

Le catholicisme était inculturé. Pensons aux « rogations », aux Petites Litanies qui étaient célébrées trois jours avant l'Ascension afin d'attirer la bénédiction divine sur les récoltes, les travaux des champs, et éloigner les calamités naturelles. Lors de ces processions, qui partaient du presbytère et qui cheminaient jusqu'à des lieux déterminés, le prêtre élevait la croix en direction des quatre points cardinaux et récitait : *A flagello terraemotus, A peste, fame et bello, A fulgure et tempestate*. Et les fidèles répondaient : *Libera nos Domine !* Et le prêtre de poursuivre l'invocation : *Ut fructus terrae dare et consevarare digne ris, Ut pacem nobis dones*. Les fidèles répondaient alors : *Te rogamus audi nos !*

Les rogations, qui avaient lieu le 25 mars, sont des prières liées à la vie des champs, à l'incertitude des récoltes, aux menaces de famine, de tremblement de terre, de guerre ou d'épidémie. L'homme et la femme de la campagne, la famille rurale, vivaient au contact d'une nature où se manifestaient les « forces du mal », face auxquelles on invoquait la protection de Dieu. La liturgie de l'Église avait une fonction de protection, de médiation, consolidée par la mémoire des générations. L'Église avait des paroles et des prières contre les épidémies, la faim, la guerre, la foudre et les tempêtes, la sécheresse et autres aléas.

Le monde des campagnes était un réservoir de vocations. Nombre de grands personnages de l'Église d'après-guerre sont d'origine rurale. Parmi tant d'autres, Angelo Giuseppe Roncalli est toujours resté lié aux « pauvres gens », aux paysans de Sotto il Monte. Après avoir quitté leur région natale, les prêtres et les religieux restaient des références, faisant la fierté des familles et du pays. Dans l'univers de la « grande » famille, la vocation sacerdotale était pour l'adolescent une option proche et possible. Les petits séminaires accueillaient les jeunes, les soustrayant aux champs, et leur donnaient une éducation qui les familiarisait avec l'Église, même si seule une partie d'entre eux entrait par la suite dans le clergé. Les enfants grandissaient dans la proximité des presbytères, toujours habités par des prêtres ; ils étaient formés à la pratique et au service liturgiques.

Ce monde n'existe plus. L'exode rural a vidé les campagnes. Désormais un prêtre dessert plusieurs paroisses qu'il n'habite plus. Le lien entre les familles ayant rejoint la ville et les lieux des origines, notamment religieux, n'a pas disparu mais la présence de l'Église sur le territoire n'est plus celle d'hier. Dans les années 1950, j'ai connu des terres d'Émilie-Romagne tenues d'une main ferme par le curé, un peu à la manière de don Camillo dans la bourgade de Brescello, figure que l'on doit au génie littéraire de Giovannino Guareschi, et dont l'histoire est inspirée de faits réels. Bien qu'il n'existe plus de maire communiste comme Peppone, c'est surtout le prêtre qui a disparu. J'ai néanmoins pu constater, en 2020, ce que signifie la présence d'un curé habitant dans sa paroisse, comme dans l'éparchie de Lungro, dans le Mezzogiorno italien, d'obédience catholique mais de rite gréco-byzantin. À San Paolo Albanese, un village de 250 habitants en Basilicate, il y a encore un curé. Marié, comme le rite oriental le permet, il est un point de repère. De même non loin de là, à San Costantino Albanese qui compte 600 habitants où le prêtre est célibataire. Ce sont des exceptions.

Les campagnes se dépeuplent. En Italie, de 1954 à 1964, les travailleurs agricoles passent de huit à cinq millions[47]. C'est le début d'un exode rural qui se développera les années suivantes, au fur et à mesure que les centres agricoles se verront aspirés par la « culture » de la ville. C'en est fini de la « civilisation » agricole. Les diocèses, du fait entre autres du faible nombre de prêtres, préfèrent « pourvoir » les paroisses urbaines.

Le déclin du christianisme historique ne signifie pas la fin de la religion

Le XIXe siècle, que bien des penseurs européens ont présenté comme le temps de la sécularisation, a été aussi une période de grands développements religieux. Il a vu se réaliser, mais en sens inverse, ce que Peter L. Berger appelle la « désécularisation du monde[48] ». En effet, parler de déclin de la religion est insuffisant car il existe une

47. G. Crainz, *Storia della repubblica. L'Italia dalla Liberazione a oggi*, Rome, Donzelli, 2016, p. 36.
48. Voir P. L. Berger, *I molti altari della modernità. Le religioni al tempo del pluralismo*, Bologne, EMI, 2017.

croissance notable, la plus importante à l'échelle mondiale, de la « famille » chrétienne au sens large. Il s'agit d'un mouvement, inexistant au début du XIXe siècle, qui parvient aujourd'hui à rassembler plus d'un demi-milliard de fidèles, avec une diffusion universelle et une capacité missionnaire efficace. Le mouvement néo-protestant et néo-pentecôtiste est constitué d'un ensemble disparate de communautés et de groupes, inspirés par des méthodes et des idées diverses, guidés par une myriade de *leaders* et de prophètes. Il sape souvent la primauté de l'Église de Rome, notamment dans les pays catholiques d'Amérique latine.

Cet ensemble, caractérisé par une grande diversité, se développe sans stratégie unitaire, s'accompagnant parfois même de conflits entre les diverses communautés dénuées de préoccupation d'« unité », laquelle constitue au contraire une aspiration des Églises historiques. À cette unité, dont l'absence a été une des faiblesses de l'action missionnaire des Églises, s'est substituée une compétitivité qui recourt aux techniques publicitaires et aux médias, comme dans les entreprises commerciales. La conflictualité entre les différentes offres religieuses – que nous avons observée depuis longtemps – a désormais créé presque partout, dans des proportions diverses, un marché des religions sur lequel les anciennes Églises et religions sont durement défiées[49]. Le nombre de fidèles est souvent considéré comme une confirmation de la mission de ces mouvements qui rabâchent le thème de la « victoire ». Le dernier ouvrage de Peter L. Berger définit notre époque dès le titre : *Les nombreux*

49. Voir A. Riccardi, *Intransigenza e modernità. La Chiesa cattolica verso il terzo millennio*, Rome-Bari, Laterza, 1996.

autels de la modernité. Les offres plurielles ont pénétré partout, secouant le monopole d'une religion.

La population du Brésil est passée de 95 % de fidèles catholiques en 1910 à 61 % en 2014. En 1977, un groupe de jeunes fonde à Rio de Janeiro l'Église universelle du royaume de Dieu. Elle allait devenir, à grand renfort d'émissions de radio et de télévision, la première confession évangélique brésilienne, avec des lieux de culte implantés dans plus de 150 pays. Aujourd'hui, du fait de l'influence néo-protestante, le nombre de catholiques diminue sensiblement sur un continent où ils étaient en situation de quasi-monopole. El Salvador, le Nicaragua et le Guatemala comptent seulement 50 % de catholiques, tandis que ces proportions sont tombées à 46 % au Honduras et à 42 % en Uruguay.

Les structures catholiques sont souvent lentes à répondre aux demandes religieuses et s'appuient beaucoup sur les prêtres. Un sociologue brésilien, Clémir Fernandes, observe :

> Les catholiques organisent des prières, voire des messes, quand ils arrivent à avoir un prêtre, ce qui n'est pas facile, tandis que les évangéliques célèbrent leurs cultes en y incluant des chorales, des rites de libération des démons, des fêtes[50].

L'insuffisance de clergé et de paroisses pèse lourd dans ce phénomène de désaffection, alors que les confessions néo-protestantes, parfois au prix de scissions et de crises, se développent et multiplient leurs lieux de culte sur les territoires.

Il existe en Afrique une stratification de présences néo-protestantes de tous types et de toutes dimensions qui va

---

50. Cité dans L. OUALALOU, *Jésus t'aime ! La déferlante évangélique*, Paris, Éd. du Cerf, 2018, p. 57.

des Églises multinationales – comme la *Winners'Chapel* fondée au Nigeria dans les années 1980 et présente aujourd'hui dans une quarantaine de pays du continent – aux communautés de proximité plus insérées dans le tissu périphérique, en passant par les groupes de théologie de la prospérité, inspirés par un prophète, et les multiples initiatives d'évangélisation et de « miracles[51] ». Parfois, un mélange se crée avec la culture et la symbolique religieuse africaine et ses expressions. Il s'agit d'un christianisme pluriel qui, pour les Églises historiques chrétiennes, protestantes, orthodoxes et catholiques, s'éloigne dans de nombreux cas de l'orthodoxie chrétienne.

Si l'Europe est plus étanche à la pénétration des mouvements néo-protestants, ces derniers s'y affirment néanmoins aujourd'hui à travers la présence de populations immigrées. Sur d'autres continents en revanche, ils connaissent un essor important. En Chine, face à une Église catholique, qui a souffert de la relation difficile entre Pékin et le Vatican, forte de près de douze millions de fidèles, les communautés protestantes, en particulier les communautés indépendantes, se sont développées à grande vitesse et comptent une cinquantaine de millions de fidèles[52]. Dans les autres pays asiatiques, où le christianisme est minoritaire, la mission néo-protestante est présente et forte. Elle est même l'unique

51. J. Kwabena Asamoah-Gyadu, « Le pentecôtisme en Afrique : unité, diversité et défis », *Istina*, 2018, n° 3, p. 239-254 et P. Gifford, « Les nouvelles Églises pentecôtistes africaines et les raisons de leur succès », *Istina*, 2018, n° 3, p. 255-276.

52. P. Vendassi, *Chrétiens de Chine. Affiliations et conversions au XXe siècle*, Rennes, Presses Universitaires de Rennes, 2016. Voir aussi *L'Accordo tra Santa Sede e Cina. I cattolici cinesi tra passato e futuro*, A. Giova gnoli et E. Giunipero (dir.), Cité du Vatican, Urbaniana University Press, 2019.

présence missionnaire dans les pays arabo-musulmans, où les anciennes Églises sont quasiment assimilées à un groupe « ethnique » ou social limité[53].

Il faut tenir compte d'un autre aspect significatif de ces mouvements qui viennent, plus ou moins directement, des États-Unis. Ces nouvelles communautés néo-protestantes se placent dans une logique d'économie de marché capitaliste, avec sa compétitivité, et la vivent avec un *pathos* religieux. Le succès, le travail, la richesse, considérés comme une bénédiction, sont des thèmes récurrents chez certaines d'entre elles : « Si vous voulez la richesse, le seul système, c'est donner », déclare un pasteur important du Kenya, démontrant l'absence de gratuité dans certaines entreprises religieuses. Les thématiques de la solidarité sont marginales, tandis que la prédication mélange « providence » et marché. Bien différente est la position catholique, du fait non seulement de la place centrale qu'y occupe la solidarité, mais aussi de la critique de l'absolutisation du marché, comme nous la lisons dans *Fratelli tutti* : « Le marché à lui seul ne résout pas tout, même si, une fois encore, l'on veut nous faire croire à ce dogme de foi néolibéral. »

Philip Jenkins, qui a enquêté sur le futur système mondial des religions, dément l'hypothèse d'une islamisation inévitable et triomphante du monde ; bien plus, il met en lumière la force du christianisme, tout en prédisant néanmoins que celui-ci se concentrera prioritairement dans le Sud et aura un caractère moins institutionnel, plus néo-pentecôtiste et

---

53. F. Kaouès, *Convertir le monde arabe. L'offensive évangélique*, Paris, CNRS Éd., 2018.

charismatique[54]. L'islam ne dépassera pas le christianisme en nombre d'effectifs, affirme Jenkins, mais le christianisme changera de visage. Son avenir sera-t-il davantage celui des « nouvelles » Églises et moins celui des Églises plus traditionnelles ? La réponse à cette question dépend de nombreux facteurs que nous peinons encore à déterminer, comme la durée de vie des nouvelles institutions néo-protestantes, les nouvelles orientations de l'Église catholique ou le maintien des Églises protestantes historiques.

Les nouvelles propositions religieuses se présentent sous le jour attirant de la manifestation des émotions. Olivier Roy qualifie le climat culturel actuel de « sainte ignorance ». Pour lui, l'époque est caractérisée par la dissociation des religions d'avec la culture ou par la « déculturation » des religions historiques qui, par le passé, offraient un lien solide et créatif entre foi et culture[55]. Roy insiste sur le fait que le problème aujourd'hui « est l'ignorance ». Non seulement la culture courante ignore le religieux, mais les nouvelles religions se développent en faisant abstraction de l'histoire, des traditions et des élaborations culturelles. La « sainte ignorance » s'édifie dans le mythe d'un « pur religieux », sans histoire ni culture, auquel on adhère par le biais émotionnel. On le voit dans le christianisme ainsi que chez les musulmans, avec l'exemple typique du radicalisme islamique qui se réfère au « pur islam » auquel on adhère par émotion, même au moyen du Web.

---

54. Voir Ph. JENKINS, *La terza Chiesa. Il cristianesimo nel XXI secolo*, Rome, Fazi, 2004 ; ID., *Il Dio dell'Europa. Il cristianesimo e l'islam in un continente che cambia*, Bologne, EMI, 2009.

55. O. ROY, *La sainte ignorance : le temps de la religion sans culture*, Paris, Éd. du Seuil, 2008. Voir ID., *L'Europe est-elle chrétienne ?*, Paris, Éd. du Seuil, 2019.

Devant les nouvelles formes du religieux – fondamentalismes, théologie de la prospérité, communautés et mouvements néo-protestants, néo-pentecôtistes et autres – l'Église catholique se trouve en partie prise au dépourvu, bien qu'elle ait vu ces nouveaux mouvements charismatiques s'épanouir du Brésil aux Philippines et jusqu'en Europe. En 2016, la Conférence épiscopale brésilienne a reconnu la nécessité d'introduire « une composante émotionnelle » et « des témoignages d'espérance et de véritable joie » dans la communication et dans les communautés. Ce n'est pas un hasard si, dans le catholicisme brésilien, en plus du mouvement charismatique, prospèrent les figures des *padres cantores*.

L'analyse du phénomène néo-protestant dans l'Église n'est pas récente. En 1985, un document du Vatican, élaboré sur la base des réponses des Conférences épiscopales, avait identifié « le phénomène des sectes » en tant que défi de l'avenir en partant d'un constat :

> La structure de nombreuses communautés a été détruite ; les modes de vie traditionnels se sont désagrégés ; les foyers désunis ; les hommes se sentent seuls et déracinés. De là le besoin d'appartenances.

Les sectes, poursuit le document, offrent un guide spirituel, « une nouvelle "vision de soi", de l'humanité, de l'histoire, du cosmos. Elles promettent le début d'une nouvelle époque, d'une nouvelle ère ». Le document de 1985 reconnaissait avec lucidité l'attraction qu'exerçaient des communautés chaleureuses, émotionnelles, par comparaison avec des communautés catholiques anonymes, de masse et institutionnelles[56]. Aujourd'hui, encore plus que dans les années 1980, les thèmes du bonheur, de la réalisation de soi, du bien-être entrent avec force dans le champ religieux. Du document émanait déjà l'invitation à repenser les paroisses.

Nous sommes, certes, à un moment où le christianisme historique présente des signes de déclin mais la religion, elle, se déploie à travers des formes inédites, de facture récente, qui tentent de répondre aux questions de femmes et d'hommes dépaysés, pris dans un monde global ou dans un nouveau contexte urbain. Les courants religieux qui traversent le monde contemporain sont révélateurs de questions et de tensions spirituelles. Les Églises historiques, qui doivent « se défendre » de l'érosion due aux sectes, se trouvent paradoxalement en contact avec un terreau mondial, sensible au religieux, au spirituel, à l'émotivité, à la recherche de la réalisation de soi.

56. *Il fenomeno delle sette o nuovi movimenti religiosi, sfida pastorale*, Segretariato per l'Unità dei Cristiani (dir.), Bologne, EDB, 1986.

V

Jean-Paul II : exception ou illusion ?

L'« illusion » wojtylienne

Le pontificat long et complexe de Jean-Paul II a relativement peu donné matière à réflexion, vingt-sept années dont les dernières ont été marquées par la maladie. S'il a été beaucoup cité par Ratzinger après son élection, le pape Wojtyła a progressivement plongé dans l'oubli. La papauté wojtylienne a duré un quart de siècle, entre la Guerre froide et l'ère de la mondialisation, démontrant la vitalité du catholicisme sur différentes scènes du monde, même si les problèmes n'ont pas manqué. Il faut dès lors s'interroger, le pontificat de Jean-Paul II a-t-il été une illusion ou une exception dans le déclin du christianisme entre le XXe et le XXIe siècle ?

Nous pourrions penser à une illusion, dans la mesure où le déclin s'est poursuivi. Mais l'histoire est plus complexe. Considérons quelques indicateurs. Le nombre de prêtres en Europe était de 250 000 en 1978 ; en 2003, ils étaient à 200 000, soit un recul de 50 000[1]. On enregistre, en revanche, entre 1980 et 2000, une augmentation du nombre

---

1. Jenkins, *Il Dio dell'Europa*, p. 63.

de séminaristes diocésains en Europe, qui passent de 16 438 à 17 611. Pour les religieux, l'augmentation est d'environ 2 000, de 7 728 à 9 268.

Avec sa personnalité et ses multiples initiatives, le pape aurait-il couvert la crise plus qu'affronté ses causes ? C'est une thèse rebattue. Le jugement du cardinal Martini sur Wojtyła était mitigé. Martini lui reconnaissait un grand courage, en particulier un courage physique, une forte concentration dans la prière, mais surtout « son moment idéal était celui de la rencontre avec les masses et en particulier avec les jeunes ». Le cardinal portait toutefois un regard critique sur sa gouvernance, du fait notamment du choix de personnalités non qualifiées. Appelé à déposer au procès de béatification, il a observé en outre que les voyages de Jean-Paul II, et les événements de masse voulus par lui, ont pu occulter la présence des Églises locales et des évêques, en concentrant l'attention mondiale sur le pape vu comme « évêque du monde ».

Cette observation concerne surtout l'aspect charismatique de la papauté de Wojtyła, pour qui les voyages jouaient un rôle décisif. Son charisme personnel se greffait sur une figure de pasteur rendue populaire par la mondialisation qui tendait à concentrer l'attention sur le *leader* dans un processus de verticalisation. La « fonction » universaliste du pape représentait-elle, d'un point de vue ecclésiologique, une usurpation à l'égard des évêques ? Pour reprendre les termes du pape Grégoire le Grand à propos de Jean IV le Jeûneur, archevêque de Constantinople qui accepta de l'empereur Maurice le titre de « patriarche œcuménique », s'agissait-il d'une « prétention inconsidérée » ?

De fait, la mondialisation favorise la personnalisation de l'Église dans la figure du pape et parvient presque à imposer un exercice charismatique de la fonction. Grâce aux médias et aux réseaux sociaux, ce phénomène s'accompagne d'un processus de désintermédiation. Mais il faut aussi considérer que le pontificat de Wojtyła commence bien avant la mondialisation. Or, à cette époque déjà le pape cherchait à savoir comment franchir les barrières de certains mondes et, pour ainsi dire, favoriser des processus globaux, en particulier en Europe de l'Est.

Les années de Benoît XVI, un pape théologien mais sans caractère charismatique, montrent toute la difficulté à assumer la fonction papale. Et le retour de popularité de la figure du pape au cours des premières années de Bergoglio s'est joué, en bonne partie, précisément d'un point de vue charismatique, par l'établissement d'une relation simple et directe avec les gens. La question est dès lors de savoir si la papauté, dans le monde global, ne doit pas être, autant que possible, un « gouvernement charismatique », titre de l'un de mes ouvrages sur Wojtyła[2]. Je me souviens que, commentant le livre et le titre, le cardinal Tauran, homme de Curie, esprit critique et institutionnel, affirma qu'un gouvernement charismatique était non seulement impossible mais présentait une contradiction terminologique. Or les dernières décennies montrent le caractère positif, si ce n'est la nécessité d'un pape charismatique pour gouverner un catholicisme devenu complexe.

Il ne faut pas oublier que la béatification de Jean-Paul II, six ans après sa mort, par le pape Benoît XVI en 2011

2. Voir A. Riccardi, *Jean-Paul II, un pape charismatique* [*Governo carismatico: 25 anni di pontificato*, Mondadori, 2003], Paris, Éd. Parole et silence, 2004.

– il fit une exception par rapport aux délais prévus, du fait notamment de la popularité et de la réputation de sainteté du défunt pape –, et sa canonisation, en 2014, par François sont à l'origine de polémiques dues à l'excessive rapidité de ces décisions, prises sans enquête préalable approfondie. On reproche alors à Wojtyła un manque de vigilance sur l'attitude des évêques dans des cas de pédophilie du clergé, les problèmes de financements de Solidarność avec toutes leurs connexions, l'affaire des Légionnaires du Christ, etc. Le *National Catholic Reporter*, fer de lance de cette critique, a même proposé aux évêques américains de supprimer le culte de Wojtyła comme saint[3].

À l'évidence, de nombreuses questions n'ont pas été abordées ou sont restées sans réponse pendant le pontificat de Wojtyła. Certains faits ont été ressentis par lui comme des échecs, comme le dramatique génocide survenu en 1994 dans un pays catholique comme le Rwanda, au moment même où se tenait le synode sur l'Afrique. Le recrutement du clergé et des religieux n'a pas enregistré d'inversion significative. Puis le pape s'est déclaré farouchement opposé à l'idée de revenir sur le célibat et de permettre l'ordination d'hommes adultes et mariés dans l'Église latine. Toutefois, l'Église de Jean-Paul II, dans ses différentes dimensions qu'il ne nous est pas possible

3. J. Horowitz, « Sainted Too Soon ? Vatican Report Cast John Paul II in Harsh New Light », *The New York Times*, 14 novembre 2020. Voir aussi « US bishops, please suppress the cult of St. John Paul II », *National Catholic Reporter*, 13 novembre 2020. Voir également G. Galeazzi, F. Pinotti, *Wojtyła segreto*, Milan, Chiarelettere, 2011. On trouvera une analyse précise du phénomène de la pédophilie dans l'Église sur une longue période, mais limitée au territoire français, dans C. Langlois, *On savait, mais quoi ?*, Paris, Éd. du Seuil, 2020.

d'énumérer ici – des Philippines au Chili, en passant par l'Afrique, etc. –, a été une protagoniste importante de l'histoire de son temps par rapport aux papautés du XXe siècle.

Son pontificat se situe dans cette période que Gilles Kepel a identifiée comme étant celle de la *revanche de Dieu**. À partir de la fin des années 1970, le nouveau rôle joué par les religions sur la scène publique est un véritable démenti de la théorie selon laquelle le développement de la modernité devait conduire à leur marginalisation[4]. Le pape, comme le démontre la prière interreligieuse d'Assise en 1986, avait conscience du rôle des religions en tant qu'instrument de paix et art de vivre-ensemble, mais aussi de légitimation de la guerre. Pensons à ce propos aux vicissitudes de l'ex-Yougoslavie.

Karol Wojtyła et l'Église sont des acteurs de grande envergure dans les changements survenus en Pologne et en Europe de l'Est. Les funérailles du pape en 2005 montrent non seulement son importance pour les classes dirigeantes – on se souvient de la présence du président iranien, Khatami, aux côtés du président américain, Bush – mais aussi son *leadership* religieux – outre le grand rabbin de Rome, étaient présents le patriarche orthodoxe de Constantinople, l'archevêque orthodoxe d'Athènes, le primat anglican. Trois millions de personnes, dont un grand nombre de gens ordinaires accourus à Rome, ont assisté aux obsèques place Saint-Pierre ; trois millions ont défilé les jours précédents devant son cercueil. Si d'aucuns ont affirmé que toutes ces présences constituaient un fait « fragile », pour l'historien il s'agit d'expressions d'une importance certaine.

4. G. Kepel, *La revanche de Dieu. Chrétiens, juifs et musulmans à la reconquête du monde*, Paris, Éd. du Seuil, 1991.

On ne peut pas dire que le pontificat de Jean-Paul II ait été un gel illusoire des problèmes. Ces années ont marqué l'histoire et la vie de l'Église. Bien plus, c'est une histoire de l'Église dont il faut tenir compte, pour ne pas la répéter, ne pas en faire une parenthèse, mais pour la comprendre dans la continuité et la discontinuité de l'histoire du christianisme. On a pourtant de la peine à en recueillir le vaste et complexe héritage.

« N'ayez pas peur ! »

Jean-Paul II a débuté, en 1978, par une annonce centrée sur la peur. Comme dans l'Évangile de Pâques, il partait de l'invitation à ne pas avoir peur. Il regardait les peuples de l'Est opprimés par les régimes communistes et privés d'espérance de changement ; il s'adressait aux chrétiens d'Occident, intimidés par un monde qui semblait les condamner au déclin et par la sécularisation triomphante. Il est intéressant de noter que le catholicisme a été des siècles durant une religion de la peur, comme Delumeau l'a montré dans ses vastes recherches[5]. Évoquer la mort et le jugement devant une âme pécheresse s'inscrivait dans une stratégie que l'historien qualifie de « surculpabilisation » de la personne : un système de contrôle des consciences, mais aussi une attitude assumée devant une vie minée par la fragilité.

La peur reste un des sentiments les plus répandus, ainsi que l'observe Bauman, tout en notant que le genre

5. Voir J. Delumeau, *La Peur en Occident : XIVe-XVIIIe siècles : une cité assiégée*, Paris, Fayard, 1978.

humain ne s'est jamais trouvé dans une situation plus sûre qu'aujourd'hui même si, à l'évidence, les risques ne manquent pas. Pris dans la globalisation le citoyen a le sentiment d'être exposé à un monde immense, sans frontières, où l'autre, ami ou ennemi, peut aisément le rejoindre et l'exproprier de son espace[6].

Jean-Paul II a affronté de manière coordonnée la peur et la résignation face au déclin, en plaçant au centre la proposition de partager la foi des apôtres en ce Jésus ressuscité qui change la vie des disciples et les envoie annoncer l'Évangile. Pour lui, les réponses à la peur devaient être trouvées dans l'Évangile et non pas dans un ensemble de sécurités politiques ou sociales. C'était un message adressé au catholicisme occidental las et menacé par la sécularisation triomphante. Ainsi Jean-Paul II a-t-il rejeté la proposition, faite par les conservateurs qui comptaient sur l'homme de la tradition et qui, au premier conclave de 1978, avaient soutenu le cardinal Siri, de restaurer l'Église préconciliaire.

L'invitation qui est faite au peuple polonais, bridé par un système d'intimidation, est de se libérer de la peur. En Pologne, le message du pape et sa présence finissent par libérer ces énergies d'espérance qui enclenchent le processus menant aux changements de 1989. C'est dans les années 1980 que l'on comprend la force libératrice du message wojtylien, qui a libéré les Polonais de la sujétion au régime et suscité un mouvement de changement dans la société.

---

6. Voir Z. Bauman, *Le présent liquide : peurs sociales et obsession sécuritaire*, Paris, Éd. du Seuil, 2007 ; id., *Il demone della paura*, Rome-Bari, Laterza, 2013.

Wojtyła, qui ne s'était pas laissé intimider par la Guerre froide, pensait l'unité de l'Europe. Il l'avait déjà exprimé avant son élection dans un article paru dans la revue de l'université catholique de Milan, dirigée par son ami Giuseppe Lazzati[7]. Sa vision géopolitique était guidée par une passion mystique. Wojtyła n'acceptait pas la division du monde provoquée par la Guerre froide. Pour lui, les vraies frontières du continent européen avaient été posées par la diffusion de l'Évangile vers l'Orient, donc le « continent » comprenait la Russie et l'ensemble des terres soviétiques. Deux problèmes se posaient alors, le communisme, solidement campé sur les frontières avec l'Occident, et les relations avec l'orthodoxie, en particulier le patriarcat de Moscou.

Le pontificat de Wojtyła a été un temps d'ouverture au monde pour le pape et pour l'Église, une période où l'Europe a joué un rôle plutôt central. Celle-ci était au centre de la vision de Jean-Paul II, qui, bien que tourné vers le monde, était convaincu que la sauvegarde du christianisme en Europe et celle de l'humanité européenne constituaient un élément vital pour les autres continents.

L'ère postcoloniale avait redimensionné le Vieux Continent qui faisait l'expérience d'un déclin avec un sentiment de « remords » qu'il voyait comme un « avertissement ». Ce qui signifiait que la mission de l'Église et de l'Europe dans le monde avait perdu du sens. Venu de l'Est, le pape se sentait investi du devoir de ressusciter l'Europe de l'esprit et de faire tomber les murs de la politique, en relançant la vision universaliste propre à l'Église. Raviver l'esprit en

---

7. K. Wojtyła, « Una frontiera per l'Europa : dove ? », *Vita e Pensiero*, 4-5-16 (1978), p. 160-168.

Europe, en sortant du règne de la peur, allait amorcer de profonds processus religieux et sociaux. Pour lui le christianisme, même écrasé et persécuté, était une force « désarmée » de changement à portée sociale et historique.

C'est le « rêve de Compostelle », exprimé en 1982 lorsque le pape a demandé à l'Europe de retrouver ses origines, de reconstruire l'unité spirituelle dans le respect du pluralisme, d'être un « phare de civilisation et de progrès » : « Les autres continents te regardent », assura-t-il[8]. Il ne s'agissait pas d'affirmer une hégémonie européenne sur le catholicisme : dans la géopolitique du pape, le christianisme du Vieux Continent avait une fonction et une vocation. Le cardinal Martini proposait, en 1991, depuis Compostelle précisément, la réflexion suivante :

> On peut affirmer que, de même qu'à une époque l'Europe a été le point de départ d'une évangélisation diffuse du monde, aujourd'hui l'évangélisation du monde est liée à la réévangélisation de notre continent[9].

Le cardinal tenait compte du caractère complexe, et pas du tout négatif pour lui, de la sécularisation. Selon lui, il fallait passer à travers elle, en saisir les aspects négatifs et positifs, et non pas l'affronter par le combat ou l'excommunication. Avec sa sensibilité propre, le cardinal rejoignait Wojtyła : l'Europe devait être réévangélisée. Celui que la presse décrivait parfois comme l'« anti-Wojtyła »

---

8. JEAN-PAUL II, *Acte européen à Saint-Jacques-de-Compostelle*, 9 novembre 1982, www.vatican.va.

9. G. MICCOLI, *In difesa della fede. La Chiesa di Giovanni Paolo II e Benedetto XVI*, Milan, Rizzoli, 2007, p. 173.

se mesurait à l'enseignement du pape et en donnait une lecture originale.

Pour le pape, il fallait communiquer l'Évangile et créer une nouvelle culture européenne :

> La refondation de la culture européenne est l'entreprise décisive et urgente de notre temps. Pour renouveler la société, il faut faire revivre en elle la force du message du Christ[10].

Wojtyła mettait dans cette entreprise toute sa force charismatique, son sens de l'histoire nourri de messianisme, son humanité et une grande énergie. Le pontificat de Jean-Paul II rassemblait les foules même dans des pays où la chrétienté était plus lasse. Certes, pas mal d'observateurs ont, ces années-là, jugé que sa manière de se mêler aux foules provoquait une émotion bien plus qu'un renouveau spirituel, ce qui rendait son « passage » sans effet. C'était, quoi qu'il en soit, une réalité significative pour l'époque.

Une foi qui n'est pas déculturée

Wojtyła, évangélisateur, au contact de la piété du peuple, a néanmoins la conviction que la foi doit être consolidée par un processus de réception profonde, capable de toucher le cœur mais aussi de devenir culture. Il déclare, en 1982 : « Une foi qui ne devient pas culture est une foi qui n'est pas pleinement accueillie, ni entièrement pensée, ni

10. Jean-Paul II, *Concélébration dans la basilique Saint-Apollinaire En Classe*, Ravenne 11 mai 1986, www.vatican.va.

fidèlement vécue[11]. » La réception de Vatican II avait mis en cause ladite « culture catholique », qui courait le risque de devenir une contre-culture en réaction à la culture contemporaine. Wojtyła affirmait :

> S'il est vrai, en effet, que la foi ne s'identifie avec aucune culture et est indépendante par rapport à toutes les cultures, il n'en est pas moins vrai que, pour cette raison précise, la foi est appelée à inspirer, à imprégner chaque culture[12].

Une foi qui ne devient pas culture est une demi-foi. Il était en phase avec Paul VI, auteur de l'exhortation *Evangelii nuntiandi* : « La rupture entre Évangile et culture est sans doute le drame de notre époque, comme ce fut aussi celui d'autres époques. » Montini gardait l'idée d'une fracture entre le monde de la foi et la culture contemporaine, née du détachement de cette dernière d'avec la première. Jean-Paul II avait le sentiment que l'Église, en procédant à un métissage avec la réalité contemporaine, pouvait être créatrice d'une nouvelle culture à la lumière de l'expérience religieuse. Certes, un noyau dur de cette culture dont le pape se faisait le porteur, la culture de la vie, s'opposait âprement à la sensibilité contemporaine dominante. Mais il n'y avait pas que cela.

Le pape polonais, capable de mobiliser les sentiments, redoutait une foi déculturée, éphémère, non transmissible entre les générations et, au fond, privatisée. De manière

11. JEAN-PAUL II, *Lettre de fondation du Conseil pontifical de la culture (20 mai 1982)*, www.vatican.va.

12. JEAN-PAUL II, *Discours aux participants au congrès national du mouvement ecclésial d'engagement culturel*, 16 janvier 1982, www.vatican.va.

significative, le cardinal Bergoglio, archevêque de Buenos Aires, qui n'a jamais excessivement cité Wojtyła, a fortement souligné le lien entre foi et culture que proposait Jean-Paul II. Reprenant Wojtyła, il disait qu'« une foi qui ne se fait pas culture n'est pas une vraie foi ». Wojtyła croyait à une « foi pensée ». Le pape polonais publia, en 1998, une encyclique sur la philosophie, *Fides et ratio*, qui se conclut ainsi :

> À *tous*, je demande de considérer dans toute sa profondeur l'homme, que le Christ a sauvé par le mystère de son amour, sa recherche constante de la vérité et du sens.

« Nous modernes, écrivait Eliade, sommes destinés à nous éveiller à la vie de l'esprit par la culture[13]. » Le spécialiste des religions en était convaincu et notait que la différence anthropologique entre les croyants modernes et ceux des âges précédents portait précisément sur le rapport avec le monde de l'esprit.

Certes, les religions millénaires représentent de grandes cultures ; Pie XI les qualifiait de « cultures religieuses ». Wojtyła reconnaissait de façon expérientielle et mystique la réalité de l'*homo religiosus* présent chez les fidèles de toutes les religions. C'est ici que se situe la valeur du dialogue et de la rencontre. En 1986, à Assise, encore dans le climat de la Guerre froide, le pape se fit le héraut du dialogue interreligieux, en convoquant les responsables des grandes religions dans la ville de saint François. Ce fut le message original d'un pape qui avait compris qu'à ce moment-là les religions risquaient de devenir des idéologies sacralisant

13. Voir M. ELIADE, *L'épreuve du labyrinthe*, Paris, Belfond, 1996.

la guerre. Dans un contexte marqué entre autres par la révolution de Khomeini en 1979 et une « théologie de la libération islamique » qui se répandait, il avait perçu que les religions, et pas seulement l'islam, pouvaient devenir des idéologies militantes.

À Assise, dans un climat de dialogue, les religions, priant non plus les unes contre les autres, comme cela a pu être le cas par le passé, mais les unes à côté des autres, devaient fonder une civilisation du vivre-ensemble, où la prière purifierait les cœurs et l'amitié se substituerait aux inimitiés ataviques. La proposition wojtylienne ne fut pas appréciée par le cardinal Ratzinger qui, attentif à la mission particulière de l'Église dans son identité originale chrétienne, craignait que la figure du pape ne se réduise à celle de président d'une assemblée de confessions toutes égales et sur le même plan, amorçant un dialogue *politically correct.*

Assise est un aspect de la « nouvelle » culture que Wojtyła produisit par son action. Il serait intéressant d'étudier la lecture que le pape faisait de l'histoire des nations à la recherche de leur identité qu'il parcourait. Ces visites ont revêtu une valeur particulière dans les États de fondation récente et dotés d'une faible conscience historique et politique. Jean-Paul II proposait une théologie des nations et percevait la valeur de chacune dans l'histoire, bien que fraternisant toutes dans la prééminente famille des nations. L'universalisme wojtylien était lié au thème de la cohabitation entre les religions et les différentes identités ethniques et culturelles. Le pape cultivait la dimension historique, notamment pour les nations ; pensons à sa relecture de l'histoire polonaise qui valorise les périodes de cohabitation entre Polonais, Juifs, Lituaniens et Ukrainiens. Nous le voyons aussi dans son dernier livre,

Mémoire et identité, consacré à la Seconde Guerre mondiale, à la nation et à la Pologne[14].

« Tout peut changer ! »

L'action de Wojtyła pour réveiller le peuple polonais et canaliser le mouvement de libération du régime marxiste a été menée avec habileté politique entre avancées, protestations et haltes prudentes. Il s'est agi d'une véritable « théologie de la libération » appliquée par un pape qui, en Amérique latine, avait condamné les théologies de la libération en raison surtout de l'utilisation du marxisme. Mais comment peut-on dire que Gustavo Gutiérrez, théologien libérationniste péruvien, a pu être marxiste ? Le marxisme en tant qu'idéologie et les systèmes marxistes représentaient une forme de coercition pour l'homme, à propos de laquelle Wojtyła n'entendait pas transiger même si, par ailleurs, des contacts diplomatiques avec les gouvernements étaient nécessaires. Si la Pologne a apporté une contribution décisive au mouvement de libération du bloc de l'Est, le rôle de Wojtyła dans ce pays a été plus important que ce qu'on en a généralement retenu du côté de l'histoire politique.

Le 89 polonais renverse un modèle consacré par deux cents ans d'histoire, selon lequel les grands changements révolutionnaires s'accompagnent de violence manifestée et surtout pratiquée de façon plus ou moins intense. Les événements de 1989 marquent le dépassement de l'idée de révolution violente et de lutte des classes. On sait

---

14. Jean-Paul II, *Mémoire et identité : conversations au passage entre deux millénaires*, Paris, Flammarion, 2005.

que depuis le XIXe siècle l'Église a perçu, à la faveur d'un ensemble de motifs historiques, son divorce d'avec la classe ouvrière qui menait une lutte pour son auto-rédemption sociale. Or voilà que, dans les années 1980, ouvriers, intellectuels, catholiques et Église luttent ensemble en Pologne pour mettre fin au régime en place.

Les événements de 1989 ont donc marqué le renversement du modèle instauré par la Révolution française de 1789 en surmontant les formes violentes de changement car une transition pacifique est possible, une voie dans laquelle s'engageront de nombreux pays africains dans les années 1990. Bronisław Geremek, grand historien polonais et protagoniste de Solidarność, a écrit :

> Il s'agissait d'une révolution contre l'idée jacobine, avant tout contre ses méthodes, contre la violence, la terreur et le bain de sang, mais aussi contre la centralisation du pouvoir et de la toute-puissance de l'État. […] La révolution de 1989 a donné le coup de grâce à celle de 1789. Elle a mis fin à deux siècles de révolution française[15].

La lutte pour la transition pacifique – Wojtyła le redit dans l'encyclique *Centesimus annus* – n'a pas provoqué de morts mais a exigé patience, sacrifices, lucidité et modération. Pour Jean-Paul II, cette lutte trouvait son origine, il le rappelle, dans la force de la prière[16]. En conservant une place spirituelle et sociale, l'Église a préservé un espoir de libération,

---

15. B. GEREMEK, *L'historien et le politique. Entretiens avec Bronislaw Geremek recueillis par Juan Carlos Vidal*, Montricher, Éd. Noir sur blanc, 1999, p. 397.

16. JEAN-PAUL II, *Lettre encyclique* Centesimus Annus, www.vatican.va.

et un espace public protégé. Dans un contexte politique complexe et riche d'interférences, les révolutions de 1989 ont montré la force de l'esprit et de la conscience. En un certain sens, elles ont été l'expression des courants spirituels profonds qui habitent l'histoire, pour employer une expression chère à Giorgio La Pira.

C'est la position que partage un autre protagoniste de la libération du bloc de l'Est, Václav Havel quand, affirmant le « pouvoir des sans pouvoir », il invita à ne pas avoir honte de l'amour, de la solidarité, de la compassion et de la tolérance, mais à « libérer ces dimensions fondamentales de notre humanité de l'exil vers la vie privée ». Porter ces dimensions dans l'espace public a été perturbant. Il s'agissait, disait-il, de libérer l'âme de ce totalitarisme qui avait anéanti toutes ressources civiles et morales. La valorisation de la « force de l'esprit », et non pas de la violence comme moteur du changement, sera au XXIe siècle à l'origine de nombreux événements qui n'auront pas toujours le succès attendu mais qui auront ébranlé les consciences, rassemblé les foules, fait trembler des régimes bien établis. Pensons aux « printemps arabes », qui n'ont enregistré des résultats durables qu'en Tunisie, ainsi qu'aux mouvements plus récents, comme au Liban ou à Hong Kong, animés par les générations plus jeunes.

Le laïque Havel et le pape étaient sur la même longueur d'onde :

> Je ne sais pas si je sais ce qu'est un miracle, dit Havel en accueillant Wojtyła à Prague en 1990. J'ose dire malgré tout que je participe en ce moment à un miracle ; dans le pays dévasté par l'idéologie de la haine arrive le messager de l'amour ; dans le pays dévasté par le gouvernement des ignorants arrive le symbole vivant de la culture ; dans le pays

jusqu'à il y a peu dévasté par l'idée de la confrontation et de la division du monde arrive le messager de la paix et du dialogue, de la tolérance mutuelle[17].

Le christianisme de Wojtyła a démontré la « force de l'esprit ». Comment l'ordre de Yalta a-t-il été renversé ? Il semblait que seule une guerre, déclara Wojtyła à Frossard, pouvait le faire ; or « [cet ordre] a été soudainement aboli par l'action non violente d'hommes qui, ayant toujours refusé de céder au pouvoir de la force, ont su trouver le moyen efficace de rendre témoignage à la Vérité. Ainsi, concluait-il, ont-ils désarmé l'adversaire[18] ».

Revient alors la question de départ. Le pontificat de Jean-Paul II n'a-t-il été qu'une exception à la longue vague de déclin qui remonte à la fin des années 1960 ? On ne peut soustraire les années du pape Wojtyła à la continuité de l'histoire de l'Église, aux années qui les précèdent et à celles qui les suivent. Reste que son pontificat n'a pas été une illusion due à sa figure de grand communicateur, doté de grands charismes. L'Église, en cette période, a influencé l'histoire d'une manière inédite.

Le fait que ce moment ait quelque chose d'unique ne doit pas empêcher de tirer la leçon complexe de ce pontificat. Par sa culture, sa sensibilité particulière, son messianisme et sa foi, Karol Wojtyła a essayé de réaliser un « christianisme dans l'histoire » hors des inhibitions de la peur et des idéologies. Il était convaincu de la force de changement que les

17. M. Žantovský, *Havel : A Life*, Londres, Atlantic Books, 2014, p. 385.

18. Voir A. Frossard, *« N'ayez pas peur ! » : André Frossard dialogue avec Jean-Paul II*, Paris, France Loisirs, 1983.

chrétiens peuvent introduire dans la vie et dans l'histoire. En 2003, malade, il déclarait au corps diplomatique :

> Mais tout peut changer. Cela dépend de chacun de nous. Chacun peut développer en lui-même son potentiel de foi, de probité, de respect de l'autre, de dévouement au service des autres[19].

La papauté charismatique : héritage ou exception ?

J'ai qualifié son pontificat de « gouvernement charismatique[20] ». Le pape ne renonce pas à gouverner. Il se sert des institutions de la Curie. Il laisse aussi de la place à des moments, à des actions animés d'une forte tension charismatique : rencontres, voyages, journées pour la jeunesse, pèlerinages, gestes symboliques, rassemblements de tout type, valorisation des initiatives religieuses extra-institutionnelles...

Le pontife ne quitte pas les habits traditionnels. Il ne s'éloigne pas du palais destiné aux papes, des modèles de ses prédécesseurs, du système de gouvernement établi par Paul VI. En revanche, il pousse les limites du rituel papal, du protocole, de la tradition qui exaltait la continuité de la papauté plus que la personnalité du pape en tant qu'individu. On doit à Jean-Paul II des mots d'esprit originaux et symboliques qui vont au-delà de frontières

---

19. Jean-Paul II, *Discours au corps diplomatique*, 13 janvier 2003, www.vatican.va.

20. Voir Riccardi, *Jean-Paul II, un pape charismatique.*

traditionnelles qu'il ne renie pas mais habite à sa manière. C'est un mélange, pour ainsi dire, de « souverain pontife » héritier d'une longue tradition, conscient de l'aspect cérémonial et administratif de la fonction, et de *leader* charismatique capable d'utiliser, hors des canaux classiques, des gestes et un langage inédits, faits de paroles, d'expressions physiques et de choix des lieux. Il évolue entre le registre de l'institution et celui du charisme tant dans son rôle personnel que dans la gestion des choses de l'Église. Il guide l'institution et favorise les personnes charismatiques.

Il est pape mais aussi *leader* charismatique, investi d'une forte charge d'humanité comme on le voit dans sa relation avec les personnes. Il rencontre tout le monde, parle dans les lieux les plus divers, écoute, visite le plus grand nombre possible de pays, introduit la mobilité de la papauté. Sa relation avec les jeunes générations, terrain difficile pour l'Église depuis des années, présente un grand intérêt. Les rencontres avec les jeunes ont constitué l'un des aspects les plus charismatiques du pontificat, prouvant sa forte capacité d'attraction.

Un observateur averti, le grand reporter italien Igor Man, a écrit en 2000 :

> Devant une génération de parents occidentaux peu capables d'être pères et mères, les jeunes ont été attirés par la sincérité du « Grand-Père », le pape[21].

Celui-ci ne craint pas les supporters du stade mais ne renonce pas pour autant à l'originalité de son message. Il se présente tel qu'il est, faible et malade comme en 2000

---

21. I. Man, « Dal dolore la speranza », *La Stampa*, 23 décembre 2000, p. 53-64.

à la Journée mondiale de la jeunesse à Rome. Habité par un esprit qui impose le respect aux jeunes, même s'ils n'acceptent pas son message dans sa globalité, il s'avance comme un « prophète postmoderne », pour citer encore Igor Man.

Pour Jean-Paul II, il s'agit de valoriser la dimension charismatique de l'Église en s'appuyant sur la piété populaire et mariale dans laquelle il s'inscrit en visitant de nombreux sanctuaires. Sa dévotion intègre une forte compréhension de la figure « charismatique » de Marie dans l'Église. À cet aspect, auquel il accorde beaucoup d'importance, s'ajoute son attention aux mouvements nés de manière charismatique dans l'Église qu'il encourage en tant que part active de l'évangélisation. Les communautés nouvelles et les mouvements, réalités diverses et classées de manière quelque peu arbitraire dans cette catégorie, incarnent, face à la paroisse, une autre manière d'approcher les personnes et le territoire. Jean-Paul II, nous l'avons déjà dit, est convaincu que cet ensemble de réalités représente un espace charismatique important. Pour la Pentecôte de 1998, il en reconnaît l'impact complexe et novateur :

> [...] les mouvements reconnus officiellement par l'autorité ecclésiale se présentent comme des formes d'auto-réalisation et comme des reflets de l'unique Église. Leur naissance et leur diffusion ont apporté une nouveauté inattendue et parfois même explosive dans la vie de l'Église. Cela n'a pas manqué de susciter des interrogations, des malaises et des tensions ; cela a parfois comporté des présomptions et des excès d'un côté, et de nombreux préjudices et réserves de l'autre.

Le pape lance sa proposition aux mouvements et à l'Église : « Aujourd'hui, une nouvelle étape s'ouvre devant vous, celle de la maturité ecclésiale. » C'est l'étape d'une « communion » entre les aspects institutionnels et charismatiques :

> L'aspect institutionnel et l'aspect charismatique sont presque coexistants dans la constitution de l'Église et concourent, bien que de façons diverses, à sa vie, à son renouveau et à la sanctification du Peuple de Dieu. C'est de cette redécouverte providentielle de la dimension charismatique de l'Église que, avant et après le Concile, s'est affirmée une ligne particulière de développement des mouvements ecclésiaux et des communautés nouvelles[22].

Cette affirmation découlait de l'expérience de vingt années de pontificat, exercé dans la jonction délicate, pas toujours couronnée de succès, entre le ministère institutionnel et l'aspect charismatique. Il y a, concernant la question charismatique, un thème à développer dans l'Église, identifiable non seulement aux communautés nouvelles, mais aussi aux nouveaux charismes dans la vie des communautés et dans les paroisses.

S'agissant de ces communautés nouvelles, le pape, comme s'il voulait répondre aux tensions qui existaient entre ces mouvements et les évêques, en a assumé la gestion directe, comme à différentes époques de l'histoire la papauté l'avait fait avec les religieux, pour les lier. À la fin du XXe siècle, les mouvements et les communautés nouvelles

22. Jean-Paul II, *Discours aux mouvements ecclésiaux et aux communautés nouvelles*, 30 mai 1998, www.vatican.va.

représentaient-ils tout l'espace charismatique coessentiel à l'Église et concourant au renouveau ? En réalité, il y avait chez Wojtyła l'idée d'une dynamique à développer plus avant dans l'Église.

En Amérique latine, il avait perçu la limite institutionnelle du catholicisme face à la croissance des mouvements néo-protestants. Comme l'observe D. Hervieu-Léger, « le catholicisme en tant que tel est massivement perçu comme une "religion froide", normative et gérée d'en-haut ». Elle ajoute : « L'enthousiasme pour des personnalités catholiques hors du commun [...] s'affirme, si l'on peut dire, au détriment de l'institution[23] ». La sociologue poursuit :

> Cette perception superficielle d'un catholicisme triste est associée [...] à l'idée que la morale catholique est une morale de répression du plaisir, une morale qui contraint, par définition, le droit fondamental de chacun de poursuivre son bonheur selon les voies que lui-même choisit[24].

Wojtyła entendait dépasser ces limites sans mutiler le message de l'Église. Le Grand Jubilé de l'an 2000, dont il avait fait un objectif dès son élection en 1978, représentait pour lui une occasion importante, une proposition d'auto-réforme de l'Église. Pétri de visions messianiques, le pape voyait l'entrée dans le nouveau millénaire comme un passage décisif. Il faut lire avec attention les documents papaux du Jubilé, *Tertio millennio adveniente* et *Novo millennio ineunte*. On y devine la main et la pensée de Jean-Paul II. Or la proposition de réforme, adressée à

23. HERVIEU-LÉGER, *Catholicisme, la fin d'un monde*, p. 133.
24. *Ibid.*, p. 134.

l'Église à l'issue du Jubilé de l'an 2000, consiste à « faire de l'Église *la maison et l'école de la communion* ». Il fallait revisiter tous les milieux, institutionnels entre autres, de l'Église à la lumière de la « spiritualité de communion », en les transfigurant. Le vieux pape, comme s'il entendait réformer l'Église, affirmait :

> Dans ce but, il faut faire nôtre la sagesse antique qui, sans porter aucun préjudice au rôle d'autorité des Pasteurs, savait les encourager à la plus grande écoute de tout le peuple de Dieu. Ce que saint Benoît rappelle à l'Abbé du monastère, en l'invitant à consulter aussi les plus jeunes, est significatif : « Souvent le Seigneur inspire à un plus jeune un avis meilleur ». Et saint Paulin de Nole exhorte : « Soyons suspendus à la bouche de tous les fidèles, car dans tous les fidèles souffle l'Esprit de Dieu »[25].

C'était aussi un défi lancé au gouvernement pastoral des diocèses, un appel à une vie plus communautaire. Le « défi du millénaire » consistait à dilater les espaces de communion dans une Église encore trop pyramidale, en faisant grandir les expressions charismatiques et populaires, en exerçant un ministère plus à l'écoute du peuple de Dieu. Une proposition voulue par Wojtyła que l'organisation des événements du Jubilé aura sans doute poussée au second plan. Certains événements ont néanmoins provoqué une forte prise de conscience de l'Église, comme la demande de pardon pour les péchés commis par l'Église et par ses enfants, qui a pour arrière-plan une solide réflexion théologique, sans laquelle le catholicisme aurait difficilement

---

25. Jean-Paul II, *Lettre apostolique Novo millennio ineunte*, www.vatican.va.

affronté les difficultés du XXIe siècle ; ou encore la célébration des nouveaux martyrs au Colisée qui a montré, de manière originale et exigeante, que l'Église du XXe siècle a été une Église de martyrs.

Cette réforme, qui ne s'est pas réalisée du fait de l'état de santé du pape, n'a pas non plus été prise en compte par les structures de l'Église. Elle avait pour prémisse la reconnaissance de la place du charisme dans l'Église et de son incontestable élargissement. La réforme misait aussi sur le caractère central de l'Évangile car le pape demandait un « retour à l'Évangile », prenant quelque peu ses distances avec les nombreux programmes pastoraux alors mis en œuvre dans les diocèses, sachant que le concept de programme pastoral remonte à la « culture du plan » typique des organisations, notamment politiques et syndicales, depuis les années 1920. Il écrivait dans *Novo millennio ineunte* :

> Il ne s'agit pas alors d'inventer un « nouveau programme ». Le programme existe déjà : c'est celui de toujours, tiré de l'Évangile et de la Tradition vivante. Il est centré, en dernière analyse, sur le Christ lui-même, qu'il faut connaître, aimer, imiter, pour vivre en lui la vie trinitaire et pour transformer avec lui l'histoire jusqu'à son achèvement dans la Jérusalem céleste. C'est un programme qui ne change pas avec la variation des temps et des cultures, même s'il tient compte du temps et de la culture pour un dialogue vrai et une communication efficace.

Il est important de penser à nouveaux frais le pontificat de Wojtyła à la lumière de la réflexion sur le déclin : les thèmes de la peur, de la culture comme espace du christianisme, de la capacité à être charismatique, l'influence du christianisme sur l'histoire – « transformer avec lui l'histoire » écrit-il – la réforme dans la communion de la vie diocésaine, le retour à l'Évangile... Le pontificat de Wojtyła, si long et si complexe, s'est finalement achevé sans bilan ni réflexion pour l'avenir. Son héritage a été partagé entre différents segments, les positions les plus diverses, et parfois contradictoires. Jean-Paul II a été davantage revendiqué par les mouvements *pro-life,* sur les thèmes qui leur tiennent à cœur, que pour les autres aspects de son pontificat. Pourtant celui-ci représente l'histoire de plus d'un quart de siècle d'Église.

VI

La grande crise et le pape qui vient de loin

Le sommet et le symbole de la crise

Ratzinger avait été élu au nom de la continuité avec Wojtyła ; mais connaissant son caractère réservé, les cardinaux étaient convaincus que son savoir théologique systématiserait les intuitions, quelque peu contradictoires et explosives, de son prédécesseur. Une partie des cardinaux qui avaient mené Ratzinger au pontificat pensaient qu'il introduirait plus de sévérité et d'ordre dans l'Église. Ils s'attendaient à une restauration. C'était sans compter la douceur de son caractère et son sens de la justice, étranger aux processus répressifs. Pourtant l'idée que la sévérité peut éviter des crises et garantir l'avenir affleure de temps à autre dans l'Église.

Il n'est pas encore possible d'analyser la papauté de Benoît XVI mais ce pontificat, qui n'a pas été bref, mérite une grande considération et commence à faire l'objet de travaux historiographiques. Ratzinger procède de manière systématique, en particulier par une série d'encycliques, à l'approfondissement théologique de la foi. Son pontificat, progressivement marqué par un sentiment de crise de la gouvernance de l'Église, ne laissait cependant pas présager une démission.

Sa renonciation a constitué un tournant. Elle a montré la fragilité de l'institution et de son gouvernement suprême, et offert l'occasion de réfléchir sur le mauvais état de santé de l'organisation dont le responsable avait démissionné en dépit de la tradition établie. Seule la mort interrompt le ministère du pape, à la différence des évêques qui, depuis l'après-Concile, présentent leur démission à leur soixante-quinzième anniversaire[1]. D'ailleurs cette pratique, communément perçue comme une tradition, dit quelque chose de la figure du pape dans le catholicisme.

Sa démission a été un événement inédit, surtout après Jean-Paul II qui avait accepté la maladie extrême comme un témoignage. « On ne descend pas de la croix », commenta l'ancien secrétaire de Wojtyła à propos de la démission de Ratzinger, se faisant l'interprète de la conviction de son pape. Les années de maladie avaient accru la popularité de Wojtyła, souffrant mais résistant. Chez les fidèles, la démission de Ratzinger a ébranlé la « dévotion au pape ».

Cette dernière remonte à plus d'un siècle et demi, à l'époque où l'attention des catholiques était dirigée vers la figure impuissante de l'évêque de Rome face aux aléas politiques et militaires. Pie VI et Pie VII, qui avaient été faits prisonniers en France, avaient été contraints de traverser une partie de l'Europe au grand émoi des fidèles. Ballotté entre les vicissitudes et la fin de son pouvoir temporel, Pie IX avait attiré l'attention des catholiques, renforcé la piété envers le pape grâce au courant théologique ultramontain. Parmi les papes d'avant le Concile se détache la figure de Pie XII, apprécié en Allemagne et

1. Voir M. Asaldo, *Un altro papa. Ratzinger, le dimissioni e lo scontro con Bergoglio*, Milan, Rizzoli, 2020.

considéré durant la guerre comme le *defensor civitatis* de Rome. La « dévotion au pape » accompagne l'expansion missionnaire des XIXe et XXe siècles.

Au cœur du XIXe siècle, l'hymne de la Jeunesse catholique italienne exprimait ce sentiment : « Père Blanc qui depuis Rome est pour nous repère, lumière et guide, fais confiance à chacun de nous, tu peux compter sur nous tous. » Et au cours des événements tragiques du coup d'État de Pinochet au Chili et de la répression, les Inti Illimani chantaient la chanson de Violeta Parra : « *Que dirá el Santo Padre/que vive en Roma/que le están degollando/a su paloma.* » C'est l'idée qu'il existe une figure paternelle, le pape, qui souffre des vicissitudes de peuples qui lui sont chers, qui depuis Rome est « repère, lumière et guide ».

Il y avait comme un « pacte » non écrit entre les fidèles, manifestant leur attitude filiale envers le souverain pontife, et le pape, dont l'existence s'identifiait intégralement à une présence paternelle jusqu'à la fin. Le cardinal Scola a exprimé dans un entretien cette attitude filiale, en disant : « Dès mon jeune âge j'ai appris que "le pape est le pape"[2]. » Paul VI, qui avait évoqué le thème de la démission, avait conclu ainsi : « On ne démissionne pas comme père. » Il convient de le relever après l'évocation de la crise du père à la suite de 1968 et celle du ministère sacerdotal.

La démission de Ratzinger a marqué un temps d'arrêt dans la longue vague de dévotion au pape, composante importante de l'identité catholique, laquelle le considérait comme une figure paternelle, une référence permanente

2. A. Scola, « Basta attacchi a Papa Francesco. Allo Stato laico servono i cristiani », *La Stampa*, 11 décembre 2019.

avec son ministère exercé jusqu'à la mort. Quant à Benoît XVI, salué comme le pape de la tradition, il a accompli en démissionnant un geste qui, même s'il ne pose pas de problème d'un point de vue doctrinal, est apparu comme une rupture. Le 11 février 2013, Ratzinger annonce sa décision :

> Après avoir examiné ma conscience devant Dieu, à diverses reprises, je suis parvenu à la certitude que mes forces, en raison de l'avancement de mon âge, ne sont plus aptes à exercer adéquatement le ministère pétrinien.

Dans ces paroles, l'examen de conscience du pape avec lui-même et devant Dieu s'avère déterminant. Il n'y a pas eu de consultation du collège des cardinaux et, d'après ce que l'on sait, ses plus proches collaborateurs étaient contre ce choix. Le pape de la tradition affirmait la valeur de la conscience pour motiver une renonciation inédite. Le moi du pape n'était pas « enseveli » ou « crucifié » par le ministère. Il manifestait sa subjectivité par une décision en conscience. Et cette subjectivité exprimait le sens d'une responsabilité.

Benoît XVI ajoutait que, pour exercer le ministère, « la vigueur est nécessaire, tant celle du corps que celle de l'âme ». La perte de vigueur avait été assez forte pour « reconnaître [son] incapacité à bien administrer le ministère qui [lui] avait été confié ». D'après les documents connus à ce jour, le pape se déclarait « incapable » d'exercer la mission, et pas seulement pour des raisons physiques, les seules considérées par ses prédécesseurs comme motif de renonciation. Le pape avait surtout le sentiment de manquer de « vigueur » d'âme.

C'est une vision assez réaliste du ministère qui met au second plan les aspects religieux et providentialistes. Une vision très sérieuse et courageuse du fait précisément de sa large part de réalisme. Pour Jean-Paul II, même le manque de « vigueur » d'un pape faisait partie de façon providentielle d'un « moi » incorporé au service pétrinien. Quelles étaient la vigueur physique et la vigueur d'âme de Jean-Paul II durant ses dernières années ? Ici se trouve, à mon avis, le point de basculement de Benoît XVI, qui avait remis au goût du jour les traditionnelles tenues vestimentaires papales, en faisant un choix réaliste et responsable. De plus, la décision n'impliquait pas le départ immédiat du ministère pétrinien. Après son discours de démission, Célestin V descendit du trône et retira ses habits et les insignes pontificaux. Benoît XVI a continué à gouverner jusqu'au 28 février, après avoir préalablement précisé que sa démission prendrait effet le même jour à 20 heures.

Dans une perspective religieuse, en prenant appui sur la conscience respectable et éprouvée du pape, on a le sentiment d'une certaine « sécularisation » de la papauté. Il s'agit en somme d'une renonciation en conscience, exemplaire pour de nombreux détenteurs de pouvoir civils ou religieux attachés à leur rôle, qui place la papauté au même niveau que des institutions ou des gouvernements civils.

Les prédécesseurs de Benoît XVI ont enseigné que la « vigueur » n'a pas toujours une place déterminante dans la gouvernance papale, et ont insisté sur l'assistance de l'Esprit. Or le pape Benoît possédait une certaine « vigueur » pour gouverner une vingtaine de jours encore après l'annonce de sa démission et pour accomplir, en tant que pape émérite, quelques interventions publiques, menant toujours une vie, certes retirée, de relations. On peut alors déduire que sa « vigueur » n'était pas proportionnée par rapport aux difficultés du ministère. Le pape n'avait pas les énergies suffisantes pour affronter les défis d'un gouvernement complexe. Nous voyons apparaître ici un autre aspect de la crise de l'Église : « Même le pape Benoît n'arrive plus désormais à gouverner l'Église », a-t-on dit, une fois passée la surprise de la démission.

Nombreux sont ceux qui ont compris que, pour accomplir un geste aussi surprenant, la crise de l'Église devait être sérieuse, bien plus qu'on ne le disait. Beaucoup ont enquêté sur les raisons qui ont motivé un geste d'une telle gravité, surtout chez une personnalité aussi consciencieuse que la sienne. Dans la biographie qu'il consacre à Ratzinger, Roberto Regoli évoque le scandale du Vatileaks, la condamnation de l'assistant du pape, la nature querelleuse de la Curie, la santé… comme autant d'éléments qui auraient pesé sur la décision[3]. D'autres ont rapporté que l'impossibilité d'effectuer un voyage au Brésil pour les Journées mondiales de la jeunesse l'aurait incité à faire ce pas. On peut dire aussi, avec Anthony McCarten, que le pontificat sortait de « trois années de turbulence », marquées en particulier par l'affaire des abus sexuels du clergé et des religieux[4]. C'était une problématique que Ratzinger avait suivie avec rigueur en tant que préfet de la congrégation pour la doctrine de la foi et qu'il connaissait donc bien.

3. Voir R. Regoli, *Oltre la crisi della Chiesa : il pontificato di Benedetto XVI*, Turin, Lindau, 2016.

4. A. McCarten, *L'anno dei due papi. Francesco, Benedetto e la rinuncia che ha scosso il mondo*, Milan, Mondadori, 2019. Voir aussi G. Pala, *La Chiesa risponde agli abusi sui minori*, Cinisello Balsamo, San Paolo, 2020.

Nous pourrions aussi ajouter au nombre des motivations les conclusions du rapport des trois cardinaux sur la Curie, que le pape émérite remettra au nouvel élu, François, durant la visite de ce dernier à Castel Gandolfo. Ratzinger n'aura pas réussi à réformer la Curie ; il aura été l'objet de pressions diverses pour prendre des décisions et procéder à des nominations, pressions dont il lui était difficile de se libérer. Le pape, qui n'arrivait plus à gouverner la crise, a renoncé. À un homme politique italien mis dans la confidence, qui manifestait sa stupeur et son opposition à la volonté de démissionner, celui-ci aurait déclaré énergiquement : « Je n'y arrive plus ! »

Par son geste, Benoît XVI se plaçait sous le jugement de tous comme un pape ne l'avait jamais fait, celui de ceux qui l'applaudissaient, le plaignaient ou l'estimaient tout comme de ceux qui le critiquaient ou considéraient qu'il fuyait ses responsabilités. Une génération entière avait connu l'exemple de Jean-Paul II, pape jusqu'à la mort, frappé par une grave maladie. En ce sens, cette démission a provoqué une crise de la dévotion au pape qui a sans doute entraîné la fin d'un cycle. Certes, on pourrait opposer à cette conclusion la sympathie suscitée par François au lendemain de son élection. Mais celle-ci a été surtout motivée par le sentiment qu'il représentait une manière de se libérer d'une crise profonde.

La démission a constitué un point de bascule. Rien ne perdure plus, pas même le pape de Rome. La démission de Ratzinger reste un traumatisme dans le catholicisme qui a relativisé la figure du pape, tout au moins en partie. Que cela plaise ou non, c'est une réalité. Benoît XVI a ouvert la voie au « libre examen » – s'il est permis d'utiliser cette expression – des actions et décisions de tout pape. La publication en 1967 de *La tunica stracciata* de Tito Casini, avec une préface du cardinal Bacci, un texte critique sur la réforme liturgique, était apparue comme un fait inouï, parce que ce texte concernait Paul VI[5]. Aujourd'hui, à regarder les polémiques autour du pape, on mesure à quel point le climat a changé. La démission du pape Benoît a été un traumatisme qui a révélé la fragilité de l'Église.

La surprise du pape François

L'élection du premier pape latino-américain a changé le climat. Écrivant pendant les mois qui ont suivi son élection, impressionné par l'accueil favorable des catholiques et non catholiques, je me suis interrogé sur la « surprise du pape François[6] ». Avec l'élection d'un nouveau pape, l'Église a montré qu'elle savait dépasser la blessure d'une démission en revenant à la vie ordinaire, à travers une bouffée d'air frais, et au bon fonctionnement du mécanisme institutionnel dans un contexte inédit.

François a établi avec les gens une relation de forte sympathie, en partant d'un message direct, simple et évangélique.

5. T. Casini, *La tunica stracciata. Lettera di un cattolico sulla riforma liturgica*, Florenze, Il carro di San Giovanni, 1969.

6. A. Riccardi, *Comprendre le pape François*, Paris, Éd. de l'Emmanuel, 2015. La bibliographie disponible sur Bergoglio n'est pas exhaustive et de valeur inégale. Notons toutefois deux travaux à l'approche différente, parus après plusieurs années de pontificat : A. Ivereigh, *Wounded Shepherd : Pope Francis and His Struggle to Convert the Catholic Church*, New York, Henry Holt and Company, 2019, et M. Franco, *L'enigma Bergoglio. La parabola di un papato*, Milan, Solferino, 2020.

Il a insisté sur la miséricorde, touchant ainsi un grand nombre de personnes. Les Journées mondiales de la jeunesse de Rio de Janeiro de 2013 ont montré la vitalité du catholicisme : « Je vous demande d'être constructeurs du monde, de vous mettre au travail pour un monde meilleur », a dit François aux jeunes, leur donnant la vision d'une Église qui se projette vers l'avenir.

Avec l'élection d'un pape argentin, la papauté a chassé l'ombre d'une atmosphère déclinante européenne qui semblait contaminer l'Église. Dans ses interventions, François évoque un aspect important de la situation européenne, la vieillesse, pas seulement démographique mais aussi dans la manière d'envisager la vie. Il a parlé d'une « Europe fatiguée et vieillie, infertile et sans vitalité, où les grands idéaux qui ont inspiré l'Europe semblent avoir perdu leur force attractive[7] ».

L'Église est en partie malade de la maladie de l'Europe. Elle présente une faible capacité d'ouverture au monde, alors qu'au cours de ces deux derniers siècles, en particulier au XXe siècle, le catholicisme européen a été le protagoniste incontesté de la « seconde » mondialisation du christianisme, après celle des XVe et XVIe siècles en Amérique latine et ailleurs. Le climat européen d'ouverture au monde, dans lequel la mondialisation missionnaire s'inscrit aussi par certains aspects, était non seulement fait de colonialisme – même si l'on ne peut considérer les missions comme un appendice religieux à l'ère coloniale –, d'expansion économique, mais aussi d'émigrations européennes et de

7. Pape François, *Discours pour la remise du prix Charlemagne*, Cité du Vatican, 6 mai 2016, www.vatican.va. Voir id., *Sognare l'Europa*, Bologne, EDB, 2017, p. 59.

cette conscience ambiguë d'être un continent au centre de l'histoire, porteur de civilisation et de progrès.

L'Europe n'est plus cela. Jusqu'à la chute du mur de Berlin, dans sa partie occidentale, elle a gardé son rôle d'autre Occident par rapport aux États-Unis, centre du monde à sa manière. Aujourd'hui le sentiment de déclin s'accompagne de repli sur soi. L'Europe se découvre « périphérie », étonnamment périphérique par rapport au reste du monde, aux nouveaux acteurs globaux que sont la Chine et l'Inde face aux États-Unis. Une périphérie particulière assurément, qui n'est pas marquée par la pauvreté ou le manque de ressources, mais politiquement marginale. Il ne faut pas oublier non plus qu'en Europe, ces quarante dernières années sont marquées par un lent déclin économique en dépit d'un modèle social meilleur qu'aux États-Unis, avec une espérance de vie plus élevée et de moindres inégalités. L'économie américaine a toutefois mieux tenu que l'économie européenne dans la confrontation avec la Chine, et l'on prévoit dans la zone euro une récession presque deux fois plus élevée qu'aux États-Unis après la fin du Covid-19[8].

Composée de quinze pays asiatiques dont la Chine, le Japon, la Corée du Sud, l'Indonésie, les Philippines, ainsi que l'Australie et la Nouvelle-Zélande, la *Regional Comprehensive Economic Partnership* est le plus grand bloc commercial du monde. Il représente 30 % du PIB mondial sans évoquer les effets démultiplicateurs sur les échanges et la richesse[9]. L'Europe est périphérique non seulement par

8. E. Albert, M. Charrel, « Quarante ans d'un lent déclin européen », *Le Monde*, 9 décembre 2020.

9. C. Attanasio Ghezzi, « La Cina lancia Rcep, un patto a 15 per i commerci globali. Fuori Ue e Usa », *La Stampa*, 16 novembre 2020, p. 14-15.

rapport à ces grands choix économiques, mais aussi par rapport aux dynamiques de l'histoire. Benoît XVI, déjà, avait évoqué un « congé de l'histoire ».

Pourtant, la seconde moitié du XXe siècle a été une époque de grandes passions catholiques européennes pour le monde. La paix, le développement, une distribution plus équitable des ressources sont autant d'expressions et de visions mondialistes. Le catholicisme européen a été le lieu d'élaboration de pensées et d'actions d'ouverture au monde comme la solidarité avec le Sud, la recherche de la paix, l'œcuménisme… que Giorgio La Pira aurait caractérisées d'unitives. Pensons à la vaste entreprise du dialogue entre les religions rendue possible grâce à de nombreux Européens. Tout cela n'est pas mort mais la passion s'est émoussée et le nombre d'actions s'est amoindri. Que s'est-il passé ?

Le fait que la situation européenne contamine le personnel, les dirigeants et les fidèles européens de l'Église n'a rien d'étrange. Le pape François s'en est très vite aperçu, abandonnant la bataille de ses prédécesseurs au sujet des « racines chrétiennes de l'Europe » rejetées par la Constitution de l'Union. Cette bataille au goût passéiste avait incité les catholiques à invoquer le passé comme source de légitimité pour le présent. Le baptême peut entrer en mémoire, il ne conditionne pas l'évolution d'un individu ni, en l'occurrence, d'un continent même s'il est marqué par l'empreinte de ses origines.

Le pape argentin a dépassé le dernier vestige du légitimisme catholique dont l'histoire est plus que séculaire, légitimisme partant toujours des droits originaires du christianisme et de l'autorité. Bergoglio a reconnu qu'« une histoire bimillénaire lie l'Europe et le christianisme », mais aujourd'hui le continent est laïque et pluriel sur le plan religieux. Sa proposition est originale. Elle consiste à écrire l'histoire à venir du continent, ensemble, de former une alliance entre les protagonistes. Il l'a affirmé à Strasbourg, au cœur de l'Europe, et l'a répété lors de la remise du prix Charlemagne.

Ces dernières années ont vu se consolider, tant à l'est qu'à l'ouest de l'Europe, les mouvements souverainistes ; en particulier avec la crise des migrants. Ils répondent à la peur de l'avenir et de l'ouverture au monde par la fermeture. Les réfugiés syriens en particulier, passés par les Balkans pour fuir une guerre insensée, ont provoqué une réaction de retranchement dans les pays de l'Est, avec la réapparition du mur pour freiner les arrivées. L'Europe a craint l'invasion. Elle s'est découverte peu centrale, périphérique, à la fois faible et attrayante. Le reproche que la droite souverainiste fait à Bergoglio se résume ainsi : « Ce pape verse peu de larmes pour les catholiques[10]. »

Bergoglio rêve d'une relance de l'unité du continent mais il n'insiste plus sur la place centrale du catholicisme européen dans le catholicisme universel. Comme le montrent ses voyages, il n'a pas visité de grands pays européens comme la France, l'Espagne, l'Allemagne, seulement des pays excentrés. Il a privilégié les parcours historiques et ecclésiaux depuis les marges du monde catholique. Sa vision géopolitique a chamboulé ce qu'il y avait d'impérial dans la posture catholique, un centre, des régions limitrophes et des périphéries.

10. G. Veneziani, « Questo papa piange poco per i cattolici », *Libero*, 23 avril 2019.

Hors de la crise ?

Mais revenons à la crise catholique. Vu comme un souffle de fraîcheur en dépit de son âge, le pape argentin a commencé par s'attirer une forte sympathie. Pendant les deux premières années de son mandat, le sentiment que la crise vécue avec Benoît XVI avait constitué une parenthèse a dominé. Une proximité à la faveur d'un nouveau lexique, un langage qui vise à communiquer l'Évangile avec les codes de la miséricorde, s'est créée entre les gens et le pape, sans que François ait eu l'intention de changer la morale catholique. À cette accusation qui lui a été faite, il a répondu avec simplicité : « Je suis catholique moi aussi. » En convoquant deux synodes sur la famille, en continuité avec l'enseignement des papes, et en instituant le Jubilé, il a insisté sur la miséricorde car telle était son intention déclarée.

Il ne fait aucun doute que beaucoup de choses ont changé avec François. Nous avons surtout vu s'amorcer un processus d'attraction et d'attention vers le pape, vers l'Église et son message en direction des catholiques et non-catholiques. Le *leadership* de Bergoglio a été reconnu sur la scène internationale, dans le monde chrétien non catholique comme auprès des autres religions. Quelque chose de semblable à ce qu'il s'était passé avec Wojtyła s'est reproduit. Mais la familiarité introduite par Wojtyła conservait, du fait même du caractère de la personne, un aspect de « souverain messianique », tandis que Bergoglio est un religieux et un homme ordinaire sans façons[11].

---

11. F. Garelli, *Gente di poca fede. Il sentimento religioso nell'Italia incerta di Dio*, Bologne, il Mulino, 2020, p. 138.

Dans *La Joie de l'Évangile*, son manifeste, le pape a indiqué à l'Église une voie « utopique », en insistant sur la notion d'« utopie », un peuple qui communique l'Évangile avec une passion renouvelée, en sortant des structures et des institutions. Loin de la situation de rente, il propose une ouverture au monde par la communication. Dans la vision bergoglienne, telle qu'elle s'exprime dans le document, passe le souffle d'une « révolution évangélique » à mener, d'une mobilisation en faveur de la réception de ce texte.

Pour Bergoglio, l'Église est le peuple de Dieu vivant au cœur des différents peuples. La conception qu'il a d'elle s'inspire de la théologie argentine, dont on savait peu de choses en Europe au moment de son élection, et qui avait en partie façonné le document de la Conférence épiscopale latino-américaine d'Aparecida en 2007. Elle constitue une variante autonome et importante de la théologie de la libération, où le marxisme n'a pas sa place mais où la piété populaire est valorisée[12]. En réponse au déclin, Ratzinger a proposé la minorité créative des catholiques ; Bergoglio, l'Église des peuples, évangélisatrice à l'échelle mondiale. Et François est de fait devenu, dans cette Église des peuples, le « prophète » qui communique son message au fidèle. Le pape peut le faire, même s'il lui faut relativiser les structures et figures qui président d'ordinaire à la conduite de larges portions du catholicisme. Il a procédé à une désintermédiation, devenue très actuelle, dans son exercice de l'autorité. Il a parlé directement aux fidèles. Or, il n'y a généralement pas eu de renouvellement des corps intermédiaires de l'Église.

12. Voir J. C. Scannone, *Le pape du peuple*, Paris, Éd. du cerf, 2015.

La « révolution » de *La Joie de l'Évangile* a rencontré des résistances. L'exhortation a eu un impact relatif. Mais comment espérer que la venue d'un homme, même porteur d'un message profond et d'une puissante énergie, puisse répondre tout de suite à une crise qui vient de loin ? D'autre part, François a été confronté à des problèmes de gouvernement, lui qui est à la fois dirigeant de l'Église catholique, évêque de Rome, primat de l'Église italienne, à la tête du collège des évêques, à la tête de la Curie romaine et souverain de l'État de la Cité du Vatican. Le gouvernement institutionnel, avec ses problèmes attentivement suivis par la presse, a érodé une partie de la force de son charisme, lequel reste néanmoins vigoureux. Au nombre des problèmes de l'administration du Vatican, on compte les questions financières du Saint-Siège, les scandales liés aux comportements moraux du clergé et des religieux, et bien d'autres questions. Aujourd'hui quand la presse parle du pape, elle évoque en même temps les questions internes au Vatican, mais de façon excessive par rapport à leur importance. Et parmi les ecclésiastiques, des voix autorisées critiquent publiquement le pape, comme jamais auparavant.

Le pape parle des maladies de la Curie, or il est à sa tête. Il est sévère avec le cléricalisme, mais il est le premier des clercs. Son franc-parler a aboli une vision pyramidale de l'Église en vigueur jusqu'à hier. Il existait autrefois un système de gouvernement curial qui devait *couvrir la couronne**, comme disait le cardinal Casaroli, secrétaire d'État de Jean-Paul II. Aujourd'hui, en conférence de presse, François affronte directement les questions ouvertes de toutes sortes, au risque de créer une certaine pagaille par la suite.

Les questions ouvertes, non résolues, finissent par se déverser sur le pape, dont le charisme est maintenant contesté, comme cela arrive aussi aux personnalités publiques avec l'usure du temps. Les problèmes de l'Église et des institutions vaticanes retombent souvent sur lui parce qu'il ne craint pas de gouverner en prenant des décisions personnelles. La vague de « dévotion au pape » a reflué avec les ans, et avec Benoît XVI, ce que d'aucuns considèrent comme un bien. Pour François, cette dévotion n'a jamais été un élément protecteur ; il ne cherche pas à la renforcer ; il l'a plutôt mise en sourdine et en a effacé les aspects traditionnels comme le baisemain et les manifestations de « souveraineté » ou de culte du Saint-Père.

Les mauvais indicateurs persistent en nombre, au risque d'en conclure que les années de François n'ont pas permis de sortir de la crise, même si – il convient de le dire – celle-ci a été combattue par des choix significatifs, celui de *La Joie de l'Évangile*, l'Église du peuple « en sortie », le choix d'un nouveau discours social centré sur la crise environnementale et la fraternité, un débat plus large et plus ouvert dans l'Église, la place centrale des pauvres, des réfugiés et des migrants, et tant d'autres éléments. Mais par bien des aspects, les indicateurs de la crise, comme le recul des vocations ou la réduction de la pratique religieuse, restent préoccupants.

Les problèmes de l'Église de François sont ceux qui ont été évoqués dans les précédents chapitres. Pouvait-il les résoudre par magie ? Non, assurément, mais ce pape n'a pas non plus été totalement écouté quand il a tenté d'introduire une réforme, entendue comme conversion pastorale de l'Église. Les exégètes de la pensée de François ont souligné qu'il entendait inaugurer des processus dans l'Église plutôt que réaliser des projets. On pourrait discourir longuement sur cette expression. Il convient de noter que le pape, dans une Église complexe où les priorités s'entremêlent et se contredisent, a placé au centre l'Évangile et les pauvres. D'aucuns objectent qu'il s'agit là d'un thème ancien. C'est vrai, mais avec le nom de saint François, en choisissant de le porter, il a montré quelles étaient ses priorités. Bergoglio a donné aux pauvres une centralité particulière, évangélique et radicale.

L'histoire ne manque pas d'institutions ou de personnalités dédiées aux pauvres. Ces cinquante dernières années, de grandes organisations catholiques se sont développées. Elles ont mis en œuvre des programmes d'envergure comme les Caritas. Mais le risque d'une bureaucratisation, surtout au niveau central, et calée sur le modèle des grandes organisations non gouvernementales, a été important. Souvent, la culture dans laquelle ces organisations ont œuvré ne diffère pas de celle des organisations humanitaires. Pour Bergoglio, au contraire, le rapport personnel et solidaire avec le pauvre est au centre, comme un « sacrement ». Les pauvres ne peuvent ni être des usagers ni des clients des institutions de l'Église. Ils en constituent la part vivante et intégrante, car à travers eux – selon la parabole du Jugement Mt 25 – c'est Jésus lui-même qui se fait reconnaître. Il s'agit là d'un thème récurrent dans la pensée du pape.

Le message bergoglien propose à nouveau – comme il le dit lui-même dans l'une de ses premières interventions – la thématique conciliaire de l'Église des pauvres, restée en souffrance au concile Vatican II. L'Église des pauvres est celle de la gratuité. Elle conteste de fait le monde devenu désormais un marché. Le renouvellement du catholicisme et la force d'une Église évangélique conduisent à la proximité des croyants avec le monde des pauvres. C'est là, selon le pape, un pas de vérité évangélique et de renouvellement véritable, aux conséquences profondes sur la vie de l'Église et sur sa place dans le monde. Après le Jubilé de la miséricorde, il a laissé deux signes révélateurs de sa vision, deux nouvelles fêtes à célébrer annuellement dans l'Église, la Journée mondiale des pauvres et le dimanche de la Parole de Dieu. Deux pierres angulaires de son message.

Au sein d'une Église, fortement concentrée sur l'Évangile et sur la proximité avec les pauvres, émerge une culture sociale qui s'exprime dans deux encycliques, *Laudato si'*, sur les grandes questions relatives à l'environnement, et *Fratelli tutti*. Bergoglio affirme que le monde, tel qu'il est structuré, ne va pas et n'a pas d'avenir au regard de l'économie, des rapports sociaux et de l'écologie. L'exclusion d'un trop grand nombre de personnes de l'accès à une vie digne, la concentration de la richesse entre les mains d'un petit nombre et bien d'autres faits, ont pour résultat d'humilier des masses d'êtres humains. L'Église de Bergoglio a élaboré une culture sociale du monde global, bâtie sur ses racines évangéliques et son expérience de l'humanité de notre temps. Il faut œuvrer à la vision, aujourd'hui absente, d'un destin commun, ouvert à tous, et ne pas nous laisser guider par les mécanismes de l'économie :

> En ces moments où tout semble se diluer et perdre consistance, il convient de recourir à la solidité tirant sa source de la conscience que nous avons d'être responsables de la fragilité des autres dans notre quête d'un destin commun. La solidarité se manifeste concrètement dans le service qui

peut prendre des formes très différentes de s'occuper des autres[13].

Sa proposition, quasiment un appel adressé aussi aux croyants d'autres religions et aux humanistes, est celle de la « fraternité ». Il s'agit de créer des alternatives concrètes à un système qui, à court terme, fait souffrir trop de monde, et, à long terme, brûle l'avenir du monde.

---

13. Pape François, *Lettre encyclique* Fratelli tutti, n° 115.

VII

L'Italie du Covid-19 et l'Église en 2020

Le silence face à une tragédie

Il était minuit passé lorsque, le 8 mars 2020, le gouvernement italien prenait des mesures drastiques pour lutter contre le coronavirus qui, depuis la Lombardie, s'était étendu à plusieurs provinces du Nord. Dans l'histoire dramatique du Covid-19, l'Italie a été le premier pays européen touché. Les mesures de distanciation et de prévention qui ont été prises ont montré leur efficacité et les Italiens, dans leur ensemble, y ont répondu de manière plutôt disciplinée, à la surprise de ceux qui les considèrent comme un peuple anarchique et peu enclin à la discipline.

Au nombre des décisions gouvernementales, l'une concernait la vie religieuse. On déclarait, dans un langage bureaucratique, la suspension de « toutes les manifestations organisées, ainsi que les événements dans des lieux publics ou privés, y compris ceux de caractère culturel, ludique, sportif, religieux et de foire, même s'ils se déroulent en des endroits fermés mais ouverts au public, tels que, par exemple, de grands événements, les cinémas, théâtres, pubs, écoles de danse, salles de jeux, salles de paris et de jeux, discothèques et boîtes de nuit ». Les salles de jeux comme les églises ?

Dans ladite « zone rouge » les célébrations liturgiques avaient déjà été interdites, même si les églises restaient ouvertes. Mesures incohérentes, dans la mesure où les bars, restaurants et autres lieux publics, ainsi que les transports évidemment, fonctionnaient. À partir du 9 mars, les fermetures sont plus rigides et appliquées à l'ensemble du territoire national :

> L'ouverture des lieux de culte – énonçait le dispositif gouvernemental – est conditionnée par l'adoption de mesures organisationnelles à même d'éviter les rassemblements de personnes, en tenant compte des dimensions et des caractéristiques des lieux, et à même de garantir aux usagers une distance entre eux d'au moins un mètre [...]. Les cérémonies civiles et religieuses sont suspendues, y compris celles liées aux obsèques.

L'État suspend les « cérémonies » religieuses de façon unilatérale pour éviter les rassemblements. Jamais dans l'histoire de la Péninsule, les messes et le culte n'avaient été suspendus, du moins par le gouvernement. Ils ne l'ont pas été pendant la guerre, sous les bombardements, durant le passage du front, ou sous les rafles allemandes. Jamais interdits en deux millénaires d'histoire de la Péninsule. C'est déjà un événement en soi.

La suspension de tous les temps de culte ressemble à l'« interdit », réglementé en tant que peine canonique par Grégoire VII, de 1073 même s'il avait déjà été pratiqué avant. Cet interdit est réservé à l'autorité religieuse. Il reste en vigueur, dans le nouveau Code de droit canonique, à l'endroit de la personne à qui il est interdit, pour des motifs graves, de participer au culte. Auparavant, il était appliqué à des villages, des villes, des territoires, des pays entiers. Nous connaissons l'interdit de 1606, prononcé par le pape contre la République de Venise durant le conflit avec le Saint-Siège. Ce dernier défend aux ministres du culte de célébrer et à tous de recevoir les sacrements, avec des assouplissements possibles. L'interdit prononcé en 1967 par Albino Luciani, futur Jean-Paul Ier, alors évêque de Vittorio Veneto contre le pays de Montaner, parce qu'il refusait le curé qu'il avait nommé, a été la dernière application de cette peine.

En un certain sens, avec le coronavirus, un « interdit » d'État a été jeté sur l'ensemble du territoire national. Aucune activité de culte ne pouvait être accomplie. Ce 8 mars fut un jour étrange. Le silence des églises était chose nouvelle, une ambiance un peu spectrale, dans un pays où les habitants avaient été enjoints de rester chez eux. L'Église n'a pas choisi son comportement ; il lui a été imposé. Le régime en vigueur en Italie, l'article 7 de la Constitution, précise que « l'État et l'Église catholique sont, chacun dans son ordre, indépendants et souverains. Leurs rapports sont réglementés par les pactes du Latran ». Celui-ci établit la « souveraineté » de l'ordonnance de l'Église en Italie. Il ne semble pas que l'« interdit » de l'État ait respecté cette souveraineté, en décidant unilatéralement qu'aucun rite ne serait célébré dans les lieux de culte.

Ces considérations peuvent sembler mineures à un moment où l'Italie et le monde affrontaient la crise du coronavirus, semant la panique dans des cœurs déjà habités par la crainte de l'avenir. Mais peut-on remplacer la liturgie et la prière dans les églises par des « cérémonies religieuses » ? Sont-elles à mettre sur le même plan que d'autres cérémonies ? Peut-on mettre au même niveau les cérémonies religieuses et les établissements nocturnes ? Surtout, le gouvernement peut-il décider de ce qui se fait dans l'église, au-delà de la nécessaire distance entre les personnes ou des jauges d'accueil ?

Tous les cultes sont suspendus. Les gouvernements n'avaient jamais auparavant osé prendre des mesures aussi drastiques, bien qu'ayant parfois accusé l'Église et les prêtres de troubler l'ordre public par une opposition sournoise. La manière dont cette affaire s'est déroulée dénote la faible considération pour l'Église et pour sa possible contribution à la cohésion de la vie nationale.

Un échange s'est engagé entre la Conférence épiscopale italienne et le gouvernement dans l'après-midi du dimanche 8 mars. Le gouvernement a tenu ferme sur la ligne des épidémiologistes du comité technico-scientifique qui conseillaient d'interdire le culte. D'aucuns ont motivé ce choix par la méchante affaire d'un cas en Corée du Sud, à l'origine de la diffusion du virus dans ce pays. La secte religieuse sud-coréenne Jésus Shincheonji a été l'un des foyers les plus graves de l'épidémie. Son responsable octogénaire, à la tête d'une organisation secrète parachrétienne qui attendait la fin des temps et considérait le coronavirus comme un moment de la lutte eschatologique, a refusé de communiquer les noms des adeptes qui avaient participé aux rites. La diffusion du virus parmi les membres de Shincheonji a été si forte que, sur les 4 000 premiers cas établis, 60 % environ concernaient des membres de la secte. L'association, qui tient son fondateur pour le Christ revenu sur terre, est connue pour son prosélytisme.

Mais l'Église catholique en Italie n'est pas l'Église de Jésus, le Temple du Tabernacle du témoignage, fondé en 1984 en Corée. Le catholicisme en Italie a bénéficié d'une considération juridique et historique bien différente. Dans ses expressions bénévoles et institutionnelles, l'Église a toujours apporté sa contribution active pendant les crises que le pays a traversées, parfois à la demande du gouvernement.

Les évêques italiens, qui ont fait entendre leur mécontentement dans un communiqué prenant acte de la défaite et acceptant les directives, considéraient l'interprétation du gouvernement comme « un passage fortement restrictif, dont la réception rencontre souffrances et difficultés ». Ils disaient clairement que l'acceptation du décret n'était motivée que par la seule crise sanitaire dans le pays. Il ne s'agit pas seulement d'une partie perdue par l'Église, comme cela lui est arrivé dans l'histoire, mais d'un « déclassement » qui manifeste à quel point l'institution est estimée incapable de gérer les mesures de prévention et n'est pas prise pour un interlocuteur. Elle est pourtant l'un des acteurs majeurs de la vie sociale du pays. L'importance qu'on lui accorde se place au même niveau que celle du théâtre, des foires et des piscines.

Celui qui examine ce dossier sera amené à noter un tournant dans l'histoire de l'Église, non seulement dans ses relations avec l'État mais aussi dans son rapport à la société. En dépit des garanties constitutionnelles et concordataires, l'Église a été moins bien traitée qu'une activité commerciale. Elle n'est pas un service essentiel. Dans une crise comme celle du coronavirus, il y a de nombreux aspects à prendre en considération dont des aspects moraux et religieux pour résister à la contagion, guérir, soutenir des comportements civiquement responsables, développer la solidarité. Affirmer la valeur des temps de prière dans une église, dans le respect des précautions nécessaires, ne constitue ni un combat d'arrière-garde, ni une vision « traditionaliste » et antiscientifique selon laquelle, si l'on croit en Dieu, on n'observe pas de mesures d'hygiène. La science ne nie pas une vision holistique de la personne. La foi et la prière sont aussi une dimension importante quand il s'agit de résister à une situation grave. Les épidémiologistes eux-mêmes le reconnaissent.

Les décisions gouvernementales se sont appliquées à toutes les autres communautés religieuses, évangéliques, orthodoxes, juives – pour qui le *minian* est de rigueur, dix hommes adultes doivent être présents pour que la prière soit valable – et aux musulmans pour qui le Ramadan avait commencé. On a finalement pris la décision de laisser les églises ouvertes à condition de respecter à juste titre un certain nombre de mesures ; mais on ne devait y célébrer aucun culte au risque de créer des rassemblements. Or c'est à l'évêque qu'il revient d'établir quel acte de culte doit être célébré dans une église. En conséquence, ni les liturgies de la Parole, ni les rosaires, ni d'autres prières n'ont eu lieu. Et surtout, fait très douloureux, il n'y a pas eu de funérailles étant donné le risque de contamination dû à la propension à accompagner les condoléances d'effusions.

Cette attitude unilatérale du gouvernement, justifiée par l'urgence, s'oppose au système des relations entre l'État et l'Église. L'Église s'est toujours battue pour affirmer sa liberté en parvenant à conclure des accords avec l'État, le dernier en Italie datant de 1984 et ayant permis de réformer le concordat de 1929. Nous sommes désormais sortis de l'époque concordataire, ce qui pourrait aussi être positif, mais sommes-nous entrés dans une période de subordination de l'Église ?

Le fait que l'État ait pris des mesures de façon unilatérale concernant le sort des églises, comme s'il s'agissait d'installations sportives ou de cinémas, représente en soi une atteinte aux accords. Il semblerait que les autorités gouvernementales italiennes aient manqué de sensibilité dans la compréhension de la valeur juridique et sociale de la réalité de l'Église. Ces faits ont concerné la première phase de la pandémie, jusqu'à la réouverture des églises en mai 2020.

Toutefois lorsque le débat autour des mesures gouvernementales a repris à l'automne, Walter Veltroni s'est demandé « s'il [était] juste d'autoriser les messes et de suspendre l'activité des cinémas et des théâtres ». Alberto Melloni a écrit :

> Assimiler les lieux de culte aux lieux de culture signifie avoir perdu de vue que les droits de liberté religieuse ne sont pas moins importants que le droit au théâtre et au cinéma [...] mais qu'ils sont différents. Et, étant donné que personne en Italie n'a jamais envoyé quelqu'un à la mort parce qu'il allait au cinéma, mais l'a fait parce qu'il était juif, notre pays a appris à traiter ces droits avec la délicatesse qu'ils méritent[1].

1. A. Melloni, « Cosa c'è dietro alla volgarità di Boccia sulla messa di Natale », *Domani*, 29 novembre 2020.

Un glissement s'est produit dans l'imaginaire collectif lors de la première phase de la pandémie, signe de l'insignifiance de l'Église dans la société. Il convient de rappeler que la pandémie a aussi affaibli l'Église d'un point de vue économique, autant du fait de l'augmentation des appels à l'aide de la part de personnes appauvries par la crise qu'en raison de la diminution des dons des fidèles du fait de l'absence de culte. Les situations économiques des différentes Églises varient en fonction des accords passés avec les États. Cependant dans l'ensemble, la période est difficile. L'Église française a par exemple parlé d'un « choc financier », avec une baisse de 30 % à 40 % de ses ressources, soit environ 90 millions d'euros, ce qui la place dans une situation problématique[2].

Dans un moment de déroute, aux prises avec une épidémie mondiale « mystérieuse » et agressive, l'Église est restée silencieuse. Certes, des prêtres – certains prêtres âgés ne se sont pas soustraits au contact avec les fidèles – sont morts de la contagion. Plus de 180 fin décembre 2020, une centaine de moins que les médecins. Ceux qui, au sein de l'Église, ont vécu avec générosité ces semaines douloureuses pourront trouver ces réflexions injustes. Mais le « peuple » n'a généralement pas beaucoup perçu la présence de l'Église.

Dans l'histoire, dans les moments graves que le pays a traversés, non seulement l'Église mais aussi les églises étaient un point de repère essentiel. Pensons à la Seconde Guerre mondiale, quand on se réfugiait dans les églises

2. M. C. Biagioni, « Francia : per Covid si stima una perdita di 90 milioni di euro nelle casse diocesane », *AgenSir*, 9 décembre 2020.

sous les bombardements, au passage du front, face aux violences des nazis. Un livre important de Luciano Gherardi, préfacé par Dossetti, raconte l'histoire des populations de l'Apennin émilien entre Setta et Reno un peu avant la fin de la guerre. Soumises aux représailles et aux violences des SS et des nazis, elles se rassemblaient dans les églises, se serraient autour des prêtres[3]. C'est une histoire qui s'est répétée dans plusieurs régions italiennes pendant l'occupation allemande[4]. La mémoire a conservé ces expériences précieuses.

En fouillant le passé, nous voyons que l'Église a toujours représenté un point de repère lors des grandes épidémies. Nous connaissons bien l'histoire de la peste de saint Charles, entre 1576 et 1577, pendant laquelle l'archevêque de Milan, Charles Borromée, devint une force de résistance au mal dans la ville, visitant les malades, organisant des prières et des processions, dont une conduite par lui, pieds nus, pour implorer la fin du mal. Cette peste a été suivie de celle de 1630, provoquée par le passage des lansquenets. Alessandro Manzoni l'évoque dans *Les Fiancés*. Surnommée « peste manzonienne », elle aurait fait plus d'un million de morts sur une population de quatre millions. Les pages que l'écrivain lui consacre occupent une place de choix dans le canon littéraire italien. L'épidémie avait été sous-évaluée par les autorités et, dans la ville abandonnée, le cardinal Frédéric Borromée, cousin de Charles, prodiguait des soins aux malades.

3. L. Gherardi, *Le querce di Monte Sole. Vita e morte delle comunità mar tiri fra Setta e Reno*, Bologne, il Mulino, 1994.

4. Voir aussi Riccardi, *L'hiver le plus long : 1943-1944. Pie XII, les Juifs et les nazis à Rome*.

Dans une mentalité préscientifique, le rapport à la maladie était vécu de manière religieuse, comme le rappellent les chapelles votives mais surtout la basilique de la Salute à Venise, érigée pour célébrer l'extinction de la pandémie en 1 630. La foi constituait souvent l'unique espérance. Je n'entends pas entrer dans le débat autour du négationnisme religieux mais je rappelle que, durant la pandémie, celui-ci était malheureusement répandu dans certains secteurs du monde orthodoxe. Aux obsèques du métropolite orthodoxe du Montenegro, Amphiloque, mort du coronavirus, en novembre 2020, la foule qui a embrassé la dépouille ne portait pas de masque et ne respectait pas la distanciation, si bien que le vieux patriarche de Serbie, Irénée, qui présidait le rite, a été contaminé à son tour et est mort. Le Montenegro se situe d'ailleurs dans les premières places pour l'incidence quotidienne des contaminations.

Dans l'Église catholique, on ne retrouve cette attitude que dans certains groupes traditionalistes. Aujourd'hui, la foi et le culte s'accompagnent aussi de la lutte « scientifique » contre la maladie. Or l'Église ne s'est pas remise de l'« interdit » de l'État ; elle est restée silencieuse. Le phénomène n'a pas été seulement italien. Je me demande si le « modèle » italien n'a pas influencé aussi les choix d'autres Églises. Le président de la CEI, Gualtiero Bassetti, à un moment donné, a parlé « en conscience » et avec force :

> Le temps est arrivé de reprendre la célébration de l'Eucharistie dominicale et des obsèques en église, en plus des baptêmes et de tous les autres sacrements, en suivant bien sûr les mesures permettant de garantir la sécurité.

En Europe, on a relevé dans l'ensemble une sous-évaluation de l'apport de la foi à la résistance dans les situations difficiles. À l'automne 2020 en France, le Conseil d'État a rejeté la requête des évêques, désireux de continuer à célébrer les messes avec toutes les mesures adaptées durant les périodes de confinement.

Et le peuple ?

Les décrets des évêques sont arrivés avec une extrême rapidité, adressés à un peuple auquel on avait prêché des siècles durant qu'il fallait aller à la messe le dimanche, un précepte pratiqué par une minorité… Le silence des églises a stupéfié même les non-pratiquants. On a utilisé les médias sociaux pour inviter à la prière en famille, en théorisant la redécouverte de l'*Ecclesia domestica*. À partir de l'expérience des messes en vidéo, et au-delà des célébrations un peu fantaisistes, on a multiplié les offres de type liturgique ou de prédications, fournissant toute une gamme de choix. Bien loin de l'appartenance territoriale à la paroisse ! Tout est devenu objet de choix, mais à la maison ou en famille. Seulement, quelle famille ? On a oublié que la famille est souvent religieusement pluraliste. De plus, elle est fréquemment constituée d'une seule personne. À Milan, 46,9 % des cellules familiales sont formées d'une seule personne ; à Rome 44,6 %.

Nos villes sont peuplées de personnes seules qui ne se sentent pas protégées face à un avenir incertain, entre *fake news*, théories complotistes, explications magiques ou condamnations divines. La peur grandit avec la solitude. L'église et la liturgie représentent un réseau communautaire. Et dans le contexte, déjà évoqué, de l'effilochage des réseaux, l'Église avec ses rites est la plus grande communauté dans le pays. Aussi son insignifiance est-elle parfois peu explicable, De Rita parle d'une Église qui agit sans parler et qui parle sans compter. Dans une France où la pratique religieuse est plus faible qu'en Italie, l'historien René Rémond a noté qu'il n'existe pas d'institution qui réunisse aussi régulièrement un si grand nombre de personnes que l'eucharistie dominicale[5]. Les actions de solidarité de l'Église ont mieux tenu en Italie, même si l'on ne peut négliger le fait que diverses œuvres ont fermé car elles fonctionnaient avec un personnel âgé de plus de soixante ans. Le traumatisme du Covid-19 recèle un problème religieux que l'on comprendra mieux à l'avenir, même si, d'après les enquêtes de l'automne 2020, 76 % des catholiques pratiquants en Italie considèrent qu'il a été sage de suspendre le culte[6]. Dans son ensemble, la société s'est fragilisée et des questions de sens sont apparues : « Nous nous sommes rendu compte de la vulnérabilité de la civilisation globale[7]. »

Les *leaders* souverainistes, comme Matteo Salvini, ont exploité le mécontentement en se faisant les défenseurs

---

5. R. Rémond, *Le christianisme en accusation*, Paris, Desclée de Brouwer, 2000, p. 36.

6. Voir « Lockdown : tre quarti dei praticanti approvano lo stop alle messe in presenza », *Rete Sicomoro*, 2 novembre 2020, www.retesicomoro.it.

7. C'est ce qu'écrit le théologien tchèque Halík dans *Comunione e Speranza. Testimoniare la fede al tempo del coronavirus*, W. Kasper et G. Augustin (dir.), Cité du Vatican, Libreria Editrice Vaticana, 2020, p. 23-56, citation p. 25.

d'une célébration des fêtes pascales dans l'église selon la tradition, cherchant à reléguer dans un coin les évêques qui auraient abdiqué devant les scientifiques. S'érigeant en interprètes de la tradition, les tenants du national-catholicisme apportent une réponse simple et émotionnelle devant les situations complexes, prompte à creuser l'écart entre base catholique et sommets ecclésiastiques.

Les motivations, religieuses ou non, sont l'un des éléments de la cohésion du pays. Le monde chrétien, qui joue un rôle significatif par son action de solidarité, a pour axe la messe dominicale. C'est là qu'il trouve « ses sources », écrit la CEI. La décision de suspendre les liturgies sur décret gouvernemental a été prise de manière verticale. La participation à la messe fait partie d'un *sensus fidelium* acquis depuis des siècles. Et les gens sont allés chercher « leur » messe sur YouTube ou à la télévision. Mais pas seulement car, à l'issue du déconfinement, on a observé partout qu'ils fréquentaient moins les églises, tout au moins dans les mois qui ont immédiatement suivi, et qu'ils avaient appris à gérer leur « temps » religieux de façon plus individuelle. Pour finir, une enquête récente note que dans la perception que les Italiens ont de la pandémie l'Église occupe la dernière place. Elle est précédée par le bénévolat et la solidarité, par la culture et la communication, par les collectivités locales et enfin, par le gouvernement[8].

8. Censis, *Non rassegnati alla irrilevanza*. Ajoutons que seuls 9,1 % des catholiques ont senti la proximité du curé durant la pandémie.

Le grand intercesseur

Dans un contexte de débâcle et de silence, François est entré dans le jeu comme un « grand intercesseur[9] ». Il a pris en main le dialogue avec les gens *Urbi et Orbi*, seul dans une rue de Rome, en faisant le pèlerinage au crucifix « miraculeux » de saint Marcel auquel les Romains s'étaient adressés lors de la peste de 1522. Il a repris la tradition de l'Église qui, depuis des siècles, affronte les épidémies en appelant le peuple à prier et à tenir. Le peuple ne pouvant se rassembler, le pèlerinage en solitaire de François a été retransmis par les médias.

Le 27 mars, pour rompre l'isolement, il a pris la parole sur une place Saint-Pierre déserte. Sous la pluie battante, seul et fragile, âgé et le pas incertain, il s'est mesuré à un mal aux dimensions incommensurables, luttant par la prière. Il l'a fait en se tournant dans toutes les directions, à l'adresse du monde entier. Cette image simple, dépouillée et cependant forte, montrait la faiblesse du vieil « intercesseur » face au mal. Il a renoué avec ses prédécesseurs qui avaient affronté des crises ; Pie XII au milieu de la population du quartier San Lorenzo bombardé en 1943 ; Paul VI, malade, dans la basilique Saint-Jean après l'assassinat d'Aldo Moro en 1978. Le langage religieux n'est pas inopportun ou opportuniste. Il ne s'élabore pas en un instant et en fonction des besoins. Il s'ancre dans l'histoire tout en se mesurant au temps présent.

---

9. G. Zanchi, *Rimessi in viaggio. Immagini di una Chiesa che verrà*, Milan, Vita e Pensiero, 2018.

Dans les premières semaines de l'épidémie, le *leadership* catholique a plutôt eu du mal à lire l'histoire. Sur le terrain, entre églises fermées et paroisses silencieuses, l'Église locale est apparue à court de paroles. Elle ne pouvait pas reprendre les vieux prêches religieux contre la peste, considérée comme un châtiment de Dieu. Elle n'a pas trouvé de paroles appropriées. Le 27 mars, le pape prononcé des mots auxquels le plus grand nombre a souscrit :

> Nous nous rendons compte que nous nous trouvons dans la même barque, tous fragiles et désorientés, mais en même temps tous importants et nécessaires, tous appelés à ramer ensemble, tous ayant besoin de nous réconforter mutuellement[10].

Le pape a repris en main le dialogue avec le peuple, au-delà du silence.

Au regard du nombre d'auditeurs, 17 millions en Italie, plus de 180 réseaux connectés dans le monde, il a répondu à la demande de sens. Il s'est arrimé au sentiment ancien qui a vu papes et évêques à bord de la « barque ». Un lointain jour de mars 1944 dans une Rome occupée par les Allemands, l'épisode est étrangement ignoré de l'historiographie, Pie XII rassembla les Romains place Saint-Pierre pour la plus grande manifestation libre de l'Europe occupée. Le message était le suivant : « La somme de vos soucis est toute Nôtre. » François a pris l'initiative d'adresser un message au monde. Dans les jours qui ont suivi, il a commencé à célébrer quotidiennement la messe

10. Pape François, *Moment extraordinaire de prière en temps d'épidémie*, 27 mars 2020, www.vatican.va.

à Sainte-Marthe qui a été retransmise partout, devenant de manière inhabituelle le « curé du monde ».

Le pape a pris conscience de la séparation des gens d'avec l'Église. C'est pourquoi, un soir, s'exprimant au journal télévisé de TG1, il est soudain entré dans les foyers italiens avec ces mots : « Si vous le permettez je voudrais parler avec vous quelques instants, en cette période de difficultés et de souffrances. Je vous imagine dans vos familles, alors que vous vivez une vie insolite pour éviter la contagion[11]. » Après avoir parlé de la pandémie, il a conclu avec des accents à la Jean XXIII : « Ayez un geste de tendresse pour ceux qui souffrent, pour les enfants, pour les personnes âgées. Dites-leur que le pape est proche et qu'il prie pour que le Seigneur nous libère vite du mal ». François a compris le changement, ajoutant que, même lors d'une Pâque anormale, « la vie a vaincu la mort ». Aux auditeurs inquiets de l'avenir, il a parlé « d'un temps meilleur, où être nous-mêmes meilleurs, enfin libérés du mal et de cette pandémie ». Pour lui la crise du coronavirus est l'occasion de construire un temps meilleur. « Ce n'est pas une illusion, c'est une espérance. »

Se rattachant à une lecture ancienne selon laquelle les pandémies étaient un châtiment divin, le pape Bergoglio a déplacé la signification mais il n'a pas expulsé Dieu des événements. Dieu n'a pas envoyé le mal ; au contraire, il est proche et aide à le vivre et à le dépasser. Mais la pandémie est un signe, presque une nouvelle occasion offerte pour construire un monde différent, faisant allusion à son discours écologique. Dans un texte datant

11. Pape François, Message vidéo du pape François pour la semaine sainte 2020, www.vatican.va.

d'il y a plusieurs décennies, le théologien Congar observait : « Faute de prophètes, faute surtout qu'ils soient écoutés, Dieu nous envoie parfois, dans les événements, des maîtres de sa main. Ce sont alors de rudes maîtres. » Et parce que ce signe concerne aussi l'Église, il poursuivait ainsi :

> Il arrive qu'une Église trop bien installée dans ses « idées reçues », dans son « monde chrétien », soit ramenée au principe, à l'unique nécessaire, au ressourcement dans le principe, par la visite de l'épreuve et de la pauvreté[12].

Il faut alors se demander « si ce temps d'églises vides et fermées ne représente pas une sorte d'avertissement de ce qui pourrait arriver dans un avenir pas si lointain. D'ici quelques années, elles pourraient se présenter ainsi dans une grande partie de notre monde[13] ».

Selon François, la crise du Covid-19 révèle l'effondrement d'un monde construit sur l'intérêt économique. Il faut repartir sur de nouvelles bases et ne pas rafistoler le passé. La pandémie a mis aux abois l'orgueil d'une société fondée sur le profit : « Nous avons continué avec acharnement, pensant rester toujours en bonne santé dans un monde malade », a-t-il dit. C'est dans cette perspective que se situe l'ardeur avec laquelle le vieux pape n'a cessé de parler. Il a écrit une nouvelle encyclique sur la fraternité afin de proposer un avenir sur de nouvelles bases. Le

12. Y. Congar, *Vraie et fausse réforme dans l'Église*, Paris, Éd. du Cerf, 1968, p. 174.

13. T. Halík, *Il segno delle chiese vuote. Per una ripartenza del cristianesimo*, Milan, Vita e Pensiero, 2020, p. 9.

Covid-19 a-t-il vraiment été un avertissement « divin » à un monde qui s'est trompé de route ?

Humanistes, religieux, mais chacun à sa façon

Le pape a été très écouté et pas seulement par les pratiquants. François a connu un regain de représentativité du bien commun. *Leader* moral d'un monde en déroute, qui a vu les attitudes irresponsables de certains politiques dans des pays catholiques, au Brésil ou aux Philippines par exemple, il est apparu comme un témoin d'humanité. Beaucoup se sont sentis en accord avec lui.

La crise a révélé dans les comportements et dans les choix, en Italie mais pas seulement, une sensibilité humaniste, attentive à la vie, marquée par une *pietas* diffuse, exprimée notamment dans le courage quotidien d'un grand nombre de personnes, professionnels et bénévoles, qui ont pris des risques pour les autres. Des expériences que l'on retrouve dans d'autres pays du monde. Il ne s'agit pas d'idéaliser des figures mais de détecter un *humus* à la base d'une culture qui, avec toutes ses contradictions, a inspiré des comportements généreux et des engagements volontaires. C'est cet *humus* que Benedetto Croce aura exprimé dans la phrase déjà citée : « Parce que nous ne pouvons pas ne pas nous dire "chrétiens". »

En Italie, par exemple, la majeure partie des personnels de santé a clairement su que la vie humaine d'une personne âgée et d'un jeune avait la même valeur, même s'ils ont eu à faire des choix délicats. De manière générale, il n'y a pas eu cette idéologie qui a conduit à considérer, de manière formelle, que le soin à apporter aux porteurs de pathologies graves ou aux personnes âgés était moins important. L'application rigoureuse du confinement montre que l'on n'a pas tenu à sacrifier les vies humaines aux exigences économiques du pays, par ailleurs conscient de la nécessité d'une reprise rapide. La mort de nombreux aînés dans les institutions, un fait social aux dimensions européennes, a interrogé un grand nombre de personnes sur la condition des plus âgés dans la société, posant le problème non résolu du sens et de l'accueil d'une vie qui s'est allongée[14].

Cette humanité, qui a aussi son *humus* chrétien, n'est pas forcément liée à la pratique religieuse ou à l'appartenance à des organisations chrétiennes. Mais elle représente un dépôt profond, fruit d'une culture, d'un héritage historique, d'une éducation, d'une sensibilité. Dans une certaine mesure, chacun d'entre nous, comme le soutient Jeremy Rifkin, « conserve en lui le passé le plus ancien et garde en vie des fragments de la conscience ancestrale, sous forme de systèmes de référence mythologiques, théologiques, idéologiques, psychologiques et dramaturgiques[15] ». Pour comprendre cela, il faut de la patience et de la finesse, plus qu'une volonté de classer, voire de « baptiser ».

Ce patrimoine a été trop longtemps sous-évalué ou méprisé par les catholiques militants, les partisans de la pastorale, impliqués dans l'organisation de « parcours »

14. Voir *Sans les aînés, pas d'avenir. Appel pour réhumaniser nos sociétés. Non à une santé sélective*, à partir de www.santegidio.org.

15. J. Rifkin, *La civiltà dell'empatia. La corsa verso la coscienza globale nel mondo in crisi*, Milan, Mondadori, 2009, p. 549.

pour les chrétiens contemporains. Loin de ne constituer qu'un vestige du passé, cet héritage peut se retrouver moralement lié aux comportements gratuits et humains de l'Église et à son message, comme il peut aussi représenter une conscience autonome sans rapport avec elle.

Bien des choses ont changé aujourd'hui d'un point de vue religieux. L'homme du XVIe siècle, note Charles Taylor, faisait naturellement référence à Dieu. Nous sommes à présent dans une société où tout est différent[16]. Pourtant, sans références confessionnelles explicites, circule dans les veines de l'humanité un résidu, ou si l'on veut, un condensé plus ou moins significatif de *pietas* chrétienne. Il existe une abondante littérature qui insiste sur le fait que le christianisme, dans sa longue histoire en Occident, a marqué en profondeur les institutions, conceptions et cultures actuelles. Le grand rabbin de France, Gilles Bernheim, souligne que les grandes traditions religieuses ont modelé une immense partie des héritages culturels dans lesquels nous vivons aujourd'hui[17]. Bien que notre société soit « sortie de Dieu », il existe encore un christianisme qui exerce une fonction « structurante dans la culture présente[18] », dit à son tour Rémi Brague en évoquant une culture profondément marquée par le christianisme, qui vit encore au moins en Europe[19].

---

16. Voir Ch. TAYLOR, *L'âge séculier*, Paris, Éd. du Seuil, 1998.
17. G. BERNHEIM, *Le Figaro*, 19 au 10 janvier 2005.
18. *Vers un christianisme culturel ? Certaines données du christianisme demeurent dans la culture – sans engagement de foi. Évaluation du phénomène : colloque de l'Observatoire Foi et culture de la Conférence des évêques de France, 10 décembre 2011*, Observatoire Foi et culture (dir.), Paris ; Les Plans-sur-Bex (Suisse), Parole et Silence, Paris 2012, p. 13.
19. *Ibid.*, p. 128.

Il convient de comprendre, dans sa valeur propre, l'héritage humain et chrétien présent dans nombre de comportements et de pensées. Je me permets d'affirmer qu'il existe un humanisme, une humanité au fond chrétienne, un sens des responsabilités et un sens de la bonté… C'est un substrat profond avec lequel les hommes et les femmes d'Église sont appelés à dialoguer dans une conversation sur la vie et sur l'avenir, au sujet desquels personne n'a de réponses concrètes. À propos de l'incendie de Notre-Dame, Fourquet a parlé d'un inconscient spirituel et religieux. Celui-ci s'est de nouveau manifesté avec la période du Covid-19. Pour l'Église, on doit aussi recommencer à partir de là.

Il y a plusieurs années déjà, Jean-Paul II traitait de ces thématiques dans l'encyclique programmatique *Redemptoris missio* :

> Il ne paraît pas juste de mettre sur le même plan la situation d'un peuple qui n'a ccontinuant à vivre dans une culture qui a assimilé en grande partie les principes et les valeurs évangéliques[20].

Wojtyła a toujours pris le soin de tenir compte des sédimentations culturelles et humaines que l'histoire a laissées dans les mentalités.

La *pietas* ou encore ce christianisme diffus sont liés, en particulier pour les Italiens, pas tant à une tradition chrétienne qu'à des intérêts spirituels ou à une ouverture à la spiritualité. Il y a plusieurs décennies, ces positions « fluides » étaient moins répandues, du fait entre autres de

---

20. Jean-Paul II, Lettre encyclique *Redemptoris missio*, www.vatican.va

la présence des idéologies et du marxisme. L'antichristianisme s'est estompé. Il ne s'est pas pour autant converti en christianisme mais il a laissé de la place à l'esprit. Rifkin fait une remarque avec laquelle on ne peut qu'être d'accord : la croissance de la spiritualité et le déclin de la religiosité en général « vont de pair avec la transition vers un sentiment d'individualité et de réalisation de soi plus fort. Les jeunes générations sont de moins en moins à leur aise avec l'idée de fidélité acritique ». De son point de vue, cela marque « le renversement de l'ancienne frontière entre "vrais croyants" et "infidèles"[21] ».

Garelli affirme qu'en Italie environ 70 % de personnes interrogées déclarent avoir des intérêts spirituels ; 27,4 % dans le sens d'une harmonie avec soi-même et avec les autres ; 24,8 % dans le sens d'une spiritualité très personnelle ; 19,6 % dans le sens de l'adhésion à la foi et à la religion ; tandis que 17 % déclarent ne pas avoir de vie spirituelle[22]. Il existe une réalité mouvante, fondée sur l'orientation individuelle, capable de mêler divers aspects religieux sans professions de foi consolidées, mais aussi de cultiver des motivations humanistes. Dans un pays moins catholique qu'hier, il n'existe plus de forte fermeture au religieux et au spirituel ; au contraire, la conviction est parfois partagée que piété et spiritualité font partie intégrante de l'équilibre personnel.

On doit se demander quels liens entretiennent la *pietas* diffuse, l'attention à la spiritualité, l'ouverture aux intérêts religieux et d'autres éléments encore, avec l'Église, ses représentants, ses institutions et ses communautés. On

21. Rifkin, *La civiltà dell'empatia*, p. 425.
22. Garelli, *Gente di poca fede*, p. 167-168.

doit aussi considérer et approfondir le rapport qui existe entre cette humanité diffuse et l'univers des familiers de la piété populaire. Des études récentes estiment qu'en Italie environ cinq ou six millions de pèlerins visitent annuellement San Giovanni Rotondo, Assise, Padoue, Lorette, pour ne citer que les sites majeurs. La pratique du « vœu » comme promesse religieuse concernerait 20 % de la population et 39 % des Italiens ont participé à des processions. Ce dernier chiffre a de quoi surprendre « à une époque où la foi religieuse n'a plus l'évidence collective qu'elle avait autrefois ». On voit le « besoin d'une foi plus sensible et visible, à la fois plus concrète et mystérieuse, qui s'oppose à un catholicisme dépouillé[23] ».

Mais revenons au monde intéressé par la spiritualité ou sensible à la *pietas*. Pour établir un dialogue entre l'Église et le monde fluide des intérêts spirituels et humanistes, il me semble que les institutions de l'Église, un peu « rigides » dans leur langage et leur action, ne suffisent pas, et encore moins les hommes qui s'occupent de leur gestion, nécessairement moins nombreux !

Il convient de créer patiemment des espaces de rencontres, spirituelles et charismatiques, d'instaurer des relations personnelles, d'explorer des situations au-delà de ce qui a déjà été dit ou fait. Certains lieux existants se renouvellent dans la rencontre et dans une ouverture à un monde plus vaste. Tomáš Halík envisage les chrétiens qui sont chercheurs parmi les chercheurs comme des « îles de spiritualité et de dialogue ». Il écrit : « Il faut chercher la vérité à travers la discussion libre et la contemplation profonde[24]. »

---

23. *Ibid.*, p. 88-89.
24. Halík, *Il segno delle chiese vuote*, p. 11.

La crise a révélé un univers et un *humus* qui apparaissent de manière plus évidente. On ne peut pas se contenter des classifications religieuses d'hier. Les observations à la fin du XXe siècle, faites par une figure de premier plan comme Germaine Tillion, anthropologue et résistante qui avait fait l'expérience des camps nazis, sont intéressantes. À un âge avancé, répondant à des questions relatives à la foi et à l'incroyance, elle affirmait :

> C'est une erreur de la part de l'Église de ne pas percevoir que la véritable incroyance n'existe pas. « Incroyant », « athée », ce sont des mots vides [...] parce que, chez tout être humain, il y a ce dialogue de fond, cet écho interne et c'est à cet écho qu'il faut parler. Cet écho, c'est peut-être un dialogue avec une absence. Mais c'est aussi une méditation.

Germaine Tillion ajoutait que l'Église doit tenir compte du fait qu'aucun être humain ne sait exactement en quoi il croit, mais qu'il y a chez lui « comme un écho du grand big bang initial ». Aussi l'Église devrait-elle « percevoir ce dialogue qui est aussi une demande, un appel intérieur. Il reste qu'entre cet appel intérieur et la foi véritable il y a un monde d'incertitude[25] ». Elle conclut que l'on ne saurait confondre l'incertitude et l'incroyance.

Pour l'Église, il ne suffit pas de recommencer comme avant le Covid-19. Il ne peut en être ainsi dans la société. Les fidèles ont changé. Une offre plurielle de messages, je l'ai dit, s'est développée avec les réseaux sociaux et la

25. G. Tillion, *À la recherche du vrai et du juste : à propos rompus avec le siècle*, textes réunis et présentés par T. Todorov, Paris, Éd. du Seuil, 2001, p. 405-406.

télévision. Elle a même fini par intéresser des personnes qui ne fréquentaient pas habituellement les églises.

Il y a eu un engagement très intense, un grand nombre d'initiatives originales et individuelles proposées par des prêtres qui cherchaient à atteindre les fidèles chez eux.

Après la fin du confinement général, on a constaté que certains fidèles peinaient à revenir à l'église. C'est, comme nous l'avons dit, en partie du fait de l'âge avancé, qui déconseille de s'exposer à la contagion, et en raison d'un changement de mentalité, possiblement dû à des mois de messes à la maison par médias sociaux interposés. De façon significative, parmi ceux qui ont déclaré suivre la messe virtuellement presque tous les jours, 40 % allaient avant à l'église moins d'une fois par mois, 30 % ont déclaré penser qu'il n'y avait pas de différence entre le culte en ligne et la messe à l'église, 34 % ont déclaré que la messe sur les réseaux sociaux est meilleure car plus simple et plus facile d'accès. Souvent des personnes qui fréquentaient peu la messe ont commencé à la suivre. Une enquête révèle que, après des liens virtuels à « faibles coûts » comme la messe sur les réseaux sociaux, il est plus difficile de sortir et de retourner à l'église[26]. Le pape François a vu un danger de « familiarité gnostique [...], détachée du peuple de Dieu » :

> Je dis cela, car quelqu'un m'a fait réfléchir sur le danger que nous vivons en ce moment, cette pandémie qui a eu pour effet que nous communiquons et communions tous, même religieusement, à travers les médias, à travers les

26. P. Santori, « Messe online e variabile gnostica », *Avvenire*, 25 avril 2020. L'enquête date du 24 mars 2020.

> moyens de communication ; même pendant cette Messe, nous communions tous, mais pas ensemble, spirituellement ensemble. [...]. Le Sacrement aussi : aujourd'hui vous avez l'Eucharistie, mais les gens qui sont en liaison avec nous ont seulement la communion spirituelle. Et cela n'est pas l'Église : c'est l'Église dans une situation difficile, que le Seigneur permet, mais l'idéal de l'Église est toujours avec le peuple et avec les sacrements[27].

Même si le confinement s'est poursuivi dans de nombreux pays, François a décidé de ne pas céder à la tendance à la privatisation de la liturgie et à sa décommunautarisation. De grand intercesseur dans un moment dramatique, il n'a pas voulu se transformer en un substitut virtuel de l'église réelle. En août 2020, après la fin du confinement, en Italie, des recherches ont confirmé la tendance à préférer la messe en ligne même chez les pratiquants assidus. « La messe virtuelle est meilleure, car on ne perd pas de temps dans les déplacements », est l'affirmation qui a remporté plus de la moitié des suffrages dans la cohorte des sondés. Ceux qui déplorent que la messe virtuelle ne permette pas la communion eucharistique ne manquent toutefois pas[28]. Dans l'ensemble, il est important de noter qu'un certain changement religieux s'est produit sous l'effet de la suspension du culte, qui a mis au second plan le caractère physique de la présence, la mémoire du précepte, la communion eucharistique et la communauté vécue dans une relation directe.

27. Pape François, *Homélie du pape François*, 17 avril 2020, www.vatican.va.

28. P. Santori, T. Reggiani, L. Bruni, « *Messe online, il rischio della comunità virtuale* », *Avvenire*, 14 août 2020.

> La messe dominicale – écrit un théologien – ne sert à rien sinon à reproposer à chaque fois l'ensemble de la pratique croyante au-delà du critère d'utilité de ses fonctions, où une relation prévenante et gratuite se rend disponible comme principe de chaque parole et de chaque geste. C'est pourquoi elle est essentielle. La source et le point culminant. La source et le port.

L'eucharistie est révélatrice de la réalité « différente » du christianisme dans la société : « la messe n'agit pas sur le registre de l'utile[29]. » Au contraire, elle est l'expression la plus évidente de la gratuité du christianisme.

L'avenir est ouvert. Les frontières religieuses ont été bouleversées de fond en comble ; éloignement de la pratique à l'église, rapprochement des non pratiquants de la pratique virtuelle, apparition d'une humanité que l'on connaissait peu ou de laquelle on s'était détourné. Pour l'Église, il faut avant tout comprendre ce qu'il s'est passé chez les personnes et nouer des fils de dialogue plus larges que ceux établis avec le « public » habituel. On a la sensation, au-delà de l'Italie dont nous avons beaucoup parlé, que la pandémie, notamment dans le domaine de la foi religieuse, impose de penser cette dernière à nouveaux frais.

C'est un changement qui donne matière à réfléchir, après les nombreux chamboulements survenus dans ces dernières décennies. Il y a plusieurs années, Mircea Eliade notait que le religieux « dure », malgré les mutations, « puisqu'il s'agit de la signification de la vie ». Puis il se

29. Zanchi, *Rimessi in viaggio*, p. 52-53.

laissait aller à une prévision, sans doute excessive et non encore avérée, sur laquelle il est intéressant de s'arrêter :

> Je suis certain d'une chose : les formes futures de l'expérience religieuse seront totalement différentes de celles que nous connaissons dans le christianisme, le judaïsme, l'islam qui sont fossilisées, en désuétude, vidées de leur sens [...]. La grande surprise est toujours la liberté de l'esprit, sa créativité[30].

30. Eliade, *L'épreuve du labyrinthe.*

VIII

Un monde chrétien en transition

Quelques mots encore au sujet du pape

Suite au coronavirus notamment nous avons vu que le pape François avait acquis, à certains égards, un *leadership* mondial dans une situation exceptionnelle. Il ne s'agit pas ici de parler du pape d'un point de vue théologique ou ecclésiologique, mais plutôt de constater qu'après Vatican II la place du pape reste importante, surtout grâce aux exigences imposées par la mondialisation et par les médias. On a peu tenu compte de l'impact de la mondialisation sur la vie religieuse, à la place on a continué à parler de sécularisation. Or le pape incarne pour une bonne part le visage du catholicisme. En Italie, en décembre 2020, on estimait à 60 % l'indice de confiance à l'égard du pape François et à 35 % celui à l'égard de l'Église catholique[1].

Les pontifes eux-mêmes ont proposé d'aménager la papauté. Je pense aux réformes restées sans suite dont François donne la liste dans *La Joie de l'Évangile*. Ainsi en 1995, avec l'encyclique *Ut unum sint*, Jean-Paul II proposait un dialogue œcuménique autour du ministère de l'évêque de Rome, en précisant certes les positions

1. Voir la Banque de données des sondages IPSOS 2009-2020.

catholiques mais se disant disponible. Sa proposition a eu le silence pour unique réponse. Seul un orthodoxe, Olivier Clément, a élaboré une réflexion approbatrice, dans son ouvrage *Rome autrement*, qui ne pouvait toutefois pas influencer les institutions.

Bien que contesté dans les milieux de l'Église jusqu'au sein de l'épiscopat et du collège cardinalice, le ministère de François constitue un point de repère important pour les masses de catholiques et une chance pour l'Église. Au milieu des difficultés de la seconde décennie du XXIe siècle, le pape reste une ressource. Mais il ne peut résoudre à lui seul les problèmes de l'Église. Bergoglio le sait parfaitement. Comme on l'a remarqué lors des deux synodes sur la famille, il s'est heurté à de sérieuses résistances de la part de certaines parties de l'épiscopat.

D'autre part, certains catholiques, surtout dans des pays comme les États-Unis, ont les yeux tournés vers la papauté à venir après François, en vue de rééquilibrer les « ouvertures ». On se tourne vers le nouveau pape avec la préparation du prochain conclave. Certes, aujourd'hui les souverains n'exercent plus leur influence sur le conclave, la dernière tentative ayant été celle de l'empereur d'Autriche-Hongrie, François-Joseph, quand il a fait savoir au conclave de 1903 qu'il se servirait de son droit de veto en cas d'élection du cardinal Rampolla del Tindaro. Les cardinaux avaient protesté mais élu Pie X ; depuis, les conclaves se sont déroulés en totale liberté. Aujourd'hui la technique retenue consiste à influencer le conclave de l'extérieur, avec une masse d'informations qui suscitent de la méfiance à l'encontre de l'un ou l'autre candidat.

Concernant les organisations progressistes susceptibles d'influencer le conclave il a été question du groupe de Saint-Gall, qui réunissait dans cette localité suisse le cardinal Danneels, le cardinal Martini, Mgr Fürer, Mgr Vilnet, les cardinaux Kasper et Lehmann et d'autres évêques, que rejoignaient parfois les cardinaux Silvestrini et Policarpo. Il s'agit d'une organisation dont la configuration a varié avec le temps, sans véritable cohésion. Dans sa biographie, le cardinal Danneels lui attribue le résultat exagéré du « chemin vers le conclave[2] ». Lors du conclave de 2005, certains cardinaux qui fréquentaient ce groupe se sont réunis, avec d'autres dont Tauran, chez Silvestrini qui ne participait pas au conclave du fait de la limite d'âge. Mais ils ont agi de manière quelque peu désorganisée, choisissant pour porter leurs couleurs le cardinal Martini, défavorable à l'élection du jésuite Bergoglio[3]. Il semble impossible que, huit ans plus tard et avec de nombreux changements et décès, ce groupe se soit recréé en 2013 pour soutenir la candidature de Bergoglio, sur laquelle il ne s'était même pas exprimé en 2005.

Le traditionalisme catholique, quant à lui, a une certaine importance dans l'Église, notamment en termes d'organisation et de moyens. Iacopo Scaramuzzi et d'autres ont montré la force et la présence d'organisations conservatrices dans les différents pays européens et aux États-Unis[4]. C'est un monde qui n'est pas négligeable d'un point de vue numérique. Mais il n'est pas l'expression d'une reviviscence

2. J. Mettepenningen, K. Schelkens, *Godfried Danneels. Biographie*, Anvers, Éditions Polis, 2015.
3. Conversation avec l'auteur.
4. Voir Scaramuzzi, *Dio ? In fondo a destra.*

de masse d'un catholicisme préconciliaire. Il témoigne de la tentative, dans certains milieux, d'imprimer un tournant au catholicisme universel à travers un lobbying en faveur d'un futur conclave qui corrigerait les « erreurs » de Bergoglio. Il ne s'agit pas seulement d'ecclésiastiques, mais d'un système qui implique des laïcs, des médias, des groupes de pression, avec un recours massif aux réseaux sociaux et à ses ressources. Un fait inédit dans l'histoire de l'Église, qui rappelle les pouvoirs séculiers des princes sur le conclave.

Au cours de l'année 2020, un auteur américain, Edward Pentin, publiait avec l'aide de chercheurs *The Next Pope*, livrant les biographies denses de plusieurs cardinaux considérés comme étant *papabile*. L'idée implicite de ce travail était de notamment démontrer que si Bergoglio avait été mieux connu, nombre de cardinaux n'auraient pas voté pour lui. Au même moment et avec un titre en partie similaire, George Weigel, déjà auteur d'une biographie de Jean-Paul II, publiait *The Next Pope : The Office of Peter and a Church in Mission*, en vue de dessiner le profil du prochain pontife[5].

Cette campagne a été orchestrée sur un modèle vertical qui pense ainsi pouvoir exercer une influence. Elle ne tient pas compte de la réalité complexe de l'Église. L'élection du pape n'est pas celle du président des États-Unis. Un pape ne peut pas inverser à sa guise l'orientation de son prédécesseur. Ratzinger, en tant que cardinal, était opposé à l'événement d'Assise en 1986 ; en tant que pape il en

5. E. Pentin, *The Next Pope. The Leading Cardinal Candidates*, Manchester (NH) Sophia Institute Press, 2020 ; G. Weigel, *The Next Pope : The Office of Peter and a Church in Mission*, San Francisco, Ignatius Press, 2020.

a célébré le vingt-cinquième anniversaire. D'ailleurs, s'il avait été élu pour « resserrer » la vis, il allait décevoir, comme le déclarera son grand électeur López Trujillo, en raison de sa douceur. L'accent mis sur l'élection du pape par les groupes traditionalistes et les conservateurs est une naïve simplification face à des dynamiques plus complexes, et surtout plus profondes. Ainsi, alors qu'un groupe anticonciliaire de cardinaux tentait de renverser l'orientation majoritaire de Vatican II au cours du conclave de 1963, Paul VI avait été élu avec le vote de cardinaux « conservateurs » comme Ottaviani.

Concernant le déroulement du conclave, il faudrait s'accorder plus de temps et mettre plus de distance avec la pression médiatique, au lieu de l'habituelle tenue des congrégations générales peu de temps avant le conclave. Avancée par le doyen Ratzinger lors d'une congrégation générale en 2005, l'idée rebattue selon laquelle les cardinaux doivent procéder avec rapidité à l'élection, car il serait scandaleux de montrer l'Église divisée, ne tient plus. Aujourd'hui les polémiques de tels et tels cardinaux contre le pape sont dans les médias.

En outre, le monde a changé, le collège s'est élargi. Nombre de cardinaux ne se connaissent pas. Ils n'ont pas l'habitude de se fréquenter. Ils viennent de régions différentes, quand ils ne sont pas les représentants uniques de leurs pays. Dans ces conditions, il importe d'insister sur une maturation spirituelle et personnelle dans les convictions et dans les choix des prélats réunis en conclave, ainsi que sur une connaissance mutuelle et un débat fraternel dans le cadre confidentiel de l'assise cardinalice. Ne serait-il pas opportun d'allonger les durées de « clôture » pour que puisse se tenir un débat approfondi dans un climat de spiritualité, d'examen minutieux des problèmes et de distance vis-à-vis des pressions médiatiques, loin de la précipitation du monde extérieur ? Prendre plus de temps pour élire le pape ne serait pas un signe de division de l'Église, mais plutôt la manifestation du sérieux et de la pondération des cardinaux.

Le faible nombre de prêtres

Peut-être est-il opportun, en guise d'intermède, d'évoquer le problème des prêtres et de la paroisse. Les prêtres sont de moins en moins nombreux et de plus en plus âgés en Europe et dans d'autres régions du monde. Ce qui n'est pas secondaire car, lorsque l'on est énormément sollicité et que l'on a un âge certain, l'activité consiste davantage à exercer les responsabilités que l'on a qu'à les transformer. Le déclin de l'Église est aussi le déclin des prêtres. Une génération de prêtres avancée en âge peut-elle être la protagoniste d'une époque nouvelle ? D'autres périodes exigeaient d'autres attitudes. Dans le catholicisme actuel, la présence d'un clergé aisément accessible se raréfie, voire disparaît. Cela change la relation entre fidèles et prêtres[6].

En même temps, comme l'observait le cardinal Kasper, une Église où l'on ne célèbre plus l'eucharistie dominicale du fait de l'absence de prêtres n'est plus elle-même. Sans prêtres le catholicisme des campagnes perd une tradition, ce fil de la mémoire qui lie la célébration au lieu. Les questions se pressent. Que sera l'Église sans eucharistie ?

6. R. Rémond, *Le christianisme en accusation*, p. 72 s.

La célébration d'assemblées dominicales qui ne sont plus présidées par un ministre ordonné ne change-t-elle pas le visage de la communauté ? Dans l'introduction d'un livre sur les ministres de l'Église, Erio Castellucci a repris un problème que le théologien néerlandais Edward Schillebeeckx avait déjà posé il y a quelques années, en l'appelant le « droit des communautés chrétiennes à l'eucharistie ». Il s'est interrogé sur la possibilité que « l'Église catholique, fortement centrée sur l'eucharistie, arrive au point de ne plus pouvoir offrir la célébration aux fidèles, auxquels elle demande pourtant la participation[7] ». L'Église de France, par une acrobatie linguistique, a inventé un sigle pour désigner les rassemblements dominicaux présidés par un laïc ; elle parle d'ADAP, assemblée dominicale en absence (ou en attente) du prêtre. Mais Kasper a raison, l'Église catholique changerait en profondeur et se protestantiserait sans doute.

Il faut se demander quel est le rôle d'un prêtre itinérant qui peut, de temps à autre, célébrer l'eucharistie dans un lieu. Probablement un rôle essentiellement sacramentel. Le ministère du prêtre, sollicité par de nombreux engagements liturgiques, risque de mettre à l'écart l'aspect pastoral, le contact personnel et l'entretien spirituel. Dans une enquête récente, 50 % des catholiques italiens déclarent que les curés connaissent de moins en moins la réalité sociale et humaine de la paroisse[8]. De plus, le laïcat se développe sans ou en faible relation avec le ministère sacerdotal. Aujourd'hui, le

7. E. CASTELLUCCI, *Editoriale*, dans B. SESBOÜÉ, *Non abbiate paura ! Sguardi sulla Chiesa e sui ministeri oggi*, Brescia Queriniana, 2019, p. 9.
8. CENSIS, *Non rassegnati alla irrilevanza.*

prêtre n'est pas toujours la figure pastorale que Vatican II a imaginée et proposée, ni celui des années de la réception conciliaire. Pour ces raisons, le débat sur la possible ordination de *viri probati*, hommes adultes mariés ou non, suscite aujourd'hui dans le monde catholique moins d'opposition qu'il n'en a suscitée dans les années qui ont suivi le Concile, quand des voix se sont élevées pour mettre en cause le célibat obligatoire pour le clergé latin. La décision d'ordonner des diacres mariés prise avec Vatican II avait été interprétée, contre la volonté de Paul VI et de Jean-Paul II, comme la préparation à l'ordination d'hommes adultes, notamment mariés. Au Mexique, dans une région indigène, le Chiapas, l'évêque Samuel Ruiz a ordonné quelque 800 diacres mariés, préfigurant la possibilité d'un ministère sacerdotal inséré dans le tissu communautaire et dans la culture indigène. En réalité, la question sur la position prise par Paul VI en 1967 a été close avec fermeté par Jean-Paul II.

Les deux papes étaient opposés à l'atténuation du célibat dans l'Église latine. On a publié le texte d'une conversation intéressante entre Paul VI et le cardinal Alfrink sur le célibat du clergé. Le cardinal néerlandais demandait de « maintenir le célibat et de chercher à côté des vocations d'hommes mariés adultes ». Le pape résistait au cardinal et finissait par répondre par la négative[9].

Depuis l'élection de François, il semblait y avoir des ouvertures en faveur d'une reprise du débat, partant de situations locales ou régionales, pas tant en raison d'une prédisposition particulière du pape que d'une nécessité pour l'Église. Dans une conversation de 2014 avec un

9. PAUL VI, *Non esistono lontani*, L. SAPIENZA (dir.), Cinisello Balsamo, San Paolo, 2020, p. 245-247.

évêque d'Amazonie, Mgr Erwin Kraeutler, d'après ce qu'a rapporté le prélat, sans confirmation de la part du Saint-Siège, le pape a montré sa vision sur la manière d'aborder le problème :

> François a expliqué que le pape ne pouvait pas tout prendre en main personnellement depuis Rome. Nous évêques locaux, qui connaissons mieux les besoins de nos communautés, devrions présenter des propositions très concrètes. Nous devrions être *corajudos*, a-t-il dit en espagnol, ce qui signifie courageux, audacieux. Un évêque ne devrait pas agir seul, a dit le pape. Les Conférences épiscopales régionales et nationales devraient se mettre d'accord sur des propositions de réforme. Puis apporter ces propositions à Rome[10].

En 2017 encore, le pape déclarait au journal *Die Zeit* :

> Nous devons nous demander si les *viri probati* sont une possibilité et définir quelles charges ils peuvent exercer par exemple dans des communautés isolées.

Le cardinal Beniamino Stella, préfet de la congrégation pour le clergé, partant de la « crise sacramentelle » autrement dit de l'impossibilité de célébrer l'eucharistie dans certaines communautés, proposait l'ordination de *viri probati* dans certaines situations[11]. Il n'était pas question de prendre des décisions en ce sens, cependant la netteté

10. *Il nodo degli uomini sposati ordinati al Sinodo sull'Amazzonia*, 4 octobre 2019, www.askanews.it.

11. F. Marchese Ragona, *Tutti gli uomini di Francesco. I nuovi cardinali si raccontano*, Cinisello Balsamo, San Paolo, 2018, p. 37-38.

des réponses négatives jusqu'alors en vogue semblait s'estomper légèrement.

La réalité est que, après les deux synodes sur la famille voulus par François, une forte polarisation s'est créée autour de l'accès à l'eucharistie, sous certaines conditions, des divorcés remariés. Cette polarisation, qui a traversé les dernières années du pontificat de François, s'est déplacée avec force sur la question des *viri probati*. Elle s'est aussi manifestée autour de questions politiques telles que l'accord entre le Saint-Siège et la Chine qui répond à des exigences pastorales de l'Église chinoise. Cette entente est du reste l'expression de la ligne classique des négociations entre le Saint-Siège et tous les gouvernements. En 1924, le nonce Pacelli avait par exemple négocié à Berlin avec le commissaire des Affaires étrangères soviétique.

Les travaux du synode sur l'Amazonie, qui ont enregistré de nombreuses interventions en faveur des *viri probati*, ont été contenus avec autorité au cours de la discussion sur ce thème. Les autorités vaticanes ne voulaient pas mettre sur la table la question du clergé pendant le synode. En fait, on n'a jamais traité le thème des prêtres au cours d'un synode. Dans le document daté de 2020, *Querida Amazonia*, il n'en est pas fait mention. D'aucuns ont commencé à parler de risque de schisme dans l'hypothèse où François lancerait une ouverture en ce sens.

Alors que François était sur le point de publier l'Exhortation apostolique *Querida Amazonia*, la parution chez Fayard en décembre 2019 de *Des profondeurs de nos cœurs*, signé par Benoît XVI et le cardinal Sarah, a fait sensation, et ce bien que l'ouvrage n'apporte pas de nouveaux arguments. Même s'il n'a pas eu d'influence sur le texte du pape, le livre rédigé à quatre mains voulait peser de tout son poids. La couverture montre la photo de Benoît, aux côtés du cardinal Sarah, revêtu de la cape blanche de quand il était pape, et qu'il ne porte plus depuis qu'il est émérite. Elle mentionne aussi son nom de pontife et non, comme il le faisait quand il écrivait à titre privé, la signature « Joseph Ratzinger, Benoît XVI » afin de ne pas gêner le lecteur avec son autorité comme il l'avait expliqué. Le fait de ne pas avoir pris cette précaution, typique de la conscience fine du pape émérite, démontre la volonté de bloquer au besoin une quelconque ouverture de la part de François en la matière, opération à laquelle d'ailleurs Ratzinger semble avoir été étranger.

Cette position de rejet ne tient pas suffisamment compte du fait que l'absence de prêtres changera l'Église catholique dans son essence même, dans son rapport à l'eucharistie et aux sacrements. Si la majorité des évêques est, ou était, opposée à l'ordination d'hommes mariés, le pape ne pourrait pas aller contre leur avis. Le pape Jean disait à l'un de ses interlocuteurs : « Le pape n'est pas un dictateur. »

Les prêtres mariés ne sont pas une nouveauté. Ce statut existe, de droit, dans l'Orient chrétien où les prêtres sont ordonnés jeunes. Les prêtres mariés catholiques, environ 4 300 sur 281 000 prêtres dans toute l'Église soit 1,5 % d'entre eux, commencent à ne plus constituer une exception dans le paysage occidental. En Italie, dans les diocèses albanais de Lungro et de Piana degli Albanesi, existe une survivance de la tradition orientale des prêtres mariés. Aujourd'hui, en Occident, il y a de nombreux prêtres orthodoxes mariés qui reçoivent parfois, de la part de catholiques, des lieux où célébrer. Eux aussi sont présents dans le paysage religieux.

Les Églises catholiques orientales ont, depuis toujours, un clergé marié. Mais le Saint-Siège avait interdit à ce clergé de prendre en charge les communautés orientales de la diaspora, excepté en Italie méridionale. En 1929, à la suite de la prohibition des prêtres mariés, près de 200 000 Ruthènes, des catholiques orientaux uniates, passèrent à l'Église orthodoxe aux États-Unis. Pour Rome, un clergé marié catholique, fût-il oriental, était impensable en Occident. Cette mesure est restée en vigueur mais avec des exceptions de plus en plus larges, comme pour les Ukrainiens. En 2014, François a publié un décret qui permet à tous les prêtres orientaux mariés d'exercer en Occident. Cette décision, qui n'a pas fait de bruit, est significative.

Une autre innovation s'est produite avec le pape Ratzinger. Les évêques et les pasteurs anglicans, mariés, passés à l'Église catholique, ont été réordonnés prêtres dans les ordinariats personnels de Grande-Bretagne, des États-Unis, du Canada et d'Australie. La constitution *Anglicanorum coetibus* ne prévoit pas l'ordination d'hommes mariés, mais ces derniers peuvent, au cas par cas, être présentés au Saint-Siège pour une dispense. Avec la création de ces trois ordinariats anciennement anglicans, avec à leur tête trois anciens évêques anglicans mariés, réordonnés prêtres, un groupe de prêtres mariés faisait son entrée dans le clergé catholique.

Le prêtre ordonné à l'âge adulte, même s'il est marié, créerait une catégorie nouvelle d'acteurs de la vie liturgique et pastorale. Cela permettrait de célébrer des liturgies là où c'est impossible aujourd'hui, avec une approche humaine différente au regard d'une expérience de vie non ecclésiastique. Sans être la panacée, cette solution renforcerait les effectifs du clergé. Dans tous les cas, on peut en discuter, étant donné que le catholicisme a déjà fait de nombreuses exceptions, dont certaines permanentes et de droit, d'autres personnelles, comme celle faite par Pie XII en 1951. Aujourd'hui une vingtaine de pasteurs protestants appartiennent à l'Église de Rome.

Basilio Petrà, un théologien attentif à la tradition orientale à contre-courant d'une abondante littérature théologique occidentale, soutient que l'ordination des *viri probati* représenterait un recouvrement de la tradition orientale en Occident[12]. Quelle que soit l'appréciation que l'on a sur cette question théologique, la problématique doit être abordée avec sérénité, sans en faire un étendard, avec la conviction qu'il faut tenir compte de multiples exigences, des histoires et des traditions. En évitant de verser dans un refus effrayé de la réalité ou dans son acceptation superficielle, le pape François a indiqué la bonne voie. La valeur de l'unité de l'Église doit composer avec celle de l'efficacité apostolique du ministère. Toutefois, comme déjà évoqué au sujet du synode pour l'Amazonie, François n'est pas disposé à changer la loi sur le célibat dans l'Église latine. Il se retrouve dans la position de Paul VI qui, en 1970, déclara au cardinal Alfrink à propos d'un changement de discipline : « Je préférerais être mort ou donner ma

12. Voir B. Petrà, *Preti sposati per volontà di Dio ? Saggio su un Chiesa a due polmoni*, Bologne, EDB, 2004, p. 234. Voir aussi id., *Preti celibi e preti sposati. Due carismi della chiesa cattolica*, Assise, Cittadella, 2011.

démission ! » Dans une note récente adressée à Leonardo Sapienza à ce sujet, François écrit : « Je pense la même chose que Paul VI[13]. »

S'adapter ou non ?

Les voix critiques vis-à-vis de l'ordination des *viri probati* craignent, entre autres, qu'un pas irréversible ne soit franchi en direction de l'adaptation progressive de l'Église au monde contemporain, faisant disparaître cette altérité que représentent sa constitution hiérarchique, le sacerdoce célibataire et masculin et tant d'autres choses. Cela reviendrait en somme à emprunter la voie de l'Église anglicane qui, bien qu'ayant un clergé marié depuis sa rupture avec Rome, s'est ouverte au clergé féminin et surtout a continué au XXe siècle à s'adapter aux valeurs sociales et morales du temps.

Derrière la question du sacerdoce, il y a le dilemme fondamental pour le catholicisme placé devant le monde moderne et qu'Émile Poulat a identifié avec acuité : « s'adapter ou pas[14] ? » Poulat a parlé d'« intransigeance » du catholicisme face à la modernité, d'une Église qui n'entend pas se laisser dicter son agenda par le « monde » ou par l'opinion publique. Vatican II a remodelé l'intransigeance catholique traditionnelle des derniers siècles à l'aide des catégories bibliques de la prophétie. En 1971,

13. Paul VI, *Non esistono lontani*, p. 247 et 249.

14. Voir É. Poulat, *Église contre bourgeoisie. Introduction au devenir du catholicisme actuel*, Paris, Berg international éditeurs, 2006, p. 81.

le théologien Ratzinger s'inquiétait avec sagesse de l'avenir de l'Église. Il était convaincu que son futur viendrait « seulement de la force de ceux qui ont de profondes racines et vivent une pure plénitude de leur foi ». Il se méfiait des futurologues : « [l'avenir] ne viendra pas de ceux qui ne font que prescrire des ordonnances. » Mais, surtout, l'Église ne devait pas s'adapter aux orientations de la société : « Elles s'adaptent à l'instant qui passe. » Ce sont des pages importantes. Dans l'une d'elles, le jeune théologien voyait naître l'avenir auprès de personnes de foi, qui voient loin et qui vivent l'altruisme. D'une Église qui ne s'adapte pas mais qui voit loin, naîtront des communautés plus pauvres mais vraies :

> [L'Église] en tant que petite communauté sollicitera beaucoup plus fortement l'initiative de ses membres. Elle connaîtra assurément d'autres formes de ministère et ordonnera prêtres des chrétiens qui ont fait leurs preuves, qui exercent une profession : dans beaucoup de communautés plus petites et dans des groupes sociaux homogènes, la cure d'âmes sera ordinairement exercée de cette manière. Mais à côté de ces formes, la figure principale du prêtre, qui exerce le ministère comme il l'a toujours fait, restera indispensable[15].

Conscient déjà du climat postconciliaire, Ratzinger prévoyait l'ordination d'hommes à l'itinéraire différent de celui du prêtre classique, généralement ordonné jeune. Par la suite, il a considéré que cette option n'était plus envisageable, pas opportune mais possible. La clé du raisonnement reste néanmoins le refus de l'adaptation à l'esprit du temps qui

15. Ratzinger, *Fede e futuro*, p. 114-115.

passe par la réalisation des communautés du futur. Il y a quelques années, j'ai consacré un petit livre à la reconstruction de l'intransigeance dans le catholicisme contemporain, qui ne doit pas être confondue avec une attitude négative, traditionaliste, conservatrice ou d'opposition absolue aux temps, mais qui peut, au contraire, se placer sous le signe de la prophétie[16]. Par intransigeance, on n'entend pas qu'au cours de ces derniers siècles les catholiques n'aient pas aimé leur époque et leur monde. Comment expliquer sinon les audaces, les entreprises sociales, l'action pastorale, l'engagement missionnaire ? Les moments d'assouplissement tactiques n'ont pas manqué, ni les replis conservateurs de contre-culture, ni les rapprochements culturels, même si la crise moderniste du début du XXe siècle a révélé une confrontation dommageable entre le monde des sciences et la culture ecclésiastique. Mais, en partant du choix stratégique de ne pas « se laisser dicter l'agenda » par l'esprit du temps, différentes attitudes sont possibles. L'intransigeance ne doit pas être entendue comme l'attitude de ceux qui ne se trouvent pas à leur aise dans leur époque, ni comme le refus des outils qu'offre le monde moderne.

L'intransigeance ne nie pas la réalité ou le présent mais tient ferme des traits identitaires fondamentaux qui ont des racines bibliques. Elle affirme que ce n'est pas au monde – aux souverains, aux forces triomphantes, à la culture dominante, à l'opinion publique, aux modes – de décider des caractères fondamentaux du catholicisme. La tradition, le pape, l'Église sont les gardiens de son identité. Cette position peut être vécue comme prophétie, à coup sûr quand il s'agit de refuser de s'adapter à la réalité de la misère, de

---

16. A. Riccardi, *Intransigenza e modernità.*

la guerre, de la domination de l'économie. Intransigeance : l'expression peut sans doute déplaire aux catholiques conciliaires, évoque la fermeture mais décrit phénoménologiquement comment le catholicisme évolue dans la réalité. Émile Poulat a écrit que l'Église « professe qu'elle ne dispose pas sur elle-même – raison d'être, constitution, doctrine – sinon d'une autorité vicaire. Société historique, mais société fondée, elle jouit d'une transcendance à laquelle elle prend part et qu'elle perdrait si elle se libérait de son fondateur et de la fidélité qu'elle lui doit[17] ».

L'Église qui renonce à avoir un nombre adapté de prêtres, à célébrer l'eucharistie dans les lieux où elle a toujours célébré et dans de nouvelles communautés, pense conserver son identité, considérant que le célibat ecclésiastique est décisif pour le maintien intégral du sacerdoce catholique. En réalité, elle risque bien de devoir se contenter d'être l'une de ces réalités minoritaires qui défendent leur identité dans le monde, mais qui ne parviennent pas à y réaliser de prophétie. Parce qu'elles manquent d'eucharistie. C'est une situation très difficile à affronter. Bernard Sesboüé observe :

> L'Église semble être prise actuellement dans un cercle vicieux. C'est un véritable paradoxe que de penser que l'Église catholique, dont la spiritualité est fortement eucharistique, dont la pratique privilégie cette célébration depuis des siècles, et qui demande à ses religieux et religieuses une participation quotidienne à l'eucharistie, en arrive à ne plus pouvoir offrir l'eucharistie dominicale aux fidèles, à qui elle demande du reste d'y participer. L'Église a-t-elle le droit

17. É. Poulat, *Église contre bourgeoisie*, p. 91-92.

d'adopter durablement la pratique des ADAP [*Assemblée dominicale en absence (ou en attente) du prêtre*][18] ?

Aborder le problème de front, forcer le pape à aller d'un côté ou de l'autre, me semble profondément erroné. Diviser l'Église sur ce point serait une erreur. Il faut néanmoins s'habituer à regarder la réalité en dépassant les positions idéologiques et les oppositions. Pour vivre, l'Église catholique a besoin de ministres ordonnés. Sinon, elle deviendra autre chose. Une grande Église, au sens profond, ne peut devenir un agglomérat de traditionalistes idéologiques ou bien un ensemble de communautés nébuleuses sans ministres ordonnés, de faible attractivité, repliées sur leurs problèmes internes. Il faut une grande charité pastorale conjuguée à un esprit d'unité qui semble peu répandu aujourd'hui, à l'heure où les polarisations, surtout par le biais des réseaux sociaux, parviennent à un niveau paroxystique y compris dans l'Église.

La mondialisation a investi l'Église et, à travers notamment les réseaux sociaux, a favorisé une polarisation en son sein, décontextualisée des réalités sociales. Les messages rédigés en quelques mots et instantanés, le « j'aime » ou le « je n'aime pas », la diabolisation, les *fake news* et les interprétations conspirationnistes ont remplacé une communication interne faite de pensées développées, de respect et d'échanges sereins autour du pape et des évêques, chez qui la fidélité à la tradition et les avis personnels composent avec le *bonum animarum*. Ce climat conflictuel se retrouve aussi dans le débat autour du ministère ordonné. Or cela, ce n'est pas la communion dans l'Église. Le temps des

18. B. SESBOÜÉ, *Non abbiate paura !*, p. 57.

discussions et des approfondissements n'est pas celui de la communication rapide. Ne plus parler, argumenter et discuter aboutit à échanger des insultes, à excommunier, à s'opposer frontalement. Et cela ne concerne pas seulement le choix des *viri probati*, cela touche aussi la figure du pape et risque de trop investir la vie ecclésiale.

La paroisse en question

La crise du clergé et la fréquentation de la messe dominicale sont étroitement liées à la réalité de la paroisse. L'institution, parmi les plus anciennes du christianisme, a changé de visage suivant les époques, mais elle constitue une permanence plus que millénaire. Après la Deuxième Guerre mondiale, dans la banlieue ouest de Paris, à Colombes, sous l'impulsion d'un curé créatif, l'abbé Michonneau, s'est développée une pastorale missionnaire qui entendait sortir des cadres paroissiaux. C'était l'époque des prêtres ouvriers et d'une Église qui voulait rencontrer les gens en dehors de son circuit préférentiel. L'ouvrage *Paroisse, communauté missionnaire* est le bilan de cinq années d'expérience[19]. L'esprit missionnaire faisait voler en éclats le style traditionnel d'une paroisse de banlieue, cellule dans un système diocésain bien établi. Ce qui est intéressant, c'est qu'en voulant faire la mission dans un coin périphérique de Paris, Michonneau s'est heurté aux résistances des structures de la paroisse[20]. Un cas parti-

19. *Paroisse, communauté missionnaire*, G. Michonneau (dir.), Paris, Éd. du Cerf, 1946.
20. Voir É. Poulat, *Une Église ébranlée*, p. 201-213.

culier ou le signe avant-coureur d'un problème futur à grande échelle pour le catholicisme évangélisateur ?

Par ailleurs, même en excluant la paroisse rurale ou de montagne, il existe différents types de paroisses. La « mission » est l'un des grands problèmes de la paroisse : est-elle faite pour cela ? La question n'est pas nouvelle. Elle reste pourtant sans réponse, au point que, sept ans après la parution de *La Joie de l'Évangile*, la congrégation vaticane pour le clergé a promulgué un texte sur la paroisse et sa transformation dans l'évangélisation, *La conversion pastorale de la communauté paroissiale au service de la mission évangélisatrice de l'Église.* Pour le Saint-Siège, la paroisse constitue l'un des principaux problèmes dans la réception de la mission. Mais c'est là, aussi, une partie considérable des ressources de l'Église. Parmi les nombreuses questions que traite ce document se trouve celle, fondamentale, du rapport entre paroisse et territoire, qui a été un pivot séculaire de l'institution, aux avant-postes du catholicisme :

> Le lien avec le territoire tend à être de moins en moins perçu, où les lieux d'appartenance deviennent multiples, où les relations interpersonnelles risquent de se diluer dans le monde virtuel, sans engagement ni responsabilité des personnes à l'égard de leur propre contexte relationnel[21].

La vision du territoire paroissial comme base de l'action pastorale s'accompagne originellement de l'idée de « territoire existentiel » auquel la personne se réfère. Or « La

21. Congrégation pour le clergé, Instruction *La conversion pastorale de la communauté paroissiale au service de la mission évangélisatrice de l'Église*, 29 juin 2020, n° 9, www.vatican.va

vie des personnes, qui se déroule dans “un village global et pluriel”, correspond de moins en moins à un contexte défini et immuable[22]. » C’est un tournant. L’innovation s’émancipe de l’héritage « romain » bien plus que millénaire de la paroisse comme réalité spatiale qui encadre et, en référence au passé, contrôle le territoire. Si elle est prise au sérieux, cette affirmation peut introduire la multiplication d’acteurs ecclésiaux tels que superpositions, concurrences, différences radicales d’offres, choix entre les paroisses ; autant de faits positifs et de signes de vitalité, face à l’isolement de paroisses dotées d’un grand nombre de fidèles et d’un vaste territoire qui risquent devenir de plus en plus étrangères à la masse des gens. À la géographie des paroisses modelée sur le type des institutions étatiques se substitue la géographie humaine dans laquelle l’Église est une présence aux mille visages et non plus seulement une institution entre des limites territoriales.

Les religieux et religieuses, les mouvements et les communautés nouvelles se sont heurtés à une conception exclusive de la paroisse. Il ne s’agit pas seulement de l’identité de la paroisse revigorée par le concile de Trente, mais d’une réalité d’Église qui s’est constituée plus récemment, après les réformes de type laïciste introduites au XIXe siècle dans certains pays européens qui réduisaient la présence de l’Église à la seule paroisse conçue comme service religieux reconnu par l’État. Or, avec ces réformes, disparaissait une grande variété de présences religieuses sur le territoire, qui favorisaient l’appartenance par élection des fidèles, comme les confréries, les religieux, l’agrégation aux communautés religieuses, les nombreuses et diverses

22. *Ibid.*, n° 8.

églises non paroissiales, tissu complexe et stratifié. Cette « réduction » était voulue par l'État laïque, mais aussi inspirée par une ancienne vision janséniste de l'Église, fortement « pro-paroisse » « qui voyait dans le clergé paroissial l'expression de la consacerdotalité et de l'étroite collaboration du clergé de second ordre avec le gouvernement épiscopal[23] ».

La conception territoriale de la paroisse, dans sa rigidité, doit être pensée à nouveaux frais en insistant davantage sur la communauté, et ce en phase avec Vatican II, que sur l'institution, même si l'une a besoin de l'autre :

> Pour promouvoir le caractère central de la présence missionnaire de la communauté chrétienne dans le monde, il est important de repenser non seulement une nouvelle expérience paroissiale, mais aussi, à l'intérieur de la paroisse, le ministère et la mission des prêtres qui, avec les laïcs, doivent être « sel et lumière du monde »[24].

Cette vision veut promouvoir le mouvement et les diversifications dans le paysage urbain.

L'archevêque Bergoglio parlait, en 2008, de sanctuarisation de la paroisse. Il faisait allusion au « style pastoral » pour approcher les personnes ainsi qu'à la valeur de l'église, lieu de liturgie et de prière, en tant que point de repère dans les quartiers souvent bondés et bruyants. En plus de la paroisse comme sanctuaire dans le tissu urbain, il

---

23. Voir M. Rosa, *Il giansenismo nell'Italia del Settecento*, Roma, Carocci, 2014, p. 123-133. Voir aussi A. Riccardi, *Italia carismatica*, Brescia, Morcelliana, 2021.

24. Congrégation pour le clergé, Instruction *La conversion pastorale* [...], n° 13.

pensait à de multiples lieux de proximité plus proches des maisons : une église, une chapelle, une salle de réunion.

Dans un texte de pastorale en lien avec les problématiques de l'Église de Buenos Aires pendant l'épiscopat de Bergoglio, Carlos María Galli a précisé que ce processus de diversifications de la présence de l'Église dans la ville ne partait pas d'une *tabula rasa* :

> Dieu – affirme-t-il – vit déjà dans notre ville et nous oblige [...] à sortir pour aller à sa rencontre et le découvrir, pour construire des relations de voisinage, pour l'accompagner dans sa croissance[25].

On ne peut pas considérer les gens dans la ville comme hostiles ou païens. Le cardinal Bergoglio écrivait : « La ville actuelle est relativiste » mais, poursuivait-il, « notre Dieu, qui vit dans la ville et qui s'implique dans son quotidien, ne discrimine ni ne relativise. La vérité est celle de la rencontre ». Il faut rencontrer les hommes et les femmes de la ville car Dieu n'est pas loin d'eux. Le futur François cite le document d'Aparecida : « Dieu vit dans la ville, au milieu de ses joies, de ses désirs et de ses espérances, tout comme dans ses douleurs et dans ses souffrances[26]. » C'est une vision semblable à celle évoquée ci-dessus, la présence de Dieu, une *pietas* chrétienne, une humanité ouverte, une spiritualité, autant d'aspects d'un monde plus vaste que le circuit des membres de la paroisse ou de l'Église.

25. C. M. Galli, *Dio vive in città. Verso una nuova pastorale urbana*, Cité du Vatican, Libreria Editrice Vaticana 2014, p. 383.
26. A. Riccardi, *Comprendre le pape François*, p. 139-141.

L'Église ne peut pas se crisper dans ses institutions paroissiales, elle ne doit pas tracer des frontières entre l'intérieur et l'extérieur, ce qui revient souvent à s'enfermer dans des structures. Elle doit peupler l'horizon de la ville tout entière de présences ecclésiales multiples, capables de rencontre, charismatiques, diversifiées, proches et dialoguant avec les gens. La paroisse urbaine n'est pas un fortin du christianisme, comme l'étaient les anciens monastères à l'époque du franciscanisme, qui apporta pourtant l'Évangile sur les routes auprès des *minores*, ni le résidu d'une communauté qui a été dominante, mais une réalité vivant aux côtés d'autres réalités.

Tout cela demande une gestion moins verticale, capable de susciter des initiatives communautaires, charismatiques, laïques et personnelles. Pour « dégeler » les institutions, il faut sortir de la culture du déclin. Plutôt que de réduire rationnellement les présences au regard du manque de forces, il faut les augmenter en favorisant la créativité des personnes, en multipliant les responsables. Dans ce sens, l'abandon de la perspective verticale au profit d'une dimension communautaire favorise un protagonisme féminin, non pas parce que les femmes sont utiles mais parce qu'elles bâtissent par leur génie, avec les hommes, une réalité plus vaste et plus accueillante, une communion de femmes et d'hommes.

Multiplier dans la ville les acteurs ecclésiaux aux caractères divers part non pas d'une absolutisation du territoire mais de l'acceptation de chemins imparfaits au début, mais amenés à grandir. On ne peut pas tout contrôler. Il existe une liberté associative dans l'Église qui est l'expression de quelque chose de profond. Il faut favoriser cette liberté créative, ne pas craindre la concurrence dans la pluralité et laisser se développer une approche pluridimensionnelle de la réalité humaine, notamment celle d'un territoire. C'est ainsi que l'on met en mouvement des structures, trop marquées par un néo-tridentinisme qui a fait son temps, et que l'on s'approche d'autres réalités ecclésiales de natures diverses ou que l'on valorise en son sein de nouveaux charismes et de nouveaux ministères. Insistant sur les « urgences pastorales » de l'Église d'aujourd'hui, Christoph Theobald indique très justement une série de nouveaux ministères à mettre en œuvre dans les paroisses pour sortir du verticalisme presbytéral ; gouvernance de groupes et de communautés, ministère de la Parole, ministère de l'hospitalité[27]. Ce qui est le plus intéressant dans sa réflexion, pour notre étude, c'est l'ouverture au monde de la communauté. Nous sommes-nous demandés ce que peut être une paroisse ou une communauté évangélisatrice ? Il parle d'un « charisme prometteur » :

> Nous pourrions l'appeler le « charisme des sourciers » ou « des identificateurs de chercheurs de sens ». Dans nos communautés il y a fréquemment des personnes, souvent parmi les plus modestes, qui gagnent spontanément la confiance de ceux qu'elles rencontrent sur leur route [...]. Ces personnes possèdent l'art de la conversation spirituelle, le sens de la gratuité et de la discrétion [...]. Le désir qui les anime est de faire résonner concrètement l'Évangile de Dieu dans la vie des autres[28].

27. Ch. THEOBALD, *Urgences pastorales*, Paris, Bayard, 2017, p. 232 s.

28. *Ibid.*, p. 239. Voir aussi id., *L'Europe terre de mission.*

Ces chrétiens, femmes et hommes, capables de relations profondes et de conversation spirituelle, ces communautés chrétiennes ouvertes sur l'extérieur, partent de la conscience que « Dieu vit dans la ville », pas seulement dans l'enclos ecclésial. Ce qui renvoie d'une certaine manière à ce monde dont on disait « car nous ne pouvons pas ne pas nous dire "chrétiens" ».

Le réseau des communautés chrétiennes constitue en outre une richesse sociale dans les villes, pour cette raison notamment que les présences ecclésiales figurent parmi les rares réalités dans un monde vidé de ses réseaux sociaux, communautaires et inclusifs. Surtout dans les mégapoles mondiales. La réalité d'aujourd'hui dans les villes, particulièrement les grandes périphéries urbaines, c'est la disparition d'une grande partie des réseaux syndicaux, de partis ou autres. La transmission interpersonnelle, par le lien associatif, s'est en large partie dissoute. Aujourd'hui la politique ne se fait plus au siège du parti dans un quartier. Il y a eu une diminution constante de la participation sociale et civile depuis la fin du XXe siècle[29].

Même avec ses limites, l'Église reste une grande ressource dans le désert de solitude de beaucoup de périphéries dépourvues de liens et d'empathie. Paradoxalement, ce sont presque uniquement les milieux de l'Église qui, sur le territoire et en dépit de la crise, continuent d'organiser des réunions en refusant la seule dimension virtuelle, comme on le voit dans la liturgie. Dans de nombreuses villes, les présences chrétiennes constituent une réalité sociale

29. Voir Hervieu-Léger, *Catholicisme, la fin d'un monde*, p. 271.

importante, surtout si on les compare à l'absence de lieux de rencontre et de participation. Avec leur existence et leurs liturgies, elles manifestent aussi la valeur de la rencontre dans un monde de solitude et de virtualité.

IX

Le monde, l'Europe et les peuples en mouvement

L'Église et les étrangers

L'insistance du pape François sur la question des migrants et des réfugiés s'est manifestée à maintes reprises. Les peuples en mouvement ne constituent pas uniquement un phénomène européen, comme on le pense parfois, mais une réalité mondiale. Conscient des problèmes des migrants et de la nécessité de politiques d'intégration efficaces, le pape ne cesse de souligner le drame de cette question, d'abord sur l'île italienne de Lampedusa, puis sur l'île grecque de Lesbos, ou encore à la frontière mexicaine avec les États-Unis.

Pour les souverainistes, François n'est pas l'un « des nôtres » ; il n'est pas impliqué dans les drames des peuples « chrétiens » face aux étrangers. Or un pape romain, Pie XII, considéré comme symbole de l'Occident chrétien, a défendu, dans *Exsul familia* en 1952[1], une position sur les migrants qui ne diffère pas de celle de François. Il existe, sur le thème des migrations, un enseignement constant des papes dans la continuité de laquelle s'inscrit

1. Voir Pie XII, *La famiglia esule. Attualità del magistero sui migranti*, Cité du Vatican, Libreria Editrice Vaticana, 2020.

Bergoglio. Il remarque que l'émigration n'est pas une succession de crises, mais bien un phénomène constant et structurel de déplacements de populations qui mérite une politique à long terme. D'ailleurs les migrants sont aussi une nécessité pour certains pays du Nord[2]. Bergoglio s'est demandé au sujet de l'Europe : « À quoi devons-nous nous attendre à l'avenir ? Sans enfants et sans migrations, qu'est-ce qui nous attend[3] ? »

Avec des politiques positives d'intégration, François voit une chance dans les migrations, à différents points de vue ; démographique – bien que cet atout s'amenuise à mesure que les générations de migrants passent –, religieux, social et économique. Considérant l'histoire européenne, le pape insiste sur le fait que le continent est le fruit de migrations. Lors d'une conversation avec les étudiants de l'université Rome 3, il a déclaré :

> Si des gens d'une autre culture viennent, nous perdons notre identité européenne… je me demande combien d'invasions l'Europe a subies, des commencements à nos jours ; l'Europe a été faite d'invasions, de migrations… les Normands, vous savez mieux que moi… elle a été faite ainsi, de façon artisanale… les migrations ne sont pas un danger, elles sont un défi pour grandir et celui qui le dit vient d'un pays où plus de 80 % des habitants sont des migrants.

---

2. Voir M. Franco, *L'assedio. Come l'immigrazione sta cambiando il volto dell'Europa e la nostra vita quotidiana*, Milan, Mondadori, 2016. Voir aussi l'affirmation de F. de Bortoli, dans *Le cose che non ci diciamo (fino in fondo)*, Milan, Garzanti, 2020, p. 16, quant à la nécessité des migrants pour l'économie italienne.

3. C. Petrini, *Terrafutura. Dialoghi con Papa Francesco sull'ecologia integrale*, Florence, Giunti, 2020, p. 61.

Dans la suite de la conversation le pape a insisté sur l'Argentine, « un pays métissé où le sang s'est mêlé ». Puis il a évoqué la responsabilité d'accueillir avec mesure et d'intégrer avec audace. Il a conclu : « Quand cet accueil existe, qui consiste à accompagner et à intégrer, il n'y a pas de danger avec l'immigration ; on reçoit une culture et l'on offre une autre culture... telle est ma réponse à la peur. » Il faut dès lors parler non seulement d'Européens, mais aussi de « nouveaux Européens », les immigrés, les réfugiés et leurs enfants, qui s'unissent à l'histoire du continent. L'insertion des « nouveaux Européens » n'est pas le symptôme du déclin d'un continent privé du sentiment de son identité, mais une chance pour l'avenir.

Les limites avec lesquelles les organisations catholiques ont parfois abordé cette problématique, en dépit d'une incontestable générosité, tiennent surtout à la culture de la crise. Les migrants sont des cas sociaux, des nécessiteux, des gens à aider ou à assister. Certes, ils le sont. Mais l'Église a aussi un devoir d'intégration, d'évangélisation et de dialogue. L'intégration se réalise davantage à travers les communautés qu'à travers les structures. Elle se réalise par l'école et le travail, et surtout avec un avenir partagé comme horizon commun. La perspective de l'urgence ou le langage des organisations d'aide sociale ne suffisent pas.

La question de l'intégration est centrale. À d'autres moments déjà dans l'histoire européenne, l'Église a travaillé pour intégrer. Le pape François – nous le voyons dans la conversation citée avec les étudiants – a cette histoire en tête. À une époque de grave décadence pour Rome, après l'effondrement de l'Empire romain, la papauté a joué un rôle d'intégration dans le catholicisme, créant une culture métissée. À la fin du VIe siècle, Grégoire le Grand, fort de sa seule autorité religieuse et de la grande tradition de Rome qu'il représente en quelque sorte, instaure un dialogue avec les Lombards et leurs souverains. Malgré sa position d'objective faiblesse politique, le pape Grégoire entre en relation avec ceux que Rome appelait les « barbares », descendus du Nord pour pénétrer en Italie. C'est une histoire longue, pénible et disputée, mais c'est d'elle que naît le monde italique qui marquera la culture de la Péninsule et portera l'empreinte du christianisme romain.

Rien ne se répète dans l'histoire. Il est évident que la logique du mur ne protège pas l'avenir des pays, des civilisations et de la foi. Nous connaissons la polémique de février 2016 qui a impliqué, à distance, le pape François et celui qui était alors candidat à la présidence américaine, Donald Trump, lorsque ce dernier annonça son intention d'expulser quelques millions de clandestins et de prolonger le mur pour protéger le Sud des États-Unis contre l'immigration : « Une personne qui veut construire des murs et non des ponts n'est pas chrétienne. Ce n'est pas dans l'Évangile », a déclaré Bergoglio. La réponse de Trump ne s'est pas fait attendre : « Lui a de grands murs au Vatican. » Sous la présidence Trump, les relations entre le Saint-Siège et les États-Unis se sont fortement tendues faute de visions partagées, malgré l'action de l'ambassadrice au Vatican, Callista Gingrich. En 2016 au Mexique, à Ciudad Juárez, le dos au mur construit par les États-Unis, François a dit au cours de la messe :

> Nous ne pouvons nier la crise humanitaire qu'a représentée, ces dernières années, la migration de milliers de personnes, que ce soit par train, par la route, voire à pied parcourant des centaines de kilomètres à travers des montagnes, des déserts, par des chemins impraticables. Cette tragédie humaine, que représente la migration forcée, est aujourd'hui un phénomène global. Cette crise qu'on peut mesurer par des chiffres, nous voulons la mesurer par des noms, des histoires, par des familles. Ce sont des frères et des sœurs qui partent, chassés par la pauvreté et la violence, par le narcotrafic et par le crime organisé[4].

C'est la vision qu'a le pape François qui suit de près les mouvements et soutient les diocèses mexicains les plus engagés dans le passage des migrants. Le pape est conscient que les *latinos*, en représentant plus d'un tiers des fidèles, sont une composante importante du catholicisme états-unien et qu'ils ont en quelque sorte changé ce pays. Plus de la moitié des catholiques *latinos* sont nés hors des États-Unis et y ont apporté les traditions religieuses de leur pays d'origine. Entre 1990 et 2016, ils sont passés à 13,7 millions[5]. Il faut aussi souligner que le nombre de néo-protestants augmente chez les *latinos* immigrés du fait notamment de la difficulté du passage d'un monde à l'autre. Une partie du clergé américain est hispanophone et les messes dites en espagnol sont très fréquentes dans les paroisses états-uniennes. La basilique du sanctuaire national de l'Immaculée Conception à Washington, consacrée en 1959, une des dix plus grandes églises du monde, avec près d'un million de visiteurs par an,

4. *Homélie du Saint-Père*, 17 février 2016, www.vatican.va.
5. *Fides*, 24 septembre 2020.

possède quatre-vingts chapelles ornées de statues de la Vierge provenant des différents pays d'origine des catholiques, pour signifier l'accueil des différentes formes de piété dans l'Église catholique romaine.

Les migrants changent les communautés chrétiennes. En Italie, en l'espace de quelques décennies, s'est créée une importante présence orthodoxe, inconnue à d'autres époques. Alors qu'on dénonçait le risque d'islamisation, une forte présence chrétienne s'est constituée, dans laquelle la communauté roumaine majoritairement orthodoxe prévaut, forte de 1 200 000 fidèles et de 261 paroisses. Jamais dans l'histoire l'Église orientale n'a pénétré la Péninsule de façon aussi massive. L'Église catholique a favorisé l'ouverture d'églises orthodoxes, y compris dans ses propres locaux, entre autres pour les Éthiopiens, les Érythréens et les Coptes égyptiens. Il y a en Italie 2 600 000 musulmans, appartenant à des communautés d'origines diverses et relevant de différentes dénominations de l'islam. La présence catholique latino-américaine en Italie, environ 500 000 fidèles, est importante et évidemment multiple. L'insertion dans la famille catholique de la piété latino-américaine représente un apport manifeste.

Dans l'ensemble, la présence de migrants a une incidence sur le paysage religieux. Composée de maigres communautés dans un pays orthodoxe, l'Église catholique en Grèce a aujourd'hui quadruplé pour atteindre le chiffre de 200 000 fidèles[6]. Le paradoxe de l'Autriche où une partie de la population s'oppose aux migrants au nom des valeurs identitaires est intéressant. Les catholiques autrichiens, au

6. Voir G. Gambassi, « La Chiesa in Grecia povera fra i poveri. E salvata dai migranti », *Avvenire*, 1er décembre 2019.

nombre de 5 160 000 sur un total de 8 700 000 habitants, ont vu leurs effectifs diminuer sous l'effet d'un détachement d'avec l'Église que les scandales moraux n'ont fait qu'accentuer jusqu'en 2010. Puis, peu à peu, du fait en partie de l'afflux d'immigrés et aussi parce que confrontés à la pratique et à la vie familiale musulmanes, les Autrichiens ont été conduits « à redécouvrir leur propre foi[7] ». En Grande-Bretagne, l'augmentation du nombre des catholiques qui fréquentent la messe est, d'après l'hebdomadaire *The Tablet*, également due à l'arrivée d'un million d'immigrés[8].

Crise et valeur de l'Europe

Il existe des liens, des influences réciproques, des coïncidences et des relations entre le déclin de l'Église et l'Europe. À côté de ressources économiques, historiques et culturelles indiscutables, l'Europe présente une fragilité politique. Elle est animée d'élans contradictoires ; soit sortir ensemble de la crise avec une politique commune plus cohérente, soit se réfugier derrière les perspectives nationales. Elle a pourtant devant elle, dans un ordre mondial qui a changé, la possibilité de construire une présence forte et nouvelle, qui ne soit pas calquée sur les schémas de puissance dont s'inspirent les anciens et nouveaux protagonistes de la scène internationale. Le Vieux Continent, en dépit de la crise du Covid-19, est encore riche. Mais, nous l'avons déjà dit,

---

7. Voir M. Di Blas, « La Chiesa austriaca perde fedeli rimpiazzati da immigrati cattolici », *Messaggero veneto*, 12 janvier 2017.

8. Voir R. Gledhill, « *Catholic Church criticizes 'unjust and divisive'EU settlement scheme* », *The Tablet*, 13 décembre 2018.

l'Europe est à la périphérie des nouveaux grands centres de décision, comme les États-Unis ou la Chine. Il semble que les décideurs du monde contemporain habitent de moins en moins en Europe.

Le national-catholicisme s'est proposé comme l'âme traditionnelle des nations européennes pour défendre leur identité face à l'invasion du monde global. Ce qui semblerait leur offrir une alternative concrète consiste en réalité à enfermer ces nations dans des États « petits », en comparaison des géants extra-européens, en les soustrayant presque au flux d'une histoire qui ne s'arrête pas, pour les reléguer dans un coin apparemment protégé. François, quant à lui, recevant le prix Charlemagne en 2016, a décrit devant un parterre de chefs de gouvernement venus de tout le continent quelle devait être la contribution de l'Église à l'Europe :

> L'Église peut et doit contribuer à la renaissance d'une Europe affaiblie, mais encore dotée d'énergie et de potentialités. Son devoir coïncide avec sa mission : l'annonce de l'Évangile[9].

L'Église est appelée à ne pas se retirer de la société séculière et globale. Ses communautés, petites et grandes, doivent traverser l'histoire avec leur message de vie et d'accueil, et ne pas se soucier de leur seule survie. L'Église ne vise pas de positions hégémoniques. Le pape définit sa stratégie par les mots « alliance » ou « coalition » :

---

9. Pape François, *Remise du Prix Charlemagne. Discours du pape François*, www.vatican.va

> Aujourd'hui, il est urgent de pouvoir réaliser des « coalitions » non plus uniquement militaires ou économiques mais culturelles, éducatives, philosophiques, religieuses. Des coalitions qui mettent en évidence que, derrière beaucoup de conflits, le pouvoir de groupes économiques est souvent en jeu. Des coalitions capables de défendre le peuple de l'utilisation qu'on fait de lui à des fins impropres. Armons nos gens de la culture du dialogue et de la rencontre.[10]

Aider l'Europe, c'est aider le monde entier. L'Europe peut jouer un rôle dans le monde global :

> L'heure est venue – dit le pape – de construire ensemble l'Europe qui tourne, non pas autour de l'économie, mais autour de la sacralité de la personne humaine, des valeurs inaliénables ; l'Europe qui embrasse avec courage son passé et regarde avec confiance son avenir pour vivre pleinement et avec espérance son présent. Le moment est venu d'abandonner l'idée d'une Europe effrayée et repliée sur elle-même, pour susciter et promouvoir l'Europe protagoniste[11].

Cette proposition d'alliance en faveur d'une Europe réveillée a été accueillie avec indifférence. Dans la société européenne, tellement marquée par l'individualisme, il manque souvent cette dose d'empathie qui rassemble ceux qui sont différents dans une entreprise commune tournée vers l'avenir. On va vers la fragmentation ou des choix contingents, même si la pression de la crise liée à la pandémie a incité à plus de cohésion et à des décisions solidaires.

---

10. *Ibid.*

11. Pape François, *Discours au Parlement européen*, Strasbourg, 25 novembre 2014, www.vatican.va.

À la fin du discours prononcé au Parlement européen en 2014, le pape s'est laissé aller à rêver d'une Europe renouvelée :

> L'Europe qui regarde, défend et protège l'homme ; l'Europe qui chemine sur la terre sûre et solide, précieux point de référence pour toute l'humanité[12] !

C'est une grande vision pour le Vieux Continent, que la politique du « au jour le jour » a été incapable de saisir, une Europe sûre, solide et pacifique, point de référence pour le monde. « Europe, force bienveillante », disait l'économiste pro-européen Tommaso Padoa-Schioppa[13].

Pour François, un christianisme évangélique ne perd pas son identité quand il entre dans des coalitions et dans des alliances capables d'unir des mondes, des cultures et des acteurs différents. C'est une interprétation créative de Vatican II, qui libère des énergies unitives et œcuméniques au sens profond du terme, qui cherche ce qui unit et met de côté ce qui sépare, pour reprendre l'expression de Jean XXIII. Sous le pontificat de Paul VI, il s'était agi de dialogues bilatéraux entre l'Église de Rome et d'autres Églises chrétiennes ou d'autres religions, États ou cultures. Avec Jean-Paul II, à partir de la rencontre interreligieuse d'Assise de 1986, l'horizon s'était élargi à l'idée d'une « alliance » avec les religions. François développe l'idée conciliaire du « dialogue » et théorise les alliances et les coalitions. L'Église se situe aux côtés et au cœur de la

12. *Ibid.*

13. T. Padoa-Schioppa, *Europa, forza gentile. Cosa ci ha insegnato l'avventura europea*, Bologne, il Mulino, 2001.

culture du dialogue global, en y impliquant les individus, les grandes et petites communautés.

Zygmunt Bauman, qui hérite d'une histoire intellectuelle complètement différente de celle du pape argentin, est d'accord avec cette position, et qualifie le pape « aujourd'hui [de] seule personnalité d'envergure mondiale à avoir le courage et la détermination de creuser jusqu'aux racines les plus profondes de nos maux contemporains ». Le penseur anglo-polonais poursuit :

> Avec ce message, le pape François entend au fond mettre un terme au monopole de ces professionnels de la politique, et ce en faisant « descendre » ces problématiques capitales que sont la coexistence pacifique, la solidarité et la collaboration humaine au niveau « de la rue », au niveau des boutiques, des bureaux, des écoles et des espaces publics, tous ces endroits où les gens « de la base », membres du *hoī polloī*, se rencontrent et conversent – pour le dire autrement, en leur faisant quitter les espaces confus et obscurs de la politique professionnalisée tels qu'on les voit « à la télévision ». Afin de retirer des mains des généraux du *Choc des civilisations* de Huntington cet enjeu crucial pour l'humanité qu'est l'intégration, et de le confier [...] au quotidien de notre monde vécu[14].

François entend faire progresser la vision conciliaire du dialogue comme art de vivre et l'œcuménisme comme civilisation. La pandémie a très clairement montré qu'il n'y a pas d'avenir quand on reste seul. Les religions seules n'y arrivent pas. Nulle d'entre elles n'est une île, écrivait

14. Z. Bauman, *Retrotopia*, Paris, Premier Parallèle, 2019, p. 245.

Heschel[15]. Les États seuls n'y arrivent pas. La riche et complexe société européenne a besoin de reconstruire des « coalitions » si elle veut exister et ne pas se réduire à des niches de spécialité. Mais cela ne se crée pas en un jour.

Une Église vivante est une alliée pour l'Europe. Elle est convaincue que ce continent, en dépit de ses limites historiques et actuelles, incarne une valeur pour le monde. Mais non parce que les racines historiques du continent sont chrétiennes, car ce serait un titre de légitimité relevant du passé, comparable à celui d'une ancienne maison souveraine qui a fait l'histoire d'hier. L'Europe est une chance unique pour l'Église et le monde. Elle peut composer avec ses nombreuses et presque constitutives différences, se projeter sur la scène mondiale avec une respiration universelle. Une réplique de François au sujet de l'œuvre d'inculturation des jésuites Roberto de Nobili en Inde et Matteo Ricci en Chine révèle son état d'esprit : « Cela doit faire réfléchir : qu'ont les Italiens pour avoir cette capacité à l'universalisation[16] ? » Au milieu des fragments, parfois conflictuels, du monde global d'aujourd'hui, une Europe unie a une capacité à l'« universalisation ».

La valeur et la mission de l'Europe sont une question que le pape argentin adresse avec passion au Vieux Continent dans son discours de 2016, lors de la remise du prix Charlemagne :

> Que t'est-il arrivé, Europe humaniste, paladin des droits de l'homme, de la démocratie et de la liberté ? [...] Que

15. A. J. Heschel, « No Religion is an Island », *Union Seminary Quarterly Review*, janvier 1966, p. 117-133.
16. C. Petrini, *Terrafutura*, p. 38.

t'est-il arrivé, Europe mère de peuples et de nations, mère de grands hommes et de grandes femmes qui ont su défendre et donner leur vie pour la dignité de leurs frères[17] ?

La décadence de l'Europe dans le monde – entendons par là le fait pour elle de se réduire à la présence d'intérêts économiques sur la scène mondiale – est une chance en moins pour un monde plus humain.

17. Pape François, *Remise du Prix Charlemagne. Discours.*

X

Y a-t-il un avenir ?

Insignifiance

La question de l'avenir du christianisme traverse ce livre. De toute évidence, l'avenir ne consiste pas en une formule, mais plutôt en un ensemble de réponses, d'histoires et de routes à parcourir. Nous nous trouvons devant une situation différente de celle du XXe siècle car en se globalisant, le monde est devenu tout autre. Le débat qui a agité le XXe siècle autour de l'avenir de l'Église peut, en simplifiant beaucoup, se résumer par les positions de deux camps ; ceux qui ont pensé que changer dans un monde qui change a été une erreur et ceux qui ont pensé qu'il était nécessaire de se réformer en profondeur et d'évoluer, car les personnes et les langages n'ont plus rien à voir avec ceux d'hier. Entre ces options opposées se déploie une gamme infinie de nuances. Or ces positions ont presque toutes été balayées par l'avènement de l'ère globale.

L'Orient chrétien, quant à lui, a généralement vu à quelques exceptions près se développer une autre sensibilité. La fidélité à la tradition et la rudesse de l'histoire n'ont guère laissé de place au changement, même si les initiatives innovantes n'ont pas manqué. Mais il y a cette autre manière de voir l'Église. Le patriarche Alexis Ier de

Moscou, qui a traversé le tourbillon de la révolution soviétique, affirmait :

> Même si tout change autour, nous devons rester ce que nous étions des centaines d'années auparavant. Que notre immutabilité, l'impossibilité de nous conformer à l'esprit du temps, soit le symbole de l'éternité de l'Église [...]. Ce n'est que dans l'Église, en relation spirituelle avec les fidèles et le peuple qui prie, que vous vous sentez à l'abri des terribles conditions de vie contemporaines[1].

Ce sont des paroles nobles, douloureuses, surtout au regard de la persécution – sans doute la plus grande jamais survenue – des chrétiens en Russie. Elles expriment une sensibilité différente de celle de l'Église catholique, laquelle a essentiellement représenté au cours des siècles un christianisme dans l'histoire, animé par une volonté d'autoréforme mais fondamentalement déterminé à garder son indépendance vis-à-vis des « maîtres de ce monde », parfois sans y parvenir. Le modèle qu'elle a suivi a été celui d'un christianisme qui s'inscrit dans l'histoire sans s'y perdre et sans s'y conformer, tout en voulant être et tout en ayant le sentiment d'être inspirateur, même si cela n'a pas toujours été le cas dans les décisions individuelles.

J'ai livré un certain nombre de réflexions sur le choix fait par l'Église de s'adapter ou non à son époque. Pour y revenir dans la partie conclusive de ce livre, je voudrais rappeler ce qu'a affirmé Ratzinger. Ce ne sont plus les paroles, citées précédemment, d'un théologien quarantenaire

---

1. A. Roccucci, *Stalin e il patriarca. La Chiesa ortodossa e il potere sovietico*, Turin, Einaudi, 2011, p. 372.

s'interrogeant sur l'avenir de l'Église mais celles d'un cardinal mûr et influent. En 1996, moins de dix ans avant son élection au pontificat, celui qui était alors préfet de la Doctrine de la foi déclarait à Peter Seewald :

> L'inactualité de l'Église est, d'un côté, sa faiblesse – elle est marginalisée – mais cela peut être aussi sa force. Sans doute les hommes peuvent-ils percevoir que, contre l'idéologie de la banalité, qui domine le monde, une opposition est nécessaire, et que l'Église peut être moderne, en étant précisément antimoderne, en s'opposant à ce que tout le monde dit. À l'Église revient un rôle d'opposition prophétique.

Dans la vision de Ratzinger, cela ne signifie pas une Église contre le monde : « Par sa nature même, elle est toujours appelée à un rôle constructif », conclut le cardinal[2]. Cela ne signifie pas non plus une Église qui se préserve pour l'avenir en s'enfermant dans la répétition. Il s'agit d'une « opposition prophétique »... Le christianisme dans l'histoire n'est pas le christianisme de l'histoire, pour paraphraser les paroles de Jésus au sujet de son Royaume, l'opposition, la prophétie, l'inactualité sont des expressions qui indiquent l'altérité du message chrétien, qui se fait proche de la vie quotidienne à travers la communauté des croyants, l'évangélisation, la sympathie et le dialogue. L'existence du christianisme n'a pas toujours été simple, pas plus que ses choix. L'épaisseur du martyrologe des chrétiens le montre assez, à tel point que l'on peut dire du XXe siècle qu'il a été le « siècle du martyre[3] ».

---

2. P. Seewald-Benoît XVI, *Lumières du monde*, Paris, Bayard, 2010
3. A. Riccardi, *Ils sont morts pour leur foi.*

Au cours de l'histoire, l'Église a affronté des réalités hostiles, non seulement d'un point de vue idéologique et culturel, mais aussi politique. Pensons au communisme, qui l'a harcelée, remise en question, persécutée et défiée. Dans les pays où régnait le communisme ou là où, dans un climat de liberté, il représentait une proposition de rédemption sociale, l'Église a véritablement été confrontée à un défi historique. Les événements de 1989 ont jeté dans cette situation une confusion soudaine et radicale. Les dirigeants de l'Église auraient-ils pu se poser la question que Cicéron posa aux Romains après la défaite de Carthage : « Que sera Rome sans ses ennemis[4] » ?

De longues décennies durant, des comportements s'étaient structurés dans l'opposition au communisme. C'était « le martyre de la patience », pour reprendre le titre que le cardinal Casaroli avait donné à ses mémoires en lien avec ses relations avec les politiciens communistes[5]. Après 1989, l'histoire, devenue globale, a connu des changements rapides. L'illusion communément répandue que la victoire combinée du marché et du système libéral sur le monde de la Guerre froide conduirait partout de manière providentielle à la démocratie a disparu en l'espace de deux décennies. Après la glaciation communiste, l'Europe de l'Est a vu le retour de la nation. En 2007, le nombre d'habitants des villes a dépassé celui des campagnes, un tournant unique dans l'histoire, dont les conséquences sociales et écologiques sont immenses. Un nouveau type

4. J.-Ch. Rufin, *L'Empire et les nouveaux barbares*, Paris, J.-C. Lattès, 1991, p. 9.

5. A. Casaroli, *Il martirio della pazienza. La Santa Sede e i paesi comunisti (1963-89)*, Turin, Einaudi, 2000.

de ville s'affirme, la ville globale, un terrain complexe pour l'Église.

Le monde d'après 1989 n'a pas eu pour résultat l'extension stable de la démocratie occidentale. Au contraire, il a inauguré une période compliquée de réactions au monde global dont nous ne sommes pas encore sortis. Dans ce contexte, un fait important doit être signalé et attirer notre attention. L'Église catholique, en général et à son sommet, ne s'est laissé entraîner ni dans les réactions anti-globales ni dans les nationalismes, ni dans les souverainismes ni dans les sectarismes. Pour la plupart d'entre elles, les Églises européennes et extra-européennes ne se sont pas nationalisées, en dépit de quelques pressions et oppositions. Le catholicisme a résisté en tant que communauté globale autour des évêques et du pape. Dans un certain sens, l'Église a vécu une mondialisation bien avant celle que nous vivons aujourd'hui. Et il était loin d'être acquis qu'elle ne s'adaptât pas à l'« esprit du temps », comme cela s'est produit dans certains cas.

La position de l'Église n'a pas été simple à tenir. En effet, si à une époque il a beaucoup été question de christianisme et de sécularisation[6], il n'y a pratiquement pas eu de réflexion originale sur christianisme et mondialisation. Et puis, il y avait le national-catholicisme, qui n'a pas manqué d'exercer une certaine attirance, simple au point d'être simpliste, attentif à la terre ou au territoire, auréolé de l'héritage de la tradition, et constituant, tout au moins dans l'imaginaire, un rempart à un monde envahissant.

6. Voir une discussion sur ce thème dans M. Volf, *Fiorire. Il contributo della religione in un mondo globalizzato*, Brescia, Queriniana, 2020.

Contre-culture facile, le national-catholicisme bénéficiait d'une certaine popularité.

Le monde « envahissant » était représenté par l'immigration et par l'islam. Or – et l'Église le sait depuis le XXe siècle – l'islam ne forme pas un univers homogène. François a signé en 2019 un pacte de fraternité avec Ahmed el-Tayeb, le grand imam d'Al-Azhar au Caire, la plus importante université musulmane. Ce dernier a condamné à plusieurs reprises le terrorisme islamique, comme lorsqu'il s'est incliné devant les victimes du terrorisme islamiste tuées au Bataclan à Paris, alors qu'au Nigeria, pour évoquer un exemple dramatique, Boko Haram persécute durement les chrétiens du nord. Nous voyons se manifester toute la complexité contradictoire de l'islam, tandis que les musulmans se combattent entre eux et que le terrorisme croît sur leurs terres.

Les décennies de la mondialisation ont rendu plus difficile encore la lecture du monde par l'Église. Nombreux sont les terrains sur lesquels elle est à l'œuvre. Dans la confrontation avec la réalité, il lui faudrait faire preuve d'un plus grand sens de l'histoire et mettre à jour sa réflexion. Cela a été fait en partie seulement, non par mauvaise volonté d'ailleurs, mais parce que nous sommes entrés dans une époque dominée par les émotions, les réactions rapides sans réflexion, sous la pression de la communication[7]. L'assimilation de ces stimulants que constituent les « morsures de l'histoire » a parfois fait défaut, comme pendant ces années marquées par le défi du communisme,

7. D. Moïsi, *La géopolitique de l'émotion : comment les cultures de peur, d'humiliation et d'espoir façonnent le monde*, Paris, Flammarion, 2008.

des idéologies, des contacts avec les mondes en souffrance ou en attente d'évangélisation. Les religions subissent une déculturation et se chargent d'émotivité.

L'Église catholique a laissé une place de plus en plus grande à l'émotion et au sentiment. Il existe une solide historiographie du sentiment religieux dans le catholicisme, qui en révèle toute la richesse et le sérieux au cours des siècles[8]. Mais l'Église vit aussi de visions, qui se développent sur la période longue de la réflexion au sujet de la vie et de l'histoire. Elle est encore le lieu de la parole, le lieu où l'on exhorte, répond, discute, pense, étudie, écoute, prie. La mondialisation s'y est néanmoins imposée de manière inattendue, autoritaire, et avec une part de mystère dans ses effets. Elle semblait ne rien changer or énormément de choses ont changé. Il faut penser, réfléchir sur la vie et la réalité. Paul VI avait saisi le problème dès 1967 : « Et s'il est vrai que le monde souffre du fait du manque de pensée, Nous convoquons les hommes de réflexion et de pensée. » Un appel resté lettre morte. Si bien que, près de trente ans plus tard, en 1994, Giuseppe Dossetti notait l'épuisement de la culture laïque et chrétienne :

> Nous sommes tous immobiles, fixés sur un présent que l'on cherche à rafistoler d'une manière ou d'une autre sans mesurer la profondeur des changements. Cette vision n'est pas catastrophique, elle est réaliste ; elle n'est pas pessimiste, parce que je sais que le sort de toute chose est entre les mains

8. Voir parmi les nombreuses études de H. Bremond, *Histoire littéraire du sentiment religieux en France depuis de la fin des guerres de religion jusqu'à nos jours*, Grenoble, J. Millon, 2006.

de Dieu. L'espérance ne manque pas, l'espérance que, à travers des voies nouvelles et imprévisibles, se réalise l'ouverture à un monde différent, un tout petit peu plus vivable[9].

Nous voyons chez Dossetti deux niveaux importants d'affirmation. Celui du croyant qui professe l'espérance qui ne manque pas, « car le sort de toute chose est entre les mains de Dieu ». L'espérance est le moteur de la vie de l'Église. Au long de ces pages, pris dans la confrontation avec l'histoire et avec la réalité, je n'ai pas oublié que la réflexion sur l'avenir de l'Église se nourrit de l'espérance qui vient de l'Évangile. Dans la pauvreté et la fragilité, on ne brûle pas l'espérance. La centralité de la foi se fait espérance en particulier dans les temps de grisaille et d'obscurité. Il est juste pour celui qui écrit de rappeler cette dimension de foi, mais il est juste aussi, me semble-t-il, de tenter de lire la dynamique historique.

Il y a un autre niveau à prendre en considération dans l'affirmation de Dossetti, l'effilochage et l'épuisement de la pensée. L'Église court le risque de remplir le vide de sens et le silence par des paroles désuètes, qui n'ont plus été vérifiées ni discutées depuis longtemps, qui n'ont pas ou plus été forgées par la pensée et l'expérience. C'est l'impasse de l'insignifiance. Si déclin il y a, « rafistoler » ne suffit pas. Dossetti, qui avait intensément vécu et partagé les espoirs de Vatican II, affirme : « Nous sommes tous immobiles, fixés sur le présent. » Dans la gestion des problématiques de l'Église, problématiques pastorales, paroissiales, concrètes

9. « Testimonianza su spiritualità e politica. Incontro con don Giuseppe Dos setti », dans G. Dossetti, *Scritti politici 1943-1951*, G. Trotta (éd.), Gênes, Marietti, 1995, p. LIII-LIX, cit. p. LIX.

et liées à la vie quotidienne, on se concentre souvent essentiellement sur le présent, sur la manière de résoudre les difficultés, de remplir les vides, de garder les églises et les activités ouvertes. Et quand on se concentre sur le présent, l'élément de comparaison est le passé proche, un temps où la situation était meilleure, le nombre de fidèles et d'ecclésiastiques plus important. Celui qui est fixé sur le présent est incité à comparer avec la situation d'hier et à rester immobile, comme si le défi de l'avenir était au-dessus de ses forces et comme s'il fallait se contenter de tenir pour le temps présent. Ainsi glisse-t-on dans l'« insignifiance ».

Dès le début des années 1970, le théologien protestant Jürgen Moltmann voyait un christianisme en « crise de signifiance ». Il disait notamment cela de la pensée chrétienne : « Le décrochage et l'aveuglement sur le monde réel font que la théologie et l'Église sont de plus en plus dépassées[10]. » Il concluait en disant que cette perte d'importance ne concernait pas seulement le domaine de la pensée. Il pointait aussi le risque pour le christianisme de sortir de l'histoire et de la vie des individus, faute de pouvoir y exercer encore une influence. C'est cette insignifiance que de nombreux chrétiens perçoivent de façon douloureuse en comparaison du « trésor » du message évangélique. C'est cette insignifiance que l'on perçoit dans la faible considération avec laquelle les différentes institutions regardent l'Église, notamment la politique et les États ; je le signale seulement comme un indicateur.

On a constaté l'indigence de certaines paroles de l'Église, mais pas de la part du pape, face à la crise du coronavirus

10. J. Moltmann, *Le Dieu crucifié*, Paris, Éd. du Cerf, 1999.

alors que la solidarité n'a pas manqué. La pandémie a révélé que dans les interprétations traditionalistes, polémiques vis-à-vis du monde moderne, négationnistes ou enclines à voir dans l'épidémie un complot ou une punition divine, le christianisme se montre aussi insignifiant qu'une secte. Aujourd'hui, le sentiment d'insignifiance de l'Église est même partagé par tous ceux qui, jusqu'à il y a peu, lui reprochaient sa « puissance », sa « richesse », son « ingérence », et la critiquaient pour son pouvoir. Les notions d'anticléricalisme ou d'antichristianisme se sont considérablement estompées.

Paul Tillich, théologien protestant qui quitta l'Allemagne pour avoir pris la défense des Juifs et s'être opposé au nazisme, s'était déjà posé depuis longtemps la question de « l'insignifiance et de l'importance du message chrétien pour l'humanité d'aujourd'hui ». Nous sommes dans les années 1960. La mondialisation est loin et la Guerre froide prévaut. Le théologien examine les nombreux éléments de cette insignifiance qui proviennent des structures de vie du XXe siècle, éléments qui se sont aujourd'hui multipliés. Il affirme :

> Permettez-moi d'exposer d'abord un facteur du christianisme qui peut le rendre important à ce jour. Il s'agit d'un événement qui s'est produit, un événement composé de deux parties : le fait survenu dans une vie personnelle, et la réception de cette vie de la part d'un groupe de disciples et d'adeptes. C'est l'événement dont tout le reste dépend [...]. En termes théologiquement rigoureux, le Christ ne serait pas le Christ sans l'Église, autrement dit la communauté qui l'a reçu. Et l'Église ne pourrait être l'Église sans le Christ sur

lequel elle est fondée. Cela veut dire à présent que le christianisme ne se fonde pas sur une idée ou sur un ensemble de symboles.

Parfois, dans la vie ou dans un événement de l'Église, quelque chose de profond se manifeste, inspiré par la Bible ou par la mémoire de Jésus[11]. C'est ainsi qu'il conclut. L'espérance vit dans l'Église, va au-delà de l'insignifiance et se fraye un chemin à travers elle. C'est en soi une « révolte » importante contre le présent.

Entrevoir les voies de l'avenir

À partir de 2013, autour de l'Évangile *sine glossa*, François a proposé des visions et tracé des chemins pour les chrétiens confrontés au monde global. Le pape a fait preuve d'originalité de pensée et d'enseignement en proposant une Église dans l'histoire et non pas une Église adaptée à l'histoire. En continuant à communiquer l'Évangile sans cacher les pauvretés morales ou structurelles de l'Église, son manque de vision et de passion, François a ouvert des voies à un christianisme dans l'histoire globale.

De nombreux catholiques sont passés de l'enthousiasme pour Bergoglio à la désillusion, mais François a communiqué l'Évangile en incitant les croyants à faire de même, dans le sens de *La Joie de l'Évangile*, et à expérimenter l'insécurité d'une situation passagère. Il a ouvert ensuite

11. P. Tillich, *L'irrilevanza e la rilevanza del messaggio cristiano per l'umanità oggi*, Brescia, Queriniana, 1998, p. 72 et 74.

des pistes à travers la prière et la quête de Dieu, le besoin de miséricorde dans une époque dure et marquée par des mécanismes impitoyables, la tendresse dans un monde de personnes seules, migrantes, pauvres... l'écologie, la paix et la fraternité.

Deux encycliques sociales constituent les prémisses importantes de sa manière de penser l'époque contemporaine, *Laudato si'* et *Fratelli tutti*. La première est attentive à la création, la seconde à la fraternité et à la paix. Le message de François a montré que la source ecclésiale ne s'était pas tarie. Le message peut plaire ou non. Il peut être accueilli, rejeté ou ignoré. Mais il existe. À partir de cette « source », il est possible de vivre, d'œuvrer, de rénover et surtout d'espérer. Dans *Fratelli tutti*, François note la pauvreté de visions, de projets et de pensée, dans laquelle le monde contemporain se débat :

> Un moyen efficace de liquéfier la conscience historique, la pensée critique, la lutte pour la justice ainsi que les voies d'intégration consiste à vider de sens ou à instrumentaliser les mots importants. Que signifient aujourd'hui des termes comme démocratie, liberté, justice, unité[12] ?

Certaines critiques laissent entendre que le message du pape serait centré sur les maux du monde et les douleurs de l'humanité, sur les pauvres et les émigrés, les guerres et l'écologie. Il procéderait ainsi à un nivellement horizontal, trop humain. On édulcore, note Sergio Belardinelli, l'effroyable réalité du mal en le liant aux logiques du monde

---

12. Pape François, Lettre encyclique *Fratelli tutti*, n° 14, www.vatican.va

tandis que l'on néglige l'eschatologie[13]. Ce point de vue cristallise diverses objections au pape.

Belardinelli note pourtant que l'Europe séculière ressent « le besoin urgent qu'il y ait quelqu'un qui, quelque part, parle de Dieu avec une langue qui ne soit pas trop mondaine, avec une langue qui sache transmettre cette conscience que l'on est en train de défier l'indicible ». L'« altérité radicale » de la foi religieuse est nécessaire. C'est une observation juste car le monde contemporain n'est pas antichrétien. Il est traversé de nombreuses demandes de spiritualité pouvant être prises en charge par le christianisme. Or le monde est « sorti de Dieu », comme l'affirmait Émile Poulat, même si la question de Dieu n'est pas sortie du monde.

Le message de François est-il « édulcoré » ? Il diffère des registres religieux d'autrefois. Mais il n'est pas le résultat de l'adaptation de l'Église aux catégories syndicales, progressistes ou populistes. Il n'est pas non plus décroché de la foi. Foi et eschatologie sont intimement liées au message du pape, même quand ce dernier parle de pauvres ou de migrants. C'est un christianisme qui parle de Dieu au « cœur », selon la tradition biblique et évangélique, celle de la foi catholique, et il le fait au milieu des hommes et des femmes, de celles et de ceux les plus marqués par le mal. Celui qui approche ce monde sent la « morsure » de la vie et de l'histoire qui renvoie aux grandes questions sur l'existence. L'itinéraire avec les pauvres, notamment d'un point de vue existentiel, n'est pas séparé de celui de la foi et inversement. C'est un christianisme qui vit dans l'histoire,

13. A. Panebianco, S. Belardinelli, *All'alba di un nuovo mondo*, Bologne, il Mulino, 2019.

qui aime l'histoire, mais qui ne se plaque pas sur le politiquement correct ou sur le politico-humanitaire. Bergoglio se réfère à l'Évangile lu à la manière franciscaine. L'histoire, ses douleurs, ses attentes, sont prises dans une perspective qui va bien au-delà du discours politique – aujourd'hui en crise sous tous ses aspects – ou sociétal. Son christianisme parle de la vie de tous les jours mais il n'est pas prisonnier du « terrain » ni d'une idéologie de rédemption sociale. La rédemption n'est pas sociale ; elle a une dimension clairement christologique et eschatologique. C'est le christianisme qui parle à une femme et à un homme différents d'hier qui, percevant la réalité à travers la communication globale, repoussent ou dissimulent le rendez-vous avec la fragilité de la mort. Tant et si bien qu'un vieux théologien et exégète, Gerhard Lohfink, a ressenti le besoin de penser à nouveaux frais le discours sur la résurrection et sur la vie éternelle, en en montrant l'actualité chrétienne, purgée du poids de la mentalité d'autres périodes historiques[14]. Son discours sur la mort et la vie éternelle trouve sa place dans le message de l'Église de Bergoglio.

L'attention que prête François aux démunis se distingue par son originalité et son lien étroit avec le message évangélique : c'est l'Église des pauvres qui, éclipsée par Vatican II, s'est développée pendant plus de cinquante ans. Il ne s'agit pas d'une doctrine sociale, ni d'une théologie politique, ni d'idéologies sociales pratiquées par de grandes organisations philanthropiques. Certaines d'entre elles, nées au sein de l'Église, ont produit des effets positifs par leur action sociale, mais elles ont souvent institutionnalisé

14. G. LOHFINK, *Alla fine il nulla ? Sulla risurrezione e sulla vita eterna*, Brescia, Queriniana, 1990.

l'engagement auprès des nécessiteux, reproduisant en partie les limites des grandes organisations internationales. François a fait un pas de plus par rapport à la pratique catholique de l'assistance. Il a placé le pauvre, les pauvres en tant que personnes, au centre de la vie et de la communauté chrétienne, ce qui pour lui voulait dire la place centrale de Jésus qui vit lui-même dans la pauvreté.

Le pauvre est lieu de conversion de l'existence, mais aussi de réforme de l'Église. Vatican II avait commencé à le dire. Il s'agit d'une prophétie évangélique, pas de progressisme catholique ou de syndicalisme latino-américain. En route vers l'avenir, ce pontificat laisse en héritage le « pauvre » comme lieu théologique et existentiel pour le chrétien et la communauté. Il développe un enseignement qui vient explicitement de l'Évangile et des Pères de l'Église. Il y a toujours eu des malentendus dans la compréhension de l'enseignement des papes. Quand en 1963 Jean XXIII publia *Pacem in terris* – l'insistance des pontifes du XXe siècle sur la paix est d'ailleurs une constante – l'encyclique a été qualifiée par les critiques de *Falcem in terris*.

L'Église, ancienne, un peu déclinante, se met en route avec les pauvres et l'Évangile vers l'avenir. Tel est le pari de François. Son opposition à la banalité du présent se développe sur ce plan. L'avenir consiste en la redécouverte du « pouvoir » de l'esprit au sens évangélique. Cet art de vivre est porteur d'expériences et de changements ; il recrée des sentiments ainsi qu'une profondeur de pensée, et donc de la culture.

Au sein de l'Église, libérée des entraves héritées d'un modèle pastoral inadapté et de l'angoisse de devoir tenir la position avec des forces déclinantes, on a vu et on voit se lever des acteurs chrétiens, petits et grands, qui vivent la foi. C'est dans ce monde que devront entrer et que sont entrées les femmes, non seulement avec une plus grande responsabilité, mais aussi en tant que compagnes des hommes dans une fraternité communautaire capable de rayonnement et de vitalité. La « réciprocité de communion » entre femmes et hommes croyants est une ressource peu explorée dans une Église encore verticale. Mais l'Église progresse avec l'histoire. Elle le fait, et elle le fera encore davantage. À l'intérieur de l'histoire, mais sans se banaliser. Quand elle parle des pauvres, de ceux qui souffrent, des blessés de la vie, de migrants, l'Église le fait avec une « sympathie » qui a des racines bibliques et spirituelles, qui concerne tous les êtres humains, femmes et hommes, simples et ordinaires. Le penseur juif Abraham Heschel a beaucoup enseigné la notion du « *pathos* de Dieu », en particulier chez les prophètes. Au détour de sa leçon, nous voyons ce passage décisif : le passage de l'*homo apatheticus* à l'*homo sympatheticus*.

Le monde global crée des femmes et des hommes souvent apathiques ou indifférents, dépourvus de ce *pathos* car confrontés à la démesure de la réalité, impuissants, ramenés à la mesure modeste de leur moi individuel, donc forcément résignés, incapables de rêves qui ne seraient pas des rêves individuels. Ce phénomène touche aussi l'Église qui voit des hommes et des femmes écrasés sous l'effet du déclin ou de l'absence de créativité. La sympathie, attitude de l'*homo sympatheticus*, est, quant à elle, une caractéristique qui place la miséricorde au centre. Elle ouvre un horizon vaste où vivre, la possibilité d'un changement et une régénération créative du tissu ecclésial. La sympathie, écrit Heschel, consiste à nous ouvrir à l'autre en devenant amis de Dieu, en nous laissant entraîner par son *pathos*[15]. Nous voyons bien que nous ne nous situons pas dans le cadre de l'horizontalité ordinaire. Il n'y a pas de sympathie pour l'humain sans abandon à la force entraînante du *pathos* de Dieu. C'est la grande leçon de Heschel. Une vraie leçon pour aujourd'hui.

L'avenir de l'Église, c'est aussi l'histoire de la sainteté. Pour Pitirim A. Sorokin, sociologue russo-américain atypique : « Les saints remplissent une fonction sociale, qui consiste à être l'incarnation vivante des valeurs les plus élevées – bonté, amour, spiritualité – d'une société déterminée[16]. » Un saint orthodoxe du XXe siècle affirmait l'énergie cachée et profonde de la sainteté ; les saints « du seul fait qu'ils existent, même s'ils sont inconnus [...], font descendre sur la terre, sur l'humanité entière, une grande bénédiction de Dieu[17] ». Sorokin l'explique en d'autres termes en disant :

> Les saints sont les experts d'une « énergie-amour », qu'ils produisent en grande quantité et de la qualité la plus pure. Sans ces experts de la production d'amour, la société est condamnée à souffrir d'une dramatique pénurie d'amitié et d'harmonie [...] ainsi que d'un excès de haine mortelle et d'opposition. Indépendamment de la manière d'opérer de ces générateurs d'amour, [...] une présence minime de ces

---

15. Voir A. J. HESCHEL, *Il messaggio dei profeti*, Rome, Borla, 1983, p. 119 s.

16. P. A. SOROKIN, *I santi cristiani. Un'indagine sociologica*, V. MERLO (dir.), Rome, Castelvecchi, 2019, p. 113.

17. ARCHIMANDRITE SOFRONIO, *Silvano del Monte Athos*, Turin, Gribaudi, 1978, p. 215.

apôtres de l'altruisme est une nécessité pour une société créative et heureuse[18].

Sorokin a introduit l'amour et l'altruisme dans les sciences sociales. Il a aussi étudié le phénomène de la sainteté au XXe siècle comme un élément qui fait augmenter le potentiel d'humanité du monde et fait vivre l'Église. Dans sa vision, sainteté, amour et altruisme s'entremêlent et projettent l'Église vers demain. Il ne nie pas les chiffres ni les indicateurs préoccupants, mais il regarde l'Église dans l'histoire, dans ses dimensions profondes. Il y a ce qui vit, ce qui subsiste encore, mais surtout ce qui est en train de naître et qui se tourne vers l'avenir. Tillich écrit :

> L'Église est peu de chose. Elle est un écrin dont le trésor reste souvent inaccessible, un écrin que nous devons sans cesse rouvrir. Elle fait contrepoids à l'indifférence profane à laquelle nos revers nous rendent enclins. Elle est une représentation de la profondeur et de la hauteur de la ligne verticale. En principe, la prière et la contemplation ne devraient pas être des actes particuliers. Mais nous avons parfois besoin de trouver refuge en elles pour fuir l'inquiétude de la ligne horizontale [...]. Écoutez cet unique et important avertissement ! Ne considérez jamais la sphère profane comme impie au simple prétexte qu'elle ne parle pas de Dieu. Déclarer impie une sphère de la création et de la providence divine, c'est cela, oui, qui est impie, qui nie le pouvoir de Dieu sur le monde et contraindrait ce dernier à s'en tenir aux limites de la religion et de l'Église[19].

---

18. P. A. SOROKIN, *I santi cristiani*, p. 112.
19. P. Tillich, *L'irrilevanza e la rilevanza*, p. 87-88.

Face au monde « profane » contradictoire, autoritaire et global, on a tendance à confiner Dieu dans la religion et dans l'Église. Cela peut donner l'impression de sauver ce qui peut l'être ou de mettre l'essentiel à l'abri de vieux murs, tout en respectant, en apparence, la sécularité de la réalité. Mais c'est cela l'insignifiance. C'est là qu'œuvre la spirale du déclin. Ces positions, dans leur esprit, sont aux antipodes de Vatican II, de la constitution *Gaudium et spes*, qui postulait le partage par les chrétiens des « joies et des espoirs, des tristesses et des angoisses des hommes de ce temps, des pauvres surtout et de tous ceux qui souffrent[20] ». Pour Tillich et bien d'autres, le lieu de la « bataille » où défendre l'importance particulière à laquelle le christianisme est appelé, est le monde « profane », celui des joies et des tristesses de tous. Et l'Église est l'« écrin précieux » à rouvrir sans cesse pour vivre vraiment cette histoire « profane » à laquelle Dieu est tout sauf étranger, en dépassant l'indifférence ou l'insignifiance.

Entre grisaille et aurore

Sans une Église vivante, qui alimente les ressources spirituelles et humaines ou qui dialogue avec elles, nos sociétés courent le risque d'une situation de vide. Nos contemporains sont, tout au moins en partie, ceux que Raphaël Glucksmann appelle « les enfants du vide[21] ». Il existe une attente, elle peut sembler être une consolation,

---

20. Concile œcuménique Vatican II, *Gaudium et spes*, www.vatican.va.

21. R. Glucksmann, *Les enfants du vide. De l'impasse individualiste au réveil citoyen*, Paris, Allary, 2018.

adressée à l'Église. Elle émane d'une partie du monde qui croit à sa manière, ou encore de non-croyants. Il y a un paradoxe, comme nous l'avons déjà observé, dans ce monde qui n'appartient pas à l'Église mais qui n'est pas étranger au christianisme. Et le définir, du fait de son caractère impalpable mais non irréel, n'est pas chose aisée. Je n'utiliserais pas le vocabulaire de Karl Rahner qui parlait de « chrétiens anonymes » car le théologien employait cette expression dans un contexte de comparaison historique relatif à l'athéisme et à l'essor du sécularisme. Mais il existe un monde de femmes et d'hommes qui ne sont pas étrangers au christianisme. C'est une réalité importante en Europe ; une Europe moins chrétienne qu'hier mais non antichrétienne ; une Europe où le christianisme est sédimenté dans la conscience générale et personnelle. L'avenir du christianisme ne se limite pas à celui du Sud, comme on a pu le dire à maintes reprises, au regard d'un christianisme européen en déclin et en quête de formes et de modèles inspirants issus de l'autre hémisphère.

Il n'y a pas de réponses simples à un phénomène aussi long et complexe que celui de la transformation religieuse. Le volontarisme réformiste ecclésial est à l'origine de louables tentatives mais qui n'apportent pas pour autant des solutions. Le pape François n'a pas non plus proposé de « plans » ou de solutions. Et l'unique réforme, celle de la Curie, n'est pas si décisive.

Il y a des décisions à prendre et des nœuds à défaire. Il faut avoir confiance dans les communautés chrétiennes, leur donner la possibilité de vivre et de tenter de se mettre en marche vers l'avenir, les soutenir dans leur subjectivité créative, un élément à la fois simple et indispensable, mêlant passion, sympathie et ascendant charismatique. Je pense à la vie de communautés, de croyants divers, de personnes vivant dans le monde et dans la crise, de moines et de moniales, de religieux, de paroisses, de laïcs, de gens ordinaires, d'amis des pauvres et de bien d'autres.

Maintenant se pose une grande question, sans doute est-elle quelque peu prosaïque : comment des réalités nouvelles peuvent-elles naître d'un contexte qui a vieilli, avec un clergé qui n'est plus tout jeune et qui ploie sous le poids des structures ? Il faut avoir le courage de libérer des énergies constructives et créatives en communiquant l'Évangile, de les susciter, de donner confiance et d'apporter son soutien à des réalités ecclésiales différentes, même imparfaites. Nous devons les faire grandir et investir dans l'avenir. C'est le devoir d'une génération. L'histoire du christianisme est aussi une affaire d'enthousiasme. C'est ce qu'écrivait, il y a bien longtemps,, Ronald Knox en passant en revue des expériences d'enthousiasme créatif, protestantes et catholiques, avec tout leur unilatéralisme. Et il concluait : « Ceux qui se contentent de la monotonie, de la médiocrité, ceux qui laissent glisser les choses ne seront pas pardonnés[22]. »

La solution ne vient pas d'une réforme. Elle ne vient pas non plus de la seule initiative des évêques. Que ces derniers accompagnent, suscitent et fassent grandir ! Qu'ils œuvrent pour la communion entre acteurs chrétiens et pour leur ouverture par-delà les frontières. Maintenant intervient le discours, tant de fois entendu dans le cadre ecclésial, sur la synodalité qui a davantage besoin d'êtres de chair et de sang

---

22. R. Knox, *Illuminati e carismatici*, Bologne, il Mulino 1970, p. 802.

que de documents écrits par quelques « bons théologiens ». Il faut aussi reconnaître l'« événement spirituel » de la révolution féminine dans la synodalité et dans la communion. Et surtout, grandir, dans le sens de se retrouver autour de la liturgie, et faire en sorte qu'il y ait une eucharistie pour les petites et les grandes communautés.

Il convient d'accepter de traverser la crise de ce monde, de l'habiter avec la « prophétie » chrétienne, celle que l'on arrive à vivre sans s'affadir ni se cacher. Du reste, la « crise » est une condition normale pour l'Église, qui sait que sa vocation n'est ni le triomphe ni le contrôle de la société. Les historiens sont revenus sur les constructions mythiques de l'« âge d'or » passé de la chrétienté. Les crises ont toujours existé, dès les origines. Pour les chrétiens, le grand risque est qu'ils se contentent de survivre, fixés sur le présent et prenant pour référence un passé révolu.

La crise n'est pas le déclin. Dans le déclin, l'Église œuvre à sa seule survie. La voie – elle peut sembler ne pas être une solution – consiste à vivre dans la crise de façon évangélique. Dans le grec de l'Ancien Testament de la Septante ou du Nouveau Testament de la *koiné*, le mot *krisis* signifie « l'heure du jugement[23] ». La crise n'est pas seulement celle de l'Église. Elle est aussi celle du monde. Je pense à un aspect particulier, révélé par le Covid-19 ; la diffusion des pandémies, conséquence de la faillite écologique et du déséquilibre entre l'environnement et les espèces. S'il est vraiment souhaitable que ce phénomène ne se répète pas, rien ne garantit que des événements similaires ne se reproduisent à

23. J.-F. Colosimo, *La crise orthodoxe. II. Les convulsions du XIXe siècle à nos jours*, Paris, Fondation pour l'innovation politique, 2018, p. 31.

l'échelle mondiale, et avec lesquels l'humanité devra vivre[24]. Ces crises ne pourront pas ne pas toucher l'Église, comme ses fidèles, dans sa manière de vivre.

La crise, dans ses multiples aspects, représente une lutte pour l'Église, du fait des problèmes tant externes qu'internes qui finissent par s'entremêler. Le pape François a accepté ce caractère de la « crise » pour qualifier sa situation actuelle ajoutant : « Celui qui ne regarde pas la crise à la lumière de l'Évangile se contente de faire l'autopsie d'un cadavre[25]. » L'Église dans le monde contemporain est appelée à une condition « agonique », autrement dit de lutte. C'est une condition dont Miguel de Unamuno, alors en exil à Paris, avait eu l'intuition dans *L'Agonie du christianisme*, lorsqu'il écrivait en 1925 : « Il faut définir le christianisme agoniquement, polémiquement, en fonction de lutte[26]. » Agonie ne veut pas dire mort, même si dans la lutte on frôle parfois la mort ou l'on risque la fin. Bien que l'on ait quelques fois la sensation d'un déclin quasi irréversible, agonie, au sens profond du terme, est lutte et non résignation. Car toute véritable lutte « pour l'Église », si l'on peut employer cette expression, est en même temps combat pour le monde et dans le monde.

La lutte aujourd'hui consiste à être en contact avec l'indifférence, avec le discrédit, le redimensionnement dans les faits et dans les existences. Il est facile pour les chrétiens de renoncer à lutter : ils sont tolérés en tant que niche.

24. Voir D. Quammen, *Spillover*, Milan, Adelphi, 2017.
25. Pape François, *Discours à la Curie romaine pour les vœux de Noël*, 21 décembre 2020, www.vatican.va.
26. M. de Unamuno, *L'Agonie du christianisme*, Paris, Berg international, 1996, p. 45.

L'expression de Unamuno est forte et saisissante, répondre au déclin en acceptant la crise et en vivant dedans, avec l'agonie d'une vie non défaitiste.

Du reste, il ne s'agit pas d'une lutte contre quelqu'un ou contre quelque chose, d'une lutte qui excommunie, discrédite ou agresse. Comme toute institution, l'Église est bien souvent tentée par les conflits frontaux. C'est une manière de faire comprendre que l'on est vivant. C'est aussi une façon de perdre des occasions d'attraction et de dialogue en entrant dans le jeu des polarisations[27]. L'Église, dans sa raison d'être profonde, lutte en existant et en rencontrant d'autres univers. Il ne s'agit pas pour elle de conquérir, car son existence est fondée sur la gratuité. Elle est peu familière d'une société où tout ce qui a une valeur se vend et s'achète, mieux encore, où presque tout se vend et s'achète. L'eucharistie se présente comme le fait le plus inutile et le plus pauvre en retombées : totalement gratuit et pourtant central. La proximité avec les pauvres et les blessés de la vie caractérise les Églises.

Le culte, liturgique, de la Parole de Dieu, du pauvre, de la fraternité, sont des alternatives à une société régie par l'économie, en raison même de leur « inutile » gratuité. Vivre la générosité c'est produire : « L'amour généreux est amour générateur en vertu du don gratuit, sûr et en soi fécond. » C'est ce qu'écrit le théologien péruvien Carlos Castillo Mattasoglio, qui ajoute : « Et on le voit en Jésus[28]. »

Ce sont les semences d'un monde qui ne repose pas sur les lois de l'économie globale. Les semences sont

27. Benoît XVI et François ont insisté sur ce point.
28. C. Castillo Mattasoglio, *Teologia della rigenerazione*, Bologne, EMI, 2001, p. 59.

vies et existences. Elles sont des espaces humains petits ou grands et habités d'empathie, des énergies d'amour pour reprendre Sorokin. Elles deviennent pensée, culture, vision. Nous voyons, dans la société actuelle où les liens se défont, la charge empathique se réduire : « Le culte du *winner* qui ne doit sa réussite qu'à lui-même laisse peu de place à l'empathie envers le perdant et le dominé[29]. » Nos sociétés, nos villes, sont souvent vides d'empathie. La gratuité, terrain où grandit la sympathie pour les autres, est le terrain de l'Église dans un monde un peu vieilli, où tout a déjà été vécu et où l'on croit que la nouveauté ne peut qu'être individuelle. Telle n'est pas la voie de l'Église. Sa nouveauté est communautaire, sociale. La gratuité est prophétie, faite de mille choses petites et grandes, d'attitudes, de quotidienneté et d'entreprises.

On comprend mieux comment la lutte est menée au sein de tous ces parcours humains et communautaires, habités par la sympathie et la spiritualité, amis des perdants mais pas défaitistes quant à l'avenir.

Tout cela a un goût de lutte au sens évangélique. Il ne s'agit pas de déclin mais de crise. Une crise acceptée dans la conscience de l'espérance et saisie par la passion du futur. Les croyants et l'Église ne peuvent pas rester fixés sur le présent. L'attitude qui consisterait à garder les yeux rivés vers un passé perçu comme meilleur est normale chez une personne âgée. C'est l'attachement aux modèles d'hier, que l'on défend dans le présent parce que le monde a beaucoup changé et que l'on ne sait pas comment y évoluer. La difficulté est plutôt de se mettre en route vers le futur tel

29. R. Glucksmann, *Les enfants du vide*, p. 51.

que l'on est, avec la confiance d'une mission, de regarder le présent mais en direction de l'avenir. Le père Men, prêtre orthodoxe, dernière victime du KGB en 1990, écrivait :

> Il n'y a que des hommes bornés pour s'imaginer que le christianisme est achevé, qu'il s'est complètement constitué, « au IVe siècle » selon les uns, « au XIIIe siècle » ou à un autre moment selon les autres. En réalité, le christianisme n'a fait que ses premiers pas, des pas timides dans l'histoire du genre humain. Bien des paroles du Christ nous demeurent incompréhensibles [...]. L'histoire du christianisme ne fait que commencer. Tout ce qui a été fait dans le passé, tout ce que nous appelons maintenant l'histoire du christianisme, n'est que la somme des tentatives – les unes malhabiles, les autres manquées – de le réaliser.

Un christianisme à l'histoire millénaire peut être tenté par une posture passéiste. Il doit néanmoins se projeter vers l'avenir pour éviter de finir comme les Églises dans le monde oriental. Plus que minoritaires au milieu des musulmans, celles-ci mettent toutes leurs forces dans la conservation de ce qu'elles ont été. Pour le père Men, seuls des hommes limités peuvent imaginer le christianisme comme « achevé », tellement achevé qu'il serait en train de flétrir. Selon lui, « le christianisme ne fait que commencer » car il y a tant à vivre, à comprendre, à réaliser à travers son message[30].

Une telle conviction a de quoi surprendre chez un prêtre qui a vécu la dureté de la période soviétique et qui

30. A. Men, *Le christianisme ne fait que commencer*, Paris – Pully, Éd. du Cerf, 2004, p. 49.

avançait avec enthousiasme vers l'aube de l'avenir. Il a été tué par le KGB un an avant la fin de l'URSS. Il ne pensait pas à la restauration du christianisme prérévolutionnaire mais à l'avenir qui s'ouvrirait devant l'Église après la fin de la glaciation soviétique.

La proposition du théologien Dominique Collin me semble également aller dans ce sens.

> Dire que le christianisme n'existe pas encore [c'est le titre de son essai] signifie penser que l'événement qu'il signifie procède d'un avenir qui ne peut jamais être confondu avec le présent[31].

Le christianisme procède d'un « avenir ». Telle a été aussi la manière de voir de nombreuses générations chrétiennes qui, tout au long de l'histoire, avaient foi en un « avenir » et étaient entièrement tournées vers lui alors qu'elles étaient plongées dans un monde immense qu'elles ne connaissaient ni ne possédaient. La foi et la vie de l'Église ne sont pas seulement la continuation d'une histoire, elles représentent surtout un rendez-vous avec un « avenir ». C'est ce que disait Cataldo Naro, un évêque attentif à l'histoire : « Il y a un rendez-vous que Dieu fixe à chaque génération [...]. Un rendez-vous que nous ne devons pas manquer[32]. »

La crise n'est pas le déclin, sinon peut-être le déclin des modèles d'hier. Du reste, il semble logique que le passé décline. La crise est surtout un passage vers l'avenir, non seulement de génération mais de conception du monde,

31. D. Collin, *Le christianisme n'existe pas encore.*
32. *Sorpreso dal Signore*, M. Naro (dir.), Caltanissetta-Rome, Salvatore Sciascia, 2010, p. 371.

avec l'affirmation de la dimension mondiale comme l'expérience douloureuse de la pandémie. Davantage qu'une institution à conserver, le christianisme est une réalité de notre avenir. Plutôt que de défendre des positions du passé ou parfois leurs vestiges, il convient de découvrir le christianisme comme partie intégrante du futur.

Le christianisme est l'un des facteurs spirituels du changement de la femme et de l'homme, s'ils ne se laissent pas prendre au piège de l'esprit du déclin qui s'empare de beaucoup, et en particulier des Européens, et se présente comme une « décroissance heureuse », en utilisant l'expression de manière impropre. Le christianisme est l'un des facteurs de la cohésion des sociétés comme de la fraternité entre les nations. C'est une garantie de l'humanité. Et la Parole de Dieu – tel est du moins ce que pensent les croyants – n'est pas prise au piège de l'archaïsme ; la Parole de Dieu ne passe pas.

L'esprit du déclin conduit à une « sénilité » qui incite à regarder en arrière, à ne pas oser, à conserver, à accepter avec résignation la modestie du présent. C'est le grisonnement du christianisme à l'instar de celui des sociétés européennes. Grisonner ne veut pas dire renoncer à jouir de la vie et de ses biens, mais ne plus créer d'avenir, ne plus regarder au-delà de ses frontières, pour chercher à protéger sa faiblesse ou son existence.

Au début du pontificat du pape François, dans un livre sur l'espérance qu'il a suscitée, j'ai cité une poésie-prière d'un poète chrétien italien, le père David Maria Turoldo. Je voudrais la proposer à nouveau comme pensée d'espérance et comme conclusion, plus conscient qu'hier des difficultés, sans que ces dernières m'aient pour autant rendu prisonnier ou silencieux. Les pages de ce livre sont tissées d'observations historiques mais j'ai le sentiment, en m'approchant de la conclusion et en parlant d'avenir, que ma pensée se fait plus personnelle, chargée d'espérance et animée par ce que je crois. C'est une pensée qui part de la mémoire et qui se projette vers une vision faite d'aspirations et d'attentes.

Ainsi, à une époque de grisonnement ecclésial, mais pas seulement, j'ai choisi les paroles d'un grand personnage comme Turoldo que j'ai connu et qui, à la lumière de sa sensibilité poétique et mystique, voyait loin et savait interpréter les invocations et les prières de son temps :

> Rends-moi l'enfance, Seigneur, fais que je redevienne un petit enfant, rends-moi la véritable saveur des choses, le goût du pain et de l'eau. Le temps a limité les sens au point de les rendre impassibles. Seigneur, sauve-moi de l'indifférence, de cet anonymat d'homme adulte. C'est le mal dont nous souffrons sans en avoir conscience [...]. Et qui nous enlève la poésie et la foi.
>
> Seigneur, sauve-moi du gris de l'homme adulte et fais que tout le peuple soit libéré de cette sénilité de l'esprit. Redonne-nous la capacité de pleurer et de nous réjouir ; fais que le peuple revienne chanter dans tes églises[33].

Un peuple qui revient chanter dans les églises, et qui retrouve dans la crise la capacité de se réjouir et de pleurer, n'est plus dans la zone d'ombre du couchant ; il s'éveille aux fragiles lueurs de l'aurore du jour qui vient. Ceux

33. D. M. TUROLDO, *Il sapore del pane*, Cinisello Balsamo, San Paolo, 2002, p. 11.

qui ont la foi savent que l'histoire des croyants n'est pas seulement la leur, qu'elle est animée par l'Esprit. Et puis tout peut changer ! L'histoire est pleine de surprises, qui sont des dons tout en étant des réalisations humaines, qui sont le fruit des courants profonds qui habitent l'histoire des peuples et du monde.

Table des matières

I. UNE ÉGLISE QUI BRÛLE

II. L'ÉGLISE EUROPÉENNE EN DIFFICULTÉ

III.
NATIONAL-CATHOLICISME,
ÉVANGÉLISATION OU QUOI D'AUTRE ?

IV.
AU CŒUR DE LA CRISE

V.
JEAN-PAUL II :
EXCEPTION OU ILLUSION ?

IX
LE MONDE, L'EUROPE ET LES PEUPLES EN MOUVEMENT

X
Y A-T-IL UN AVENIR ?

Imprimé en France

Composition : Nord Compo

N° d'imprimeur : 2067143
Achevé d'imprimer par CPI : septembre 2022
Dépôt légal : septembre 2022